U0040356

# 印度

—— 南亞文化的霸權 ——

# INDIA

BRIEF HISTORY OF A CIVILIZATION

BY
THOMAS R. TRAUTMANN

湯瑪士・特洛曼——著
林玉菁——譯

# 目錄

推薦序

# 透過「不可思議的」印度史，全方位掌握印度大小事

吳德朗／夢想印度博物館及台北印度文化中心創辦人

湯瑪士．特洛曼為美國著名歷史學家，獲有倫敦大學博士學位，且擔任密西根大學歷史與人類學榮譽教授及歷史系主任暨南亞研究中心主任。他的專業著重在古代印度和其他相關學科。其著作《亞利安人和英屬印度》及《亞利安論爭》是印度吠陀文化的根，一九七四年出版的《南亞的親屬關係和歷史》是泛印度文化區塊的見證。同時他也被認為是古代政治經濟學治國聖經《政事論》（*Arthashastra*）的專家之一；他具備了西方專業的訓練，以及深入印度人的今古智慧，成就了他在《印度：南亞文化的霸權》的可讀性及公信力，本書的誕生可說駕輕就熟、為去蕪存菁大作，同類書中出類拔萃的佼佼者。

《印度：南亞文化的霸權》寫於洛特曼在密西根大學教學期間，為許多學生指導時所提供的教學講義，而後編寫成書。本書絕不單純是「印度文明史」記述報告，而是特洛曼對印

度漫長而複雜的歷史深耕後的論述，及對其歷史的態度和理解。特洛曼在書中以一種率真的態度與讀者分享他淵博的印度歷史觀點，概述印度五千年的歷史卷帙浩繁，全書分成十二章，將印度的多樣性、文化深度、多元民族與宗教，以及晦澀艱深的歷史，以獨特的用字遣詞與風格鋪陳出清楚的層次，幫助讀者抓住整個印度文明歷史的精神圖像，展現其歷史形貌與時代精神。書中三十四幅插圖及地圖亦將複雜糾結的歷史化為清晰的敘述，除了極具說服力外，也給予讀者最直接實惠的助益。

◆

以縱線的歷史而言，印度早期歷史可能太過久遠，口傳故事多過文獻記載，但作者在比例上，試圖讓古代的篇幅多於近代的論述。不過，欲探索印度古代歷史，必須從皇宮廟宇的銘文或硬幣來考證。但在阿育王時代之前，廟宇宮廷是木造，早已不復存在。至於史料，印度各地使用了不同的文字傳承記錄，但這卻造成還原歷史的困難：比如說阿育王時代使用佉盧文及婆羅米文，但到了錫蘭卻是使用僧伽羅文。

以上述為例，欲一探這時期整體的風貌，就必須將這三種語文融會貫通才能減低失誤風險；但其後便會面對更大的難題，也就是資料殘缺而難以完整拼湊出真相。至於近代五百年的歷史，則歷經了德里蘇丹、蒙兀兒、英國東印度公司、英國統治到印度獨立：蒙兀兒的文獻相對完整度較高，除了當時因受中國影響備有史官記載，亦有皇帝自傳可查，加上各國東印度公司日誌及英國、葡萄牙的史料可佐證，其篇幅遠多過古代史。而我們對近代史的演繹，可有助於預測印度未來的可能性。

至於橫向的資料更是條理分明，每一個年代，都附有淺顯易懂的背景介紹，而不是冷冰冰的朝代登錄。例如文明如何起源，印度亞利安的源流及梵語的分布，從北歐芬蘭到中南半島，一目了然。文明地理、文化及生態和宗教的起源等，和印度人的生活休憩相關。季風、四季的變換和糧食生態農耕，不只是收成良莠不齊的參考。三千多年來，南印度馬拉巴海岸線上的香料，更吸引中世紀海上帝國開啟大航海時代，引爆翻天地覆的殖民時代。

眾所周知，印度文化或印度教就像一棵巨大的樹，其分支代表著各種宗教思想體系。所謂「旁遮普人與南印度人迥然不同，德里人與孟買人也不盡相同」，很多人認為所有的印度人都會說印地語（Hindi），其實不然。人們大多將印度的多樣性視為其優勢之一，但在多樣化的文化環境體制下處處充滿了矛盾，因為在印度並沒有「放印度皆準」的理論。當你到了不同邦與不同人打交道，在孟買暢通的行為模式用在清奈或科欽，可能有理說不清，起不了作用；自古以來世人對印度的認識更是莫衷一是。

◆

儘管全世界有許多關於印度歷史和文化的著作，但是沒有任何一書能夠涵蓋整個印度，即便是印度人本身，也多半呈現知其然不知所以然的狀態；更別論外國人欲一探印度風采更是艱難。對多數群眾來說，印度地理、歷史和文化的話題是全然陌生的；複雜多元宗教及神祇因此更顯得艱澀難懂。儘管筆者也曾撰寫過《100個神話故事》一書，但不可諱言地，複雜多元的印度神話與其專業術語，以及眾多歷代帝王將相，無非漫長而考驗讀者記憶。為了全方位深入印度，本書的作者以一種讓讀者能見樹又見林的方式書寫，為其特色。

記得在一九九〇年左右，回台灣在孟買過境轉機時，因風聞孟買維多利亞車站美名，朋友決定帶我親訪一回。我的印度初體驗正如諾貝爾文學獎得主奈波爾在《印度：百萬叛變的今天》中所描述的光景如出一轍：要人施捨的老人、牽小童且手抱嬰兒的乞討婦人；就連車站的收票員口中也念念有詞伸手要錢……進入車站就像是跳慢動作的探戈。十九世紀殖民政府所建的美麗維多利亞車站，成為金玉其外，極度反諷的大舞台。十年後因緣際會，我僑居紐西蘭，在甘地文化中心學習印度塔布拉鼓（Tabla），而教我的美國老師Dr. Boos，竟意外啟蒙了我對的印度文化感知，造就了日後我閱讀體驗印度文化的獨特視野。然而，回到台灣後，能找到有關印度文化的書籍，都是二十世紀初、從大陸退居台灣重印之硬梆梆的教科書或佛經。當時中文網站也只有寥寥數語，英文又隔靴搔癢，不甚其解，難窺印度堂奧。多年深耕學習印度文化後，二〇一七年我在台北汐止，以不到一年的時間，打造出亞洲第一座兩百坪全方位的印度博物館。開幕至今超過兩千人次來訪。

正值台灣如火如荼的「新南向政策」，印度尤其重要。全世界五百大莫不到印度插旗投資設點。但美國創投公司亦警告：「如果你不了解印度文化，成功的機會很低。」我國駐印度代表田中光大使說：「要想在印度成功，用對人和用對方法很重要，更要了解印度歷史文化和印度人的生活習慣，找對了方法，很多事才能迎刃而解」。因此，本書對了解印度文化非常有幫助。對從事旅遊業的人士，或前往印度旅行經商的人，不論要深入或淺嘗印度文化，無疑的將會是了解印度文化的「聖經」。另外文史工作者，包括學校老師或藝術工作者，熟讀這本書，對印度疑慮必將煙消雲散。近十年來我在各大學教印度有關的通識課程，對本書可是相見恨晚。特別是在課程上如何的「減」量，避免學生不甚負荷的靈感深得我心。而在未來博物館的更新布局上，我相信也會受到本書的啟發。

◆

整體而言，這是一本對印度各方面都有興趣的人來說，是最簡明易懂的入門書。即便知識會與時俱進地提昇，但這依然會是你愛不釋手的概論書。可在短時間獲得全面的印度文明歷史的全貌，還包括基本文化知識和對各年代的簡史。我非常贊同作者說的一句話：「它應該是一盤開胃菜，而不是完整的一頓飯。」而那道開胃菜必定是 Masala 開胃菜。

記住印度並沒有放四海皆準的答案。博大精深的印度，永遠是「當你知道的越多，不知道的更多」，真是不可思議的印度！

# 前言

本書是為了我在密西根大學開設的印度文明導論大班課程的學生而寫。

市面上有許多印度史入門著作，不僅我個人喜愛，也是我尊敬的學者所寫。多年來，我將這些書籍開給印度文明課程的學生閱讀，但他們經常抱怨篇幅過長，細節繁冗；對剛接觸這個課題的人來說，需要記憶太多的人名與詞彙。像我們這類認為歷史的重點全在細節的人，一開始給予學生太多東西，確實超出他們的消化能力。他們說服我，第一本印度歷史入門書需要的篇幅，是既能分次讀完，又能涵蓋整體，也就是簡史。我需要運用減法，控制身為歷史學者的我想奔往另一極端的慾望，學會寫出最佳入門書的藝術。初學者需要的書，是必須讓他們能迅速地全面總覽印度歷史長河，短時間在腦海裡建立印度文明全貌，擁有基本的人名、專有詞彙庫及年代概略。這本書能成為初學者的工具書，應付更深度的閱讀；它應是開胃菜，而非全餐。當我試著尋找這類印度歷史入門書卻遍尋不著後，便開始寫作本書，並做為上課教材。學生對於本書的回饋相當好，鼓勵我開始思考，也許這本書對其他人也有幫助。

學生們既想全盤認識印度文明，又希望過程可免於太多挫折。這種對於入門書籍求而不得的渴望，與我這般熱愛細節的歷史學者之間的閱讀差異，正是本書誕生的原因。無疑地，最後成果落於兩者之間，雙方都有不滿之處。我已合理縮短本書篇幅，盡可能省略不需提及的細節；然而我的同儕可能認為過度精簡，學生則覺得仍然太多細節。本書作為入門基礎書籍，我仍試著不犧牲詮釋的複雜性，以免過度簡化原有概念。簡言之，這並非是一件容易的事。

本書同時試著平衡簡要與年代的完整性。為了平衡兩者，我也採取與現行不同的作法。多數通史給予早期歷史幾章篇幅，晚近到獨立時期則獲得較多頁面。此作法導致一種印象，誤以為早期歷史僅為現代的背景，印度文明是在民族國家中才獲得實現。這是我想避免的印象。我希望給予早期歷史應有的分量與重要性，並非因為重視過去，而是相信深沉過往仍舊存活於今日，更是了解當代與尋求未來可行之道的重要資源。奠基於此，本書的年代分配與通常作法有異，對於早期歷史階段也投注相等注意力。但並不完全一致；前八章介紹前四千年，後四章則涵蓋最後一千年。若單從數字比例來看，似乎感覺較看重近代史，但有些人也可能認為近代史篇幅不足。我自然同意，並鼓勵他們延伸閱讀，我在課堂上也是如此主張。

本書中，我希望採用筆墨繪製插圖，賞心悅目，資訊豐富，同時具有單一藝術家的一致風格。我選擇了詹姆士·科格威爾（James Cogswell），他的成果十分精彩。繪製地圖的伊莉莎白·拜莫（Elisabeth Paymal），同時也是本書美術編輯。我深刻感謝兩位的技巧，及對本計畫的熱情支持。由於我自己也是編輯，因此比起許多作者，更能深刻認同好編輯的價值。大衛・阿金（David Akin）以卓越的編輯睿智，讓草稿文字更加緊湊，各方面更顯完整。牛津大學出版社的布萊恩・惠爾（Brian Wheel）、查爾斯・卡瓦利耶（Charles Cavaliere）與瑪麗安・鮑爾（Marianne Paul）從接受稿件到出版的一路上，帶領計畫前進，每一步都提供無價協助與指引。我深感虧欠，也誠摯感謝。蘇迪帕・托普達爾（Sudipa Topdar）是我傑出的研究助理，密西根大學文學、科學與藝術學院也給予我支持。羅賓斯・柏林（Robbins Burling）給予全文懇切而極有助益的意見。阿茲法・摩因（Azfar Moin）曾運用這份教材教學，針對全文初稿給予建議，特別是提供他對蒙兀兒王權的創新研究給我納入本書中。這份研究也才剛剛付梓印刷。卡拉・西諾波里（Carla Sinopoli）在印度河文明章節提供許多協助，我對兩位深感謝意。安妮塔・納哈爾・阿利亞（Anita Nahal Arya）、蘇米特・古哈（Sumit Guha）、阿諾德・卡敏斯基（Arnold Kaminsky）、米堤・穆克吉（Mithi Mukherjee）、彼得・施密騰納（Peter Schmitthenner）、大衛・史東（David Stone）、瑞秋・史都曼（Rachel Sturman）、希爾維亞・格雷（Sylvia Gray）與數名牛津大學出版社的匿名審閱者給予我各種建議——有些相當仔細，所有的建議都經縝密思慮，具有建設性，最後證實深具助益，讓本書得以精益求精，因此我非常感謝他們。我也感謝安潔莉・帕塔克（Anjali Pathak）、帕爾納・聖古塔（Parna Sengupta）、麥特莉・翁廷（Maitrii Aung-Thwin）、賈南・穆克吉（Janam Mukherjee）、阿茲法・摩因、雷貝佳・格雷普溫（Rebecca Grapevine）、安修曼・潘迪

（Anshuman Pandey），他們擔任歷史系印度文明史課程的研究生講師時，在課堂上運用這部教材，對各章節內容給予回饋。最重要的是感謝課堂學生對成就本書的協助，有時是不經意間，經常是非自願，但卻非常有用。

第一章

# 導論

- 印度、印度人、印度文明
- 印度文明歷史
- 印度文明地景

印度文明位於兩大廣袤帝國擴張的路線上，對印度帶來深厚影響。伴隨伊斯蘭教建立國家及基督教歐洲的擴張，讓突厥人、蒙兀兒人及英國人在印度建立了國家。英屬印度期間，民族主義運動在人民主權及民族國家的新概念下成形，產生今日七個自治國家。

印度文明綿延長達五千年，大部分位於地表上不毛之地，卻對周遭世界帶來重大影響。進入細節之前，我們必須先對研究的展開及發展條件的時空背景，進行「全景式」考察。

## 印度、印度人、印度文明

我們首先需要檢視考察研究的背後條件；因為當提到印度、印度人或印度文明時，我們不能逕自認定自己口中說的就是腦中想的——或我們都指涉同樣事物。語言的模稜兩可並非因為指的是虛構事物，而是因為對象的複雜性；複雜事物無法輕易理解或形容。試著理解世界最簡單面向時，經常涉及普遍性結論。透過簡化，雖然能讓世界容易理解，卻也同時刪減了某些複雜性，在某種程度上會造成誤解。要形容像印度這樣擁有多重面貌的文明，數千年來千百萬人口居住在地球表面大片區域，而不過度扭曲或誤解，確實很難。然而難題依舊存在，並無法逃避，所以我們需銘記在心，我們做出任何大概的結論——也就是我們所說所寫的一切，皆具有簡化本質。同樣也需要謹記，我們試圖描述的事物是真實存在，但因為樣態太錯綜複雜，我們很難用文字捕捉全貌。

即便如此，以下將描述，究竟談及印度、印度人與文明時，到底指的是什麼？我先從最後一項開始。

## 文明

我們以「文明」（civilization）一詞，表達至少兩種不同意義。首先，它意味著一種令人景仰，個人或團體多少可擁有的特質（quality）。其次，它是指特定複雜社會獨有的一種生活方式（a way of life）。因此，如語言學家所說，它是「可數名詞」，表示存在著多數不同、但平行存在的文明。

十九世紀歐洲人喜歡談論文明等級（scale of civilization），一種階梯或爬梯，將世界中不同社會放置在不同階段上，頂端自然是歐洲社會。以這種方式使用文明一字，常讓我們感到不安，因為它明白彰顯歐洲人對其他人的優越感。所有文明都對其習慣的生活方式，抱持著內在優越感。而另一種意義中，文明指涉一種相對於粗俗的高尚質感，如文化、精緻、禮儀等，擁有兩項我們無法捨去的優點。文明能顯示出內部的價值等級，可以說幫助我們辨別出散布良好言行概念的權力中心，大多數是在宗教菁英與統治階級。這也提醒我們在社會內部，文明並非平均散布。[1]

另一方面，我們使用文明一詞，類似人類學者從外在指稱一種或多種文化時的用法。也就是說，它表示特定社會中獨具某種模式的生活方式；在我們的分析中，並不會對文明進行道德評斷。雖然非評斷式的用法有其強烈吸引力，但我們需留意這一概念存有「文明衝突」式的思考，是將不同文明視為界限明確、內在均一且相互排斥[2]。然而，這也會產生誤解。因為所有文明都有模糊疆界，非平均散布且深淺不一，持續與其他文明混雜並擷取長處而成。

一般認為文明具有三種特質。首先，它擁有人類學者所指的共同文化，也就是一種形式化的獨特信仰、價值與行為準則。其次，它擁有複雜的社會體系，具有某種程度的社會階層，區分特權與非特權階級。第三，它屬於大片地理區域。我們可以視人類世界，至少在哥倫布之前，包含此種概念下有限的文明。雖然我們宣稱這是基於局外者視野來看待文明，但在社會複雜度的特質上也帶著第一層意義，讓文明的內在與外在視野得以連結。

當我們採取第二種「人類學式」的概念，並在歷史榮光中檢視，會發現文明在某個時間內延伸，在過去某個時間點前不存在，之後則開始成長。最後一次冰河期的某個時間點，出於我們僅能模糊理解的原因，人類種族開始發展。漫長人類歷史頭一次，某些前所未有的大規模、複雜、具有文化模式的社會體系開始傳布分化。這些是古代文明。文明的故事佔據歷史中數千年時光，然而這僅僅是人類歷史非常晚近的發展。更長久的人類歷史發生於文明產生之前，文明的發生則奠基於數項更早先的發明，特別是農業與家畜馴化。這些也不過是最後一次冰河期之後，最初文明之前的數千年而已。運用這條線索，我們可以型塑文明的歷史概念，也就是指在人類晚近歷史中興起擁有前述特質，且屬性含有命名意思的特定社會。印度文明即是其中之一。如同所有文明，它擁有起始時間，但實際上卻難以明確指出來。

## 印度人

由前述討論得知，印度文明是一種社會（複雜、大型……），印度人則是組成該社會的人群。一開始我們必須了解印度人並非單一人種，對於人種的外表特徵而言，印度人群體的內部並不一致（事實上他們彼此之間差異極大），對外人來說也不獨特。對於印度文明起源，存在著謬誤的觀點，稱為「印度文明的種族理論」（the racial theory of Indian Civilization）。根據這

1 Elias（1994）的經典著作視文明為一過程：由趨勢設定中心向外傳布的「文明化過程」，而非階梯序列。

2 Huntington（1996）提出隨著冷戰結束，冷戰期間由美蘇對決形成的世界秩序，也轉由「文明的衝突」所形塑。

項理論，印度文明是在淺膚色文明種族與深膚色蠻族之間的衝突與融合中誕生。我們會在本書中發現，當發現印度河流域文明後，文明起源將往前推到更遙遠的過去，而這項種族理論便不成立。同時，也明顯發現至少有三種不同、過往各自獨立的族群共同造就了印度文明。這從印度存有三大主要且互不關聯的語系中可見一斑。以使用語言人數多寡來說，分別是印度—亞利安語支（Indo-Aryan）、達羅毗荼語系（Dravidian）與蒙達語族（Munda）。（**見地圖一**）

印度—亞利安語支包含數種語言。印地語（Hindi）及烏爾都語（Urdu）分布在恆河上游盆地，印地語是印度共和國的官方語言之一。實際上，兩者都是同一語言的方言，只是書寫文字不同。印地語的書寫體稱為天城體（Devannagri），由古印度文字婆羅米（Brahmi）衍生而來（**見表十一**）；烏爾都語的書寫體則是阿拉伯—波斯文的變體，單字和印地語也略有差異，擁有大量波斯語及阿拉伯語借字。兩者由印度教徒與穆斯林分別使用。其他印度—亞利安語名則顯示出區域地點：北印度地圖由西向東走，將會發現馬拉地語（Marathi）→馬哈拉施特拉邦、古賈拉地語（Gujarati）→古賈拉特邦、信德語（Sindhi）→巴基斯坦的信德省、旁遮普語（Punjabi）→旁遮普邦、印地語（Hindi）→恆河谷地、尼泊爾語（Nepali）→尼泊爾、孟加拉語（Bengali）→印度的東孟加拉邦與孟加拉、奧里亞語（Odiya）→奧里薩邦，這些是該語支中比較著名的例子。斯里蘭卡的僧迦羅語（Sinhalese）則是語支中最南方的成員。

以上語言都從梵語（Sanskrit）衍生而來。這類印度教神聖典籍的語言，是西元前一千四百

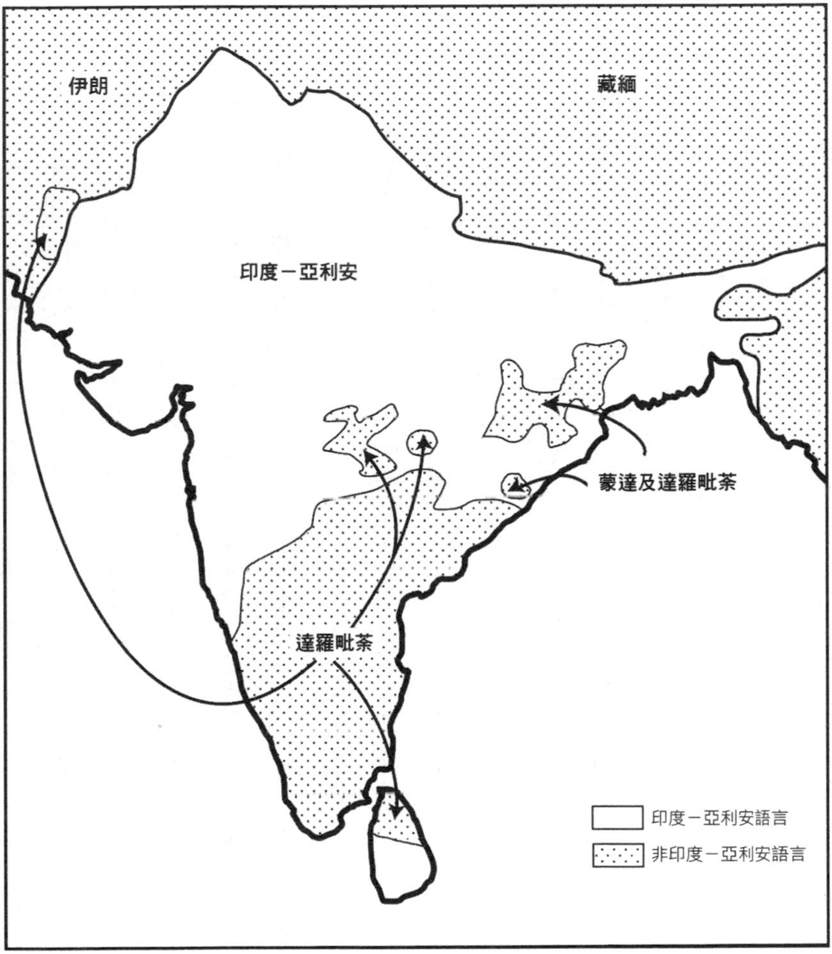
伊朗
藏緬
印度－亞利安
蒙達及達羅毗荼
達羅毗荼
印度－亞利安語言
非印度－亞利安語言

地圖一　語言分布圖

年左右，由自稱亞利安人的族群帶進印度。梵語是印度—歐洲語系成員。成員內大致有梵語，及曾受到印度文明影響的現代國家所使用，衍生自梵語的語言；古波斯語及其在伊朗、阿富汗及巴基斯坦境內衍生的語言；以及包含英文在內的歐洲語言。

梵語使用者抵達印度前，達羅毗荼語系及蒙達語族都已在此落地生根。今日達羅毗荼語言主要是南印度的語言：泰米爾語（Tamil）→泰米爾納都邦、泰盧固語（Telugu）→安德拉邦、坎納達語（Kannada）→卡納塔卡邦及馬拉亞拉姆語（Malayalam）→喀拉拉邦。達羅毗荼語系約有二十種語言，部分為中印度部落族群使用，例如岡德語（Gondi），約有五百萬使用者。恆河流域的馬爾托語（Malto）是一小群達羅毗荼語使用者，另一群是印度河流域的布拉灰語（Brahui）。梵語進入印度前，達羅毗荼語言曾遍及全印度。但在北印度，它們卻逐漸讓步給印度—亞利安語言。因此，有些印度—亞利安語言特徵及許多借字是來自達羅毗荼語系。學界對於達羅毗荼語系起源尚未定論。有人認為與芬蘭—烏拉爾語系（Finno-Ugric）有關（其中包含芬蘭語）；其他人則認為與埃蘭語（Elamite，伊朗西南部的古老語言）有關。然而一致公認，達羅毗荼語在梵語之前，由西方或西北方進入印度。

另一方面，蒙達語則屬於阿薩姆（Assam）邦與中南半島（包含柬埔寨的孟—高棉語）地區的南亞語系（Austroasiatic）家族，合理認定是從東方進入印度。一樣是在梵語之前，因為梵語擁有蒙達語及達羅毗荼語的早期借字。蒙達語使用者主要是印度中部及東部的部落民族。

許多世紀以來，印度的人種和語言大量混雜，其綜合體就是我們所說的印度文明。三種語族間可辨別的差異，仍舊是區隔綜合體主要三大類時最保守的跡證。另一項可以大概、但非絕對劃分語言疆界的特色是親屬制度及婚姻原則。北印度人的婚姻規範有地區及種姓差異，但一般原則是必須嫁娶「外人」，也就是非親屬也非同村落的人。達羅毗荼親屬關係則相當不同，他們傾向人類學者稱為「交表婚」的婚姻關係，也就是讓自己的子女跟兄弟姊妹的子女（不同性別手足的子女）之間締結婚姻關係。這些原則影響語言結構，前者是所有堂表兄弟姊妹都等於是我的兄弟姊妹，因此非適婚；後者則還是我的堂表兄弟姊妹，因此適婚。類似狀況，由於嫁娶舅舅或姑姑的子女，因此「舅舅」或「姑姑」同時也指「岳父」及「岳母」的意思。這類模式在南印度及斯里蘭卡十分普遍，甚至延伸到印度—亞利安語的部分地區，主要是斯里蘭卡的僧迦羅語使用者，及馬拉地語和古賈拉特語地區，並暗示著親屬關係比語言更抗拒變化。蒙達語的親屬關係與前兩者不同。然而在多數狀況下，例如宗教思想、經濟與政治形式上，親屬體系和語族的界線通常相互重疊。這些仍舊是「前印度」情況遺留的跡證，印度文明由此誕生，也展現了語言及親屬關係未必決定文明的其他架構。

## 印度

由於印度文明為一特定社會或社會體系，我們不能將印度理解為一個實體或特定地域，而應視為是與此社會相關的地域。這地域對我們檢視印度文明具有某些非常重要的結構或限制性作用。我們必須謹記，印度並非世界地圖上具有固定疆域的恆常地點，而是伴隨著印度文明產生，界線隨其成長而移動擴張的區域。特別的是它同時擁有內部與外部疆界。在印度文明早期書寫中，我們看到已有判定野蠻人（梵語為 mleccha）的概念出現，並將印度中央內陸區的人民視為尚未融入印度文明者。

同樣重要的是，我們也需謹記當談及印度時，指的是印度文明及其地域，而非七十年前隨著英國統治結束而建立的印度共和國。今日的政治地圖中七個民族國家，即是分據概念上的印度文明地域：

印度共和國
巴基斯坦
孟加拉
斯里蘭卡（前身為錫蘭）

尼泊爾
不丹
馬爾地夫

這些民族國家的政治實體多數相當年輕：印度（共和國）與巴基斯坦是一九四七年印巴分治後建立；一九四八年錫蘭由英國統治下取得獨立；一九六五年馬爾地夫獨立；一九七一年孟加拉脫離巴基斯坦，成為獨立國家。直到二〇〇八年革命建立共和國之前，尼泊爾認定自己為最後一個印度教王國。雖然在英屬印度下，尼泊爾維持主權，但仍不脫英國影響力。不丹是佛教徒為主的小王國，位於印度東方，直到二〇〇七年才舉行第一次全國性國會大選。

為了避免混淆印度文明與印度共和國，有些人放棄使用「印度」一詞，改以「南亞」來指稱由這些現代國家組成的區域。這個詞具有政治中立的優點，然而缺點是除了專攻區域研究的學者外，鮮少有人使用。「印度」的優勢來自這名稱數千年來，已為希臘人、波斯人、阿拉伯人及中國人在指稱印度文明及其地域時廣泛使用。除了描述印度共和國外，本書中的「印度」一詞，皆指其他學者所稱呼的南亞地域及文明。

# 印度文明歷史

印度文明中所指的「印度」，擁有時間上的起點，自然存在著歷史。討論印度文明史一事也有其歷史，主要框架在過去兩世紀中形成。印度文明史主要是在一七六〇年代英屬印度時期，透過印度的歐洲學者著作及印度知識分子的教師建構而成。由新殖民統治下產生的學者，為印度的過往帶來新論述，與既往截然不同。新論述主要著眼於兩大方面，首先是建立印度上古時期與其他古代社會，如埃及人、迦勒底人（Chaldean）、希臘人與波斯人之間的關聯。其次是以全新方式解讀古代梵文（Sanskrit）文獻，區分神話與歷史。

英屬印度時期初年，歐洲人認定梵文與希臘文、拉丁文相關，相信梵文使用者是第一個將文明帶入印度，是印度歷史的起點。某段時期歐洲學者認為所有印度的語言都源自梵文，隨後則發現南方的語言自成達羅毗荼語系。這也是為什麼前述印度文明的種族理論，直到一九二四年為止都是主流論述的原因。這時在印度河流域發現了更早期的文明遺址，稱為印度河文明（Indus Civilization），與美索不達米亞及伊朗的早期青銅器文明（蘇美人、阿卡迪亞人及埃蘭人）時期相同。因此，對於印度文明的知識有了兩個起點與兩種文明，後者則是成立在前者的基礎之上。之後我們將發現，專家仍舊爭論兩者之間的關係。

印度文明漫長的發展過程中，透過貿易、戰爭及宗教導師旅行，深受許多外來的影響；其成熟形式也展現在亞洲各地。這裡是世界兩種主要宗教的發源地：佛教傳布東亞、中亞及東南亞；印度教傳布到東南亞部分地區。其他印度文明的元素也跟著傳布，包含文字、文法、天文占星、數學、醫學、法律、神話及故事文學、雕像與舞蹈。

印度文明位於兩大廣袤帝國擴張的路線上，對印度帶來深厚影響。伴隨伊斯蘭教建立國家及基督教歐洲的擴張，皆透過貿易與征服，讓突厥人、蒙兀兒人及英國人統治了印度。英屬印度期間，民族主義運動在人民主權及民族國家的新概念下成形，產生今日七個自治國家。

以下為歷史年表摘要，附約略時間，提供概略全觀：

印度文明起源：西元前二五〇〇年起
吠陀時期：西元前一四〇〇年起
新宗教與帝國：西元前五〇〇年起
古典時期：三二〇年起
突厥與蒙兀兒人：一二〇〇年起
英國統治：一七六〇年起
民族國家形成：一九四七年起

# 印度文明地景

「印度（India）」來自梵文的河流（sindhu）一字，這字也是印度河的梵文名稱。也許因為幅員廣闊的緣故，印度河即被稱為「河流」。古波斯文中，梵文開頭的s改為h，因此波斯人稱印度河流域為「興都許（hindush）」；希臘人則捨棄開頭的h，稱為「印多斯（indos）」或類似發音。英文中整組有關印度及其人種、宗教和語言的字彙，都是透過波斯與希臘，衍生自梵文的「印度河」一詞：

透過希臘：印度（India）、印度人（Indian）、印度河（Indus River）

透過波斯：興都（Hindu）、印度教（Hinduism）、印地語（Hindi）、興都斯坦（Hindustan，印度的別名）、興都斯坦語（Hindustani）

中文裡也有雙重字彙的現象，分別為：身毒（Sin-tu）與印度（Yin-tu），前者明顯是來自梵文，後者則來自波斯文或希臘文。阿拉伯人則跟隨波斯文，稱為「興德（al-Hind）」。中國人、波斯人、阿拉伯人與希臘人都曾記錄下印度文明的過往存在，賦予的名稱也都來自於印度河。

印度文明地景可分為三大區（**見地圖二**）：德干半島區（Deccan）、喜馬拉雅山脈（Himalaya）及印度河－恆河平原。德干是極古老大理石地塊，板塊構造專家認為這裡一度是一座自由漂浮島嶼，長期向北漂移，與歐亞陸塊碰撞，創造並持續推升成喜馬拉雅山脈。從河流的方向來看，德干是一塊向東南傾斜的高原，長串丘陵山脊與海岸平行，稱為東、西高止山（Eastern and Western Ghats）。海岸區域受到季風滋潤，內陸卻十分乾燥，夏季河流常僅剩涓滴細流。因此，農業與人口傾向集中在海岸區，內陸分布較為有限。斯里蘭卡則位於南部海岸外，與印度相隔最窄處僅約四十公里。

喜馬拉雅（Himalaya 來自梵文，意為「藏雪之地」）是世界上最高的山脈，埃佛勒斯峰（Everest，編注：又稱聖母峰）海拔高度超過八千公尺。由於半島地塊持續向北推擠歐亞陸塊，推升山脈的速度高於侵蝕的降低作用，使得喜馬拉雅山每年增加數公釐的高度。這片難以跨越的地景在印度與西藏之間，畫下明確分隔。然而長期以來，各隘口持續作為貿易與印度佛教傳布西藏的廊道，而山脈的印度側如尼泊爾、不丹及山脈西翼也存在漢藏語系語言，在在顯示這座山脈並非高不可穿。

印度的山脈邊界持續向東，直到幾乎與形成中南半島的南北向山脈交接。印度河以西，是山勢較為和緩的山脈，稱為奇塔爾與蘇萊曼山脈（Kirthar and Suleiman），畫下印度鑽石的西北界。穿越這座山脈的知名隘口，包含開伯爾隘口（Khyber）與伯蘭隘口（Bolan），形成通往

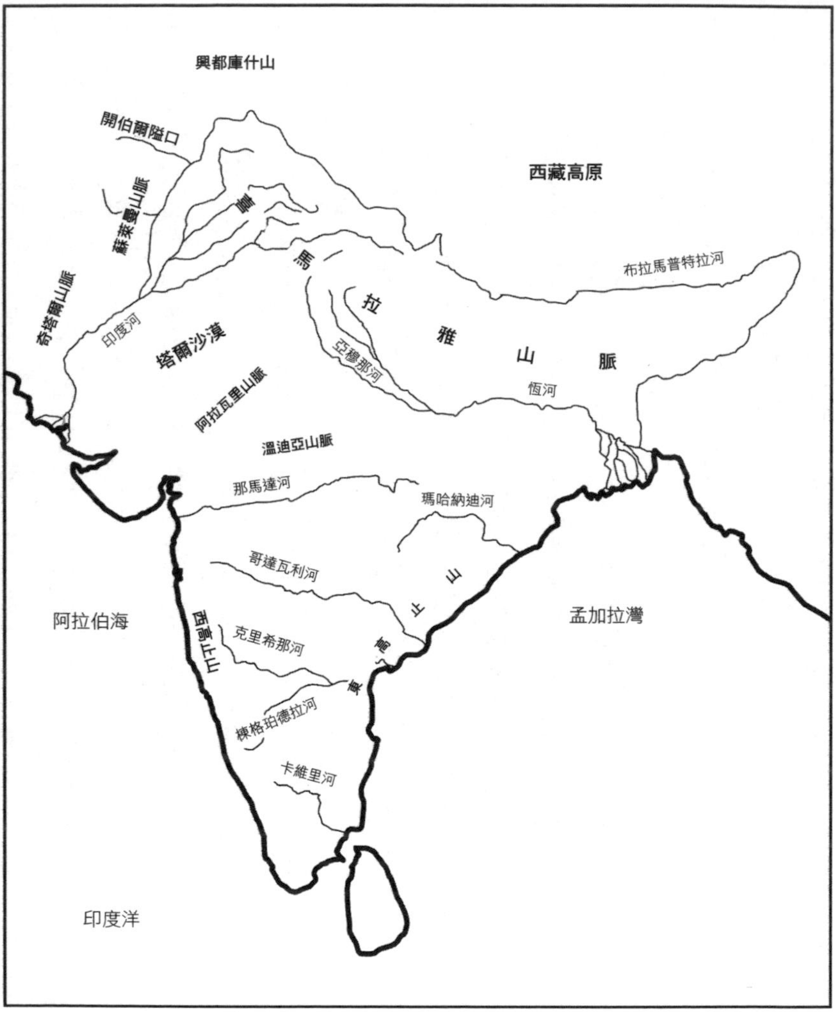
興都庫什山
開伯爾隘口
西藏高原
蘇萊曼山脈
喜馬拉雅山脈
布拉馬普特拉河
奇塔爾山脈
印度河
塔爾沙漠
亞穆那河
恆河
阿拉瓦里山脈
溫迪亞山脈
那馬達河
瑪哈納迪河
哥達瓦利河
東高止山
阿拉伯海
西高止山
克里希那河
孟加拉灣
棟格珀德拉河
卡維里河
印度洋

**地圖二　地理特徵**

阿富汗的溝通渠道，從這裡北向中亞，匯通中國與歐洲的絲路，或西向中東與地中海。

印度河－恆河平原如名所示，由北部兩大河印度河及恆河流域組成，同時再加上東方的第三大河布拉馬普特拉河（Brahmaputra）。印度河與布拉馬普特拉河的源頭都在西藏高原，僅隔數公里，一條向西，一條向東，由喜馬拉雅山脈的兩端，往下進入印度。印度河谷地形成巴基斯坦主要區域和印度共和國的一部分。上印度河及其支流稱為「旁遮普」（Punjab），意為「五（panch）河（ab）」；下印度河區域仍以古名信德（Sindh）來稱呼。恆河和姊妹河亞穆那河（Yamuna）之間形成的肥沃土地，稱為陀坡（Doab），意即「兩（do）河（ab）」間之地。這裡是北印度帝國的農業心臟地帶，因此古代與現代印度皆定都於此，德里（Delhi）為首都（編注：現在印度共和國的首都為新德里〔New Delhi〕，為德里國家首都轄區之一）。印度河與布拉馬普特拉河口讓東印度成為極肥沃的農業區。

德干地塊與喜馬拉雅山交會處形成平原，長期以來堆積的岩石受到侵蝕，而轉為土壤的沖積物，對農業特別有利。沖積層隨著恆河往東逐漸加深，到了印度的西孟加拉邦與孟加拉，必須下挖一百公尺左右才能觸及岩層。因此這裡極少石造建築，都以細質黏土磚塊建造。除了製造並散布土壤外，在雨季之外，這些河流供應灌溉用水，利於農業發展。同時由於源頭位於極高的積雪山巔，因此終年流量遠較南印河流更加豐厚，是可靠的灌溉來源。

## 季風氣候

影響農業的另一重大因素是雨量，印度的雨量會隨季節變化。西南季風是濕潤帶雨的風，夏季由西南往東北，從印度洋吹向整片陸地，受到陸地加熱上升後降下雨量。

季風的運作模式直到晚近才獲得更多認識。假設（從最簡化的模式開始）地球完全為水體掩蓋，軸心也未傾斜，赤道永遠是最接近太陽的區域。這時赤道的空氣將最為熾熱，並且上升；為了補充受熱上升的空氣，較冷的空氣將由兩極往赤道流動，再次受熱上升，並流回兩極，直到下降。因此會造成兩股環狀對流，一股往北，另一股則往南。熱空氣在赤道上升，兩個對流系統會合的區域，稱為間熱帶輻合區（Intertropical Discontinuity Zone，簡稱 ITD），介於南北兩股對流之間的不連續帶。

然而，地球的軸心傾斜，夏季時北半球靠近太陽，因此間熱帶輻合區會向北移，進入印度上方，吸引印度洋氣流往這裡吹送。地球東轉力道將北向的氣流導往東方，因此氣流的整體方向是由西南往東北。由於地球表面包含陸地與水體，在夏季白天日照下，陸地加熱上方空氣的速度，遠較海洋來得快。濕潤的海風往陸地吹送時溫度上升較快，溫度一旦上升，便失去保持濕度的能力轉成降雨。

降雨的時空分布並不平均。季風讓降雨集中在雨季，全年其他時間則相對乾旱。唯一的例外是上印度河流域，雨量較少的消退季風帶來冬季降雨。自古以來，印度人將一整年分成三季（或六季），而非四季：雨季、涼季與熱季。雨季是主要耕種季節，戰爭季節則是收成之後的涼季。與溫帶地區寒冷季節是生存壓力最大的時期不同，印度的熱季對所有生物帶來極大壓力，這時落葉樹會落下所有樹葉以保持能量。

季風移動時穿越的不同地形，也會造成雨量空間分布不均。因此，印度次大陸上有乾燥與濕潤區域（**見地圖三**）[3]。乾燥區域持續往西穿越阿富汗、伊朗、阿拉伯及北非，是畜牧與灌溉農耕區域；濕潤區域則往東，連接「季風亞洲」（Monsoon Asia）的東南亞與中國。氣候區域的組合也造就物種繁多的植物與動物，例如非洲獅與亞洲虎。生物多樣性十分豐富，印度擁有特別多種鹿、蹬羚與羚羊，還有許多鳥類與野生牛群，也擁有數量最多的野生亞洲象。

這些降雨模式與農業的關係相當複雜。由於降雨集中在雨季，若能透過灌溉工程管理水的供給，並於需要時輸送用水，則農業區域可獲得大幅擴張。這包含北印度部分地區典型以

3　這張圖是依據 Gommans 於二〇〇二年的著作所繪；他分析印度歷史上蒙兀兒時期受乾旱區與濕潤區的影響。

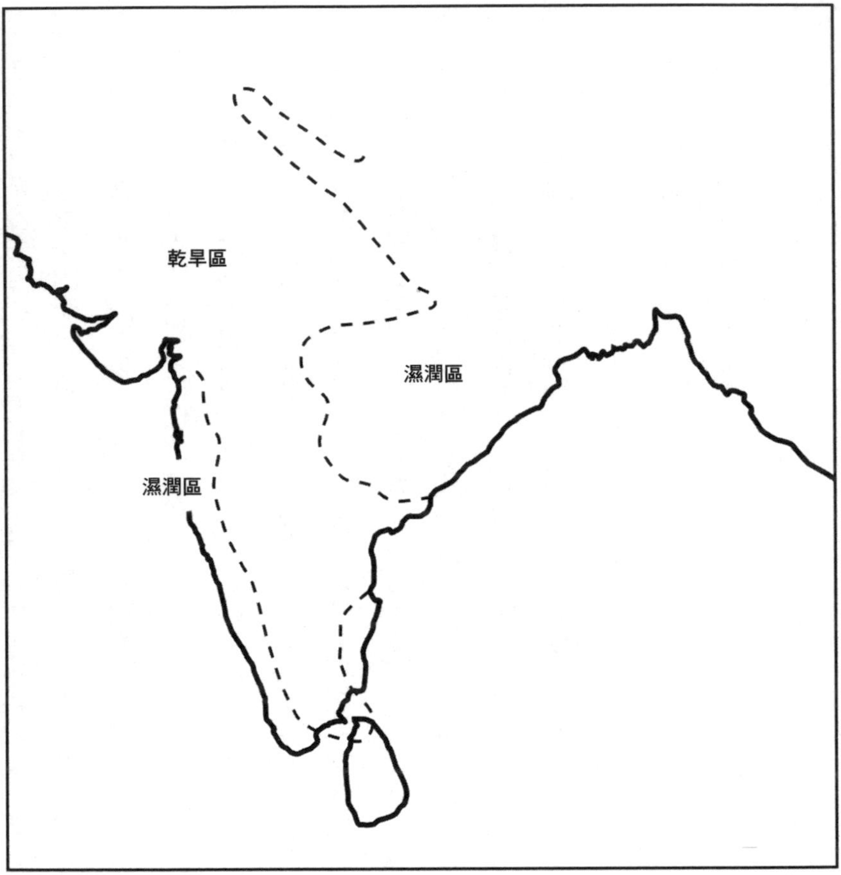


地圖三　乾濕區域

河流為主的灌溉系統，和因夏季河流水位極低的南印度典型的「蓄水池」或水庫、各種以人力或獸力汲水的水井，或今日以電動馬達抽水的管井。因此農地主要的分野，在於水田與旱田，也就是灌溉田或者僅靠雨水的田地。灌溉工程可大幅提升產量及農地價值，可高達旱田價值的五倍，水田也養育較多人群。然而水田（即灌溉田）一般位於乾旱區，旱田農業又必須仰賴足夠雨水。村莊農民耕耘田作的農業，是印度文明的經濟基礎，但因有灌溉之故，人口分布與雨量分布並非緊密相關。印度文明始於印度河河谷（位於乾旱區），以馴化該區原生動植物為基礎，特別是小麥與大麥。稍晚往東擴散到恆河流域的季風雨林，馴化溼地動植物，如稻米（來自中國南方與東南亞）與雞（原生於印度東北部）。建立灌溉系統後，可讓同一塊農地一年兩作。印度施行兩作有很長一段時間，希臘史學家克特西亞斯（Ctesias，西元前五世紀）就注意到，兩作是印度財富的象徵。

以田地農作為基礎的文明擴張，排擠部落民族，將他們逐入季風森林深處，或較不宜人居的丘陵地區。古印度文字將部落民族稱為森林子民（atavi）、丘陵子民（parvatiya）或蠻族（mleccha）。印度文明首先在人口較稠密處誕生（主要是印度河河谷及印度河—恆河平原）和生根（半島的海岸區及河流三角洲）。這裡的農業產出足夠剩餘，可維持國王與祭司的複雜社會結構，供應興建皇宮、寺廟與修道院等建築的費用。相對地，依靠降雨農業的森林或丘陵區域住民，部落組織通常較不複雜，也更為平等；他們經常進行輪耕，清出一塊森林空地，種植兩年後便放棄另尋新地。這種耕作方式只能維持較小的人群。這類社會擁有不同形式，存在印度不同區域，但多數主要集中在印度中部與偏東部的季風森林中。因此也形成印度文明某種內部疆界——這些地區成為落罪王公的流亡處，宗教隱士清修曠野，森林子民與野生動物之家，魔法與危險之地。

## 第二章

# 印度文明的起源

- 摩亨佐—達羅與哈拉帕
- 經濟、科技與文字
- 宗教
- 印度河文明的起源與存亡

在起源與存亡的兩大問題中，印度河文明仍舊成謎。從它留下來無聲的遺跡，我們僅能窺得少數經濟、社會組織與文化上的瞭解，對於這文明是如何開始與結束，知道的更少。

印度河的主流與支流往西南方流動，連同往東南方奔流的恆河，構成兩大河谷盆地，形成巴基斯坦、北印度與孟加拉的沖積平原。今日人口大多聚居在恆河盆地。這裡不僅受惠於河流，更有季風助益（但如果雨勢不大，將受定期乾旱的影響，造成飢荒）。季風在六月抵達孟加拉灣口，再由恆河口一路往上，降雨在平原，愈往內陸，雨量逐漸遞減，直到九月左右，季風便在印度河上游雲消雨散。因此位在恆河入海口的印度西孟加拉邦，以及受到附近布拉馬普特拉河三角洲滋潤的孟加拉，人口密度平均每平方公里超過一千人。沿著恆河往上，印度的比哈爾邦（Bihar）與北方邦（Uttar Pradesh），各降到九百及八百人。往內到旁遮普邦（上印度河盆地），約在五百至四百上下。而從未受季風侵襲的巴基斯坦的信德省（下印度河盆地），人口密度則僅略高於兩百人。

然而，南亞的都市文明卻誕生在較乾燥的印度河谷地，而非濕潤的恆河與布拉馬普特拉河谷地。印度河河谷分為兩個區域：上游稱為旁遮普或「五河之地」，名字來自五條印度河支流在這裡開展，由西向東分別為：杰倫（Jhelum）、切那伯（Chenab）、拉維（Ravi）、蘇特立杰（Sutlej）與貝阿斯（Beas）。不只有這些全年不間斷的融雪河流維持廣大的溝渠灌溉體系，由歐亞大陸吹來的冬季季風，也補足夏季季風留下的少量降雨，以至於這裡十分適合發展農業，一年擁有兩個生長季。印度河下游的信德區，雖然得名自河流的古名，卻未受惠於兩季季風。部分區域的年降雨量低於微不足道的十三公分，除了溝渠灌溉的區域外，幾乎無法進行農耕。夏季氣溫在陰涼處仍高達攝氏五十度是常態。部分區域土壤鹽度高，地景看來一片銀白荒蕪。在這片十分擁擠的半島上，信德區擁有最低的人口密度；然而外表卻引人誤解。印度河流經自身沖積物形成的河岸之間，高於兩岸平原，慵懶流向河口。它時不時會破開天然堰堤，在平原上散布豐沃土壤，直到形成新河道。印度河的氾濫不如尼羅河可預期，卻帶來兩倍富饒的沃土，為早期文明創造出類似埃及或兩河流域的適居地。印度的乾旱區域，仰賴小麥、大麥及小米（與東方及南方海岸區域種植稻米的濕潤區域不同），向西亞與地中海乾旱區域延伸，是農業與家畜馴化的起始之地。（見三六頁的地圖三）

## 摩亨佐—達羅與哈拉帕

在以上的背景下，存在西元前三千及兩千年的城市遺址，稱為摩亨佐—達羅（Mohenjo-daro），在其北方的五百五十公里處，靠近旁遮普的拉維河附近，則發現另一處遺址稱為哈拉帕（Harappa）。這些城市的配置驚人相似，包含三大要素：⑴一座下城，並未發現城牆，由主要大道分割區塊；⑵下城區西側有高起土丘；⑶鄰近舊河床邊有穀倉聚落或倉庫。這些遺址仍未完全挖掘，但合併以上要素，我們可以組成這些城市的圖像。

## 下城

摩亨佐─達羅的住宅區域（哈拉帕的住宅區域僅有少數被挖掘）由十公尺寬、南北及東西向的主要大道劃分成類似都市街區。這些三百五十乘兩百五十公尺的街區呈南北走向，再被狹窄細長巷弄切割，通向緊密相鄰卻寬敞舒適的印度河民居。面向主要大道的一側，可看到空白磚牆，少有窗門；然而證據顯示磚牆內側曾經抹面。沿著主要大道的磚牆立面非常可能曾以塗漿、彩繪與木刻來做裝飾。石造，也許還有用其他易朽材料如蘆葦及竹材製作的窗戶隔板，以降低日照，同時讓空氣流通，是該緯度必要的設置。毫無修飾的建築外觀、窄小入口、入口旁邊設有守夜人的房間、還有通往小房間的內庭，仍是今日在南亞古城民居中常見的配置。階梯遺跡顯示民居可能有超過一層的上方樓層。在內室中，我們發現井室、浴室及坐式馬桶的廁所，而非當代南亞常見的「蹲式馬桶」。印度河城市整體而言展現出驚人掌握公共衛生準則，致力於供應乾淨用水並移除汙水。內庭與浴室內以磚砌包圍的土管，連接街道上的覆蓋式汙水系統。嵌進磚牆的管線服務上方樓層。街道上，磚砌人孔蓋讓公共下水道得以掀開或定期清理，推測應為都市清潔工處理。汙水排進化糞池；垃圾通道將家戶垃圾送到戶外的方桶，無疑是由都市專門清垃圾的人員清理。街道上的公井則供應大型家戶用水。

在這些街道規劃、供水工程及汙水系統的無趣細節中，印度河人民展現出城市居民的明確特性。明顯地他們是依照計畫施工，因為根據四角方位建造棋盤狀主要街道，仰賴有意識的決策及集體合作。他們建造的並非是過度擴張的村莊，而是南亞最早的城市。在數個面向上，這是世界上最現代化的城市，即便消逝之後，很長一段時間在南亞地區仍舊是無可匹敵。這些人了解大規模集中人群的健康福祉，他們所仰賴的衛生系統形式與規模，並非村莊等級足以因應。

## 穀倉

哈拉帕隆起高丘（位於城市西北方）的北方，有兩排相同的小型雙房建築，無疑是由政府興建。建築平面編制及鄰近堡壘的位置，顯示他們是奴隸或類似奴僕的工人居住的營房。營房北側為圓形磚造磨穀平台，以及十二座穀倉遺址。其中一座平台的中央凹槽殘留小麥與大麥遺跡，穀物可能以木製搗杵輾壓。木造穀倉的基礎是表面磚造的土台，建在三根平行的地板托樑上，確保良好空氣流通避免發霉。不遠處為舊河床，顯示穀物可能是內陸地帶的農村社群上繳的稅金或貢金，以船隻運送，儲存在穀倉中，作為國家公僕的實物支付及提供城市所需。需要時，穀物由工人營房的住客以平台磨坊磨成粉。這樣的穀倉聚落令人想起埃及與美索不達米亞的宮殿與神廟穀倉，擁有自己的烘焙師、釀造師與奴隸。

摩亨佐－達羅有一座單一穀倉（或者某種形式的倉庫），比十二座哈拉帕穀倉合在一起還大，位於堡壘之中。下城是否也有類似建築仍待發掘。二十七座方形磚造平台，排成矩陣，以通氣管道區隔，組成木造穀倉的下方基礎。附近的大型階梯也許來自河邊，通往高起土丘及大型穀倉。下城中發現一群十六座工人小屋，類似哈拉帕的營房。雖然這群六乘四公尺、雙房建築中的住客身分未能確認，他們仍是勞動力組織化的進一步證據，也暗示著某種政府權威的存在。

## 高丘

兩個城市中，最壯觀而引人注目的建築是西側的高丘。哈拉帕的高丘建築立於泥土與泥磚平台上，高出地面約十公尺。沿著平台建有巨大泥磚牆，底部厚度超過十公尺，內外平面同時縮減，外牆則鋪以燒磚護坡。

不同間隔處及角度都設有防禦工事。大門位於北側，西側則設有側門與露臺。內部區域呈現平行四邊形，約為三百五十乘以兩百公尺，長軸呈現南北走向。在摩亨佐－達羅，被發掘出來的建築物並不多，但足以展現類似形式，且比起哈拉帕，對於這裡組成高丘的建築群有較多了解。除了摩亨佐—達羅堡壘穀倉外，尚有三種建築：大浴場、「學院」與集會廳。

浴池為二點五公尺深，平面上約為十二乘七公尺，建築方式相當講究。浴池周圍為磚造，覆以一層防水瀝青後，再覆上一層磚面；角落設有出水口，並有磚造階梯通往浴池。環繞浴池的三面設有小室，依據宗教性或世俗性不同見解，可能是隱修空間或更衣室。儀式性沐浴及去汙概念為古代印度教的中心思想。

浴池北方為「學院」，類似圍繞浴池周遭的房室，環繞著約十平方公尺的內庭。挖掘者猜測這裡可能住有僧團，因此得名。接近聚落南緣，有一座大廳遺址，約有三十平方公尺，設有每列五柱，共有四列磚造矮墩，類似稍晚伊朗阿契美尼德王朝（Achemenid）的覲見廳。高丘明顯具有數種功能，也許有跟以水淨化有關的宗教功能，或是集體審議有關的公民場所。也可能作為防禦堡壘，當城市受到攻擊時，居民可撤退避難。下城區並未發現防禦城牆。

## 其他印度河文明遺址

費爾瑟維斯（Fairservis）估計摩亨佐—達羅與哈拉帕的下城人口，各約為四萬一千人及兩萬三千五百人。[4]因此它們是印度河文明中人口最多的城市，但絕非唯二城市。目前已知有超過一千個印度河文明遺址。薩拉斯瓦蒂河（Saraswati）乾涸河床上發現一整群遺址，其中最大的甘瓦里瓦拉（Ganweriwala），幾乎與摩亨佐—達羅及哈拉帕面積相仿，也接近印度哈里亞納邦的拉基迦希（Rakhigarhi）的面積，而古賈拉特邦的多拉維拉（Dholavira）規模較小。因此我們已確認至少有五個城市，加上許多小鎮，及更多村莊。（**見地圖四**）

這些遺址分布的區域遼闊，令人驚訝。由旁遮普的哈拉帕往東，遺址最遠可達恆河盆地；信德的摩亨佐—達羅往南，到達阿拉伯海濱，並沿著一千三百公里的巴基斯坦與印度海岸線，往西與東南延伸，從馬克朗（Makran）、卡蒂亞瓦爾（Kathiawar）半島，伸入康貝灣（Cambay）。相距最遠的聚落，間隔超過一千六百公里。休爾屠蓋（Shortugai）是位於阿富汗北部的哈拉帕遺址。不同遺址的物質遺跡展現出重大相似性。摩亨佐—達羅與哈拉帕證明了一個擁有複雜勞動分工的階層化社會，也許透過稅收或貢金，來掌握廣闊內陸地區的農業剩餘。我們可以合理推論，印度河城市構成了一個或多個國家；雖然考古學家對此仍未有定論。

4 Fairservis（1975）。

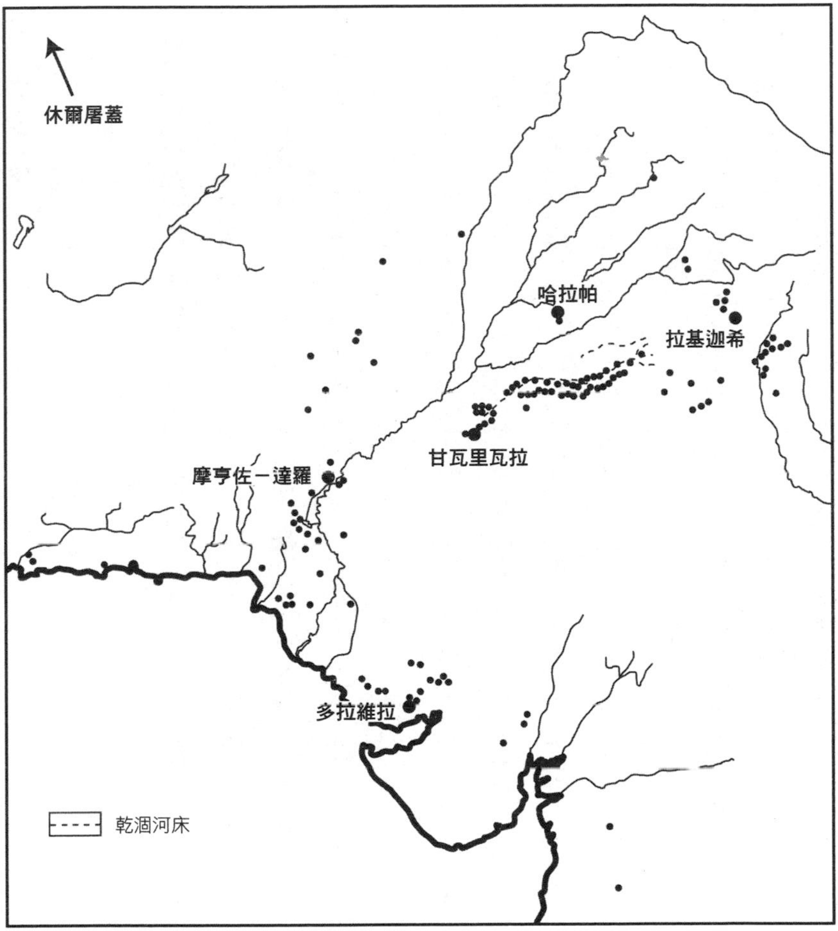
休爾厝蓋
哈拉帕
拉基迦希
甘瓦里瓦拉
摩亨佐－達羅
多拉維拉
乾涸河床

地圖四　印度河文明

## 經濟、科技與文字

對於以寶貴農耕剩餘，餵養偉大印度河城市鄉村的農民及其耕作方式，我們了解不多。現代印度的農村人口是都市人口的四倍，可以推斷他們人數應該非常多。在信德區，印度河氾濫一次又一次補充肥沃表土。在當時灌溉的重要性應與現代相同，但形式仍有待釐清。

主要農作為小麥、大麥（也許在本地馴化栽種）及小米（來自非洲），但沒有稻米，也許古賈拉特除外。零星棉布獲得保存，棉花是這裡的原生植物，直到稍晚才傳往地中海區域。印度河文明消失將近千年後，希羅多德才驚異寫下信德出產羊毛之樹。馴化家畜中，首要是牛群（高峰牛與低峰牛）、綿羊、山羊、也許還有駱駝及驢子，但沒有馬（這裡並無野生種）或大象（已在印度河流域絕跡）。根據印度河人民製作的赤陶牛車像判斷，掛著沉重車輪的牛車，應當是農村的主要交通工具；這類牛車今日印度仍然看得見。這些陶像也許是供兒童玩樂使用。（見圖一）

印度河人民的工具顯示，雖仍使用石器，但已是相當程度的青銅器社會。擁有大量石造工具，然而以銅或青銅製作的少見金屬工具中，含有少量的錫，以強化合金。外型也經常複製石器原型。例如，斧刃為扁平狀，沒有承槽，必須以皮條固定在握柄上，一如石斧的固定

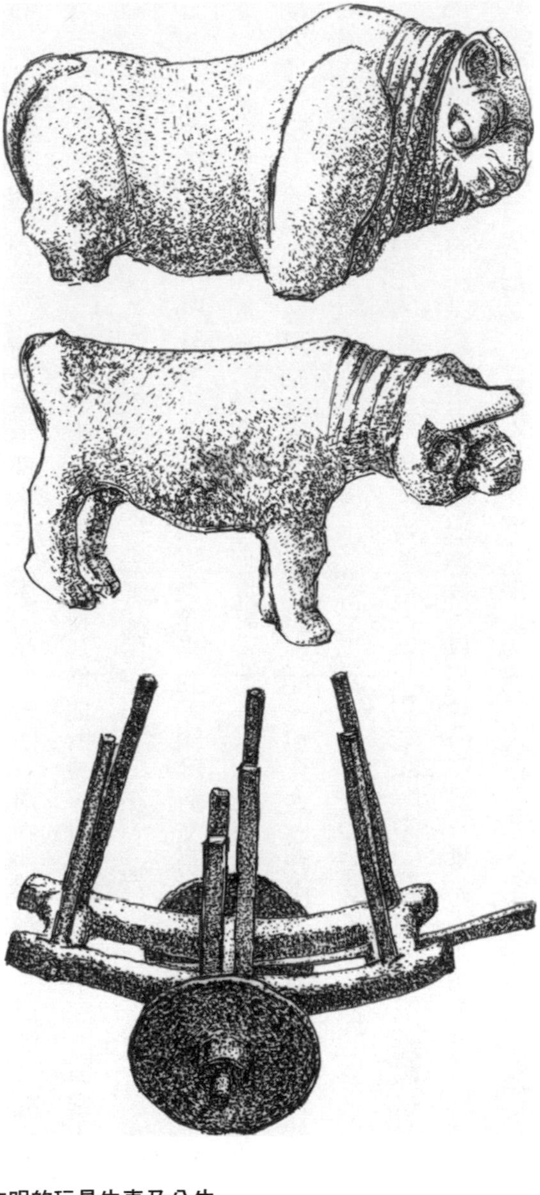

圖一　印度河文明的玩具牛車及公牛

方式。矛尖為葉形，缺乏增厚中脊，因此很難承受初始撞擊，除非深嵌在矛身的劈裂接口中。常見的銅製箭鏃有深倒鉤翼部，卻無鋌部。其他金屬工具包含刀、鑿、鋸及魚鉤等。

印度河文明工藝品列表展現出相當多樣的製作材料：玻璃與別針（銅）、化妝品盒（滑石）、多種不同材質製作的精美串珠（金、銀、銅、彩陶、滑石、半寶石、貝殼及陶）及雕像（石灰岩、雪花石膏、銅及赤陶）。部分材料為當地所缺，可以明顯看出印度河城市與遙遠區域，如波斯（埃蘭人）、阿富汗及印度河聚落以東的其他印度區域，曾建立起貿易連結。印度河文明的印章及其他物品，傳布至美索不達米亞，印度河文明以稀有商品來源的「美魯哈」（Meluhha）之名，聞名於美索不達米亞的蘇美人與阿卡迪亞人（Akkadian）之間。東南伊朗的考古挖掘發現，這裡早期的埃蘭城市可能將商品，包含金屬礦產、滑石、青金石及雪花石膏，銷往美索不達米亞及印度河區域，同時也扮演印度河商品西運的中介者角色。

印度河遺址中最引人注目的藝術品，是方形滑石印章上的文字（見圖二）。這些略大於二點五平方公分的印章，一般刻有精美陽紋圖像，以高峰公牛最為常見。印章上還可見其他動物（老虎、大象）、合成神話怪獸及少見的人形。頂部有一段短銘文，但文字目前仍無法解讀。這種文字有超過四百種符號，數量之多，不可能為純字母或音節文字，目前所知尚無超過一百音素的文字。雖然多數為圖像符號，其他要素則具有修飾作用，例如語尾，有些則明顯是數字。這些印章十之八九是用來蓋在軟質黏土上，表明所有權。銘文都很短，應該是以擁有

圖二　印度河文明印章

者姓名為主。銘文文字雖未知，但最可能的猜測是某種達羅毗荼語言，因為印度河與恆河谷地都擁有小塊達羅毗荼語使用者。然而也無法完全排除是其他語言的可能性。由於缺乏類似解讀埃及象形文字的羅塞塔石碑，或解讀阿育王（Ashoka）銘文的希臘語和普拉克里特俗語（Prakrit）錢幣，目前仍沒有雙語對照銘文，可用來解讀印度河文字。然而，因為印度河文明與其他識字民族曾維持海上貿易，特別是埃蘭人，也許還有美索不達米亞人，有機會發掘出雙語銘文。明顯可見，印度河人民為識字民族，但文字卻在時間中滅絕。有些人試圖嘗試將這些文字與阿育王時代的婆羅米文字連結，然而目前都未說服學術圈。

## 宗教

無法解讀印度河銘文，也阻礙了對印度河宗教的分析。當前學者們有股強烈慾望，假設印度河文明要素是可延續下去，並形塑後世的印度文化，因此會運用已知的古代印度教內容來解讀印度河文明的物質發現。但我們必須小心謹慎。部分印度河文明物品令人感覺，其製作者的宗教可能是古代印度教部分特定徵象的遠祖。以下三類物品與以上假說有關：

首先是許多粗俗製作的紅陶女俑，以豐富的項鍊、耳環及扇形頭飾來裝飾。自然聯想這是為大眾崇拜而製作的奉獻陶俑，目的在於提升作物、家畜及人類的生育力。大母神像在整個新石器時代的西亞、甚至史前歐洲都非常常見。因此合理假設印度河塑像描繪某種當地版的母神信仰，也就是印度教偉大女神（Great Godness），濕婆（Shiva）之妻的原型。另一方面，十分可能這些塑像並非用來祭祀，只是兒童玩具而已。

其次，是擁有獸形、人形及綜合形象的印章，非自然形象可能代表神祇。其中一枚印章上，我們發現戴著角型頭飾的男子，手放在膝上，身旁有兩隻羚羊及水牛、犀牛、大象與老虎圍繞。首先論述印度教中留存印度河文明遺跡的約翰・馬歇爾（John Marshall），稱此像為「濕婆原型」（ProtoShiva）[5]。晚期印度教中，濕婆確實被稱為「百獸之主」。這名稱似乎適合用在形容那塊印章銘刻中被不同動物環繞的人物。這男子的姿勢，倘若未經大量練習與肌肉強度，是很難做得到的，暗示著這是某種瑜伽體位法；而濕婆的另一稱號即為「瑜伽士之神」。

5 Marshall（1973）。

最後，有一群石製工藝品，可詮釋為陽具與陰戶的傳統象徵，也許與我們所知印度教濕婆信仰中的神聖陽具石雕或林伽（linga）有關。

印度河宗教似乎擁有神祇形象（寺廟存在與否尚未證實），而且眾神為半獸半人的形態。這裡所見的「濕婆信仰組合」——瑜伽（yoga）、百獸之主濕婆、配偶大女神及著重生產繁衍的功能與器官——都可視為合理假設，但仍需後續研究證實。

## 印度河文明的起源與存亡

在起源與存亡的兩大問題中，印度河文明仍舊成謎。從它留下來無聲的遺跡，我們僅能窺得少數經濟、社會組織與文化上的瞭解，對於它是如何開始與結束，知道的更少。

放射性碳定年法將印度河文明的成熟階段，界定在西元前二三〇〇年至一七〇〇年之間。這些測定結果與美國西南部狐尾松的年輪比對後，時間大幅回推到西元前二五〇〇年至一九〇〇年，即表示印度河文明連同底格里斯—幼發拉底與尼羅河文明，是世界三大最早的古文明。美索不達米亞的城市生活起始較早（西元前三一〇〇年），但並未超前太多。此外，印度河文明與美索不達米亞文明有普遍的共同點，包含使用印章、中央穀倉及下城高丘的組合。印度河文明主要區域的棋盤模式，對比美索不達米亞城市的蜿蜒街道，類似當代紐約街道對比倫敦市街。明顯可見印度河城市在我們所知範圍中，並非直接開展，而是有計畫地興建。許多印度河城市是直接在處女地上建立，而非世代增建，更進一步強化這個印象。難道它們的規劃者是來自美索不達米亞嗎？

也許不是。印度河技術看似相仿，其成品細節卻大相逕庭，同時擁有自己的風格。印度河城市建立者較可能來自青銅器時期農業文化，其遺址可能仍埋藏在巴基斯坦的印度河下游以西，俾路支斯坦（Baluchistan）的丘陵裡。根據考古學傳統，這些文化以首先發現陶器形式的地點為名：佐伯（Zhob）、托高（Togau）、奎塔（Quetta）、阿姆利—納爾（Amri-Nal）及庫利（Kulli）。這些陶器形式與伊朗陶器擁有相似點，因此推測從伊朗所出；某些地點已知較印度河文明早了千年以上。巴基斯坦的梅爾賈爾（Mehrgarh）發掘顯示，這一區的農業發展較印度河城市的建築早了三千年。因此文明在地原生發展，似乎比借自美索不達米亞更具可能性。我們對於這些社群的瞭解，基於地面發掘重建，佐以小量考古發掘成果，在整體特徵上具有一致性：相當孤立的小型山丘村莊，以大麥、小麥農業，高峰牛、綿羊及山羊畜牧為生；在集水溝各處建置石攔水壩，保存珍貴雨水，灌溉農田；運用磨石與石皿研磨穀物。細節上的主要差異依文化與遺址而定，主要呈現在陶器上，與印度河文明廣大區域中陶器樣式的普遍類似性，相當不同。

考古學者葛萊哥利・波歇爾（Gregory Possehl）指出，西亞地中海區農業與家畜馴化的發生，來自人類與該區原生的大麥、小麥、牛群、綿羊與山羊互動的結果。[6]他進一步指出，大麥、牛群、綿羊與山羊同樣原生於印度河谷地；野生小麥可能一度存活於此。良好的考古證據顯示，早於印度河城市成熟階段（西元前二五〇〇至一九〇〇年）前，印度河聚落已馴化這些作物與動物。他建議，與其認為科技由西亞傳布至印度河，我們應視印度河為乾旱區首先出現馴化的地點之一。動植物馴化在不同地點發生，印度河則含括在內。

## 印度河文明的結束與後續

西元前一九〇〇年左右，印度河城市的發展達到終點。印度河文明聚落的許多小鎮村落持續存在，部分甚至存活到鐵器時代（西元前一〇〇〇年），然而都市生活則步入終點，直到西元前五世紀的第二次都市化，才又重生。印度河文字滅絕，書寫一事直到阿育王時代或之前某段時間，才又重新發明。印度河城市在西元前二五〇〇年突然出現，存在約六百年時間，確實是一段相當長的時間，但不比埃及與美索不達米亞的城市長久。

我們不清楚印度河殞滅的原因，究竟是迅速還是緩慢殞落。迅速殞落的理論著重自然（水災）或人為（軍事入侵）災難的證據；緩慢理論則以生態（乾旱）或內在因素（陳滯、士氣低落）為主。

在信德區，印度河在高於兩側平原的河堤中流倘，洪水對農業是恩惠，卻威脅著聚落的安危。摩亨佐—達羅的下城區至少三次遭逢水患後又重建。水力學者萊克斯（R.L. Raikes）認為一次毀滅性的洪水導致人們遺棄摩亨佐—達羅與其他遺址。[7]沿著阿拉伯海岸的印度河遺址，位於內陸四十或五十公里處，暗示著它們原先都在海岸邊，在存續期間的某個時間點，海岸大幅抬升，因此與海分離。由於這裡位於地震區，陸地抬升可能會突然發生。倘若是發生在印度河城市仍有人居住時，又事出突然，如萊克斯相信的，可能會改變印度河下游的流向，無預警淹沒河岸平原及聚落。然而與單一城市相比，整個文明不會在自然災害中即刻殞滅；即便萊克斯對信德區南部城市滅亡的主張是正確的，旁遮普的印度河城市應該也不會受到影響才對。

6 Possehl（2002）。
7 Raikes（1964）與 Dales（1965）。

哈拉帕與其他印度河遺址的晚期階段證據顯示曾受佔用，挪用遺址磚塊建造髒亂小屋（丘卡爾文化〔Jhukar〕）。在這裡及其他地方，銅製或青銅製長柄斧頭與印度河民居終結時期同時出現，帶著不祥之感。摩亨佐—達羅遺址的最上層出現死於路上與屋舍中的人類骨骸，強烈暗示有暴力發生，並棄置未葬。摩提莫・惠勒爵士（Sir Mortimer Wheeler）將責任歸於早期亞利安人。其神聖詩歌集《梨俱吠陀》（*Rig Veda*）曾描述戰神因陀羅（Indra）摧毀敵人達休（Dasyu）的百牆堡壘。[8]然而就目前證據而言，印度河城市殞滅時間約為西元前一九〇〇年，而亞利安人則於四百年或更久之後才抵達印度。

氣象學者瑞德・布萊森（Reid Bryson）則主張印度河民族耗盡身處的環境，大規模農業剝去土壤的天然覆蓋，造成沙塵暴，將宜人氣候轉為乾燥，並造成信德區以東的拉賈斯坦沙漠。[9]明顯地，信德一度擁有比今日更為多元的動物，包含需要樹蔭、水源及大量草地才能生存的大象（若非進口）、犀牛與老虎。[10]今日三者都可見於阿薩姆邦的布拉馬普特拉河畔，青草如茵的濕潤洪水平原上。然而，如同洪水理論，這理論並無法解釋旁遮普印度河上游城市的消失。

這些理論都暗示，印度河人民無法回應超越他們能力的外在力量，無法適應新的壓力環境，而在挑戰面前退縮。雖然他們曾重建遭受水患的城市，重建並強化對抗軍事攻擊的防禦工事，在信德區與旁遮普各地普及農業，但他們這時面對強大打擊，缺乏重建、防禦聚落或遷徙更佳地點的內在資源。所有前述理論都可以歸納到是內在資源的問題，包含物質資源及道德精神。

印度河城市殞滅的原因，仍沒有定論。然而，更重要的是，尤其在都市生活與書寫文字的勃然斷裂之下，印度河文明與後續古印度之間究竟有何延續性。除了對宗教延續性的揣測，包含我們已經論及的濕婆崇拜、瑜伽、母神的概念，部分學者認為印度河文明是由吠陀時期的梵語亞利安人建立的，其聚落集中在薩拉斯瓦蒂河流域，而甘瓦里瓦拉與許多小型印度河遺址正分布於此。[11] 印度—薩拉斯瓦蒂文明理論有許多問題，最主要的是，印度河城市幾乎不見馬與戰車遺跡，這些卻在最早吠陀文獻中廣泛敘述。

然而，亞利安人抵達後，距離書寫文字與都市生活於印度半島上再次復興，尚有數百年

8 Wheeler（1960）。

9 Bryson 與 Baerreis（1967），Bryson 與 Murray（1977）。關於間熱帶輻合區，見 Das（1968），以及 Bryson 與 Murray（1967, Chapter 7）。

10 Divyabhanusinh（2008）。

11 Lal（1997）及 Gupta（1996）。

時間。亞利安人對古典印度文明的貢獻是形成一種明顯可見的文化，綜合許多先前文化的技術、慣例與信仰，其中印度河文明的存續最引人深思。世俗層次上，今日仍可在信德區發現的實輪牛車，這可能是印度河文化的存續；南亞其他區域早已換成稍後由西北傳入的軸輪車輛。在更高層次，印度教的崇拜圖像，如偉大女神及濕婆，也可能是存續的案例。然而，目前為止，印度河文明的歷史仍舊是自己獨立的篇章，與後續印度文明故事之間的牽繫仍舊未明。只有進一步靠田野考古發掘更多證據，才能驗證我們對於印度河文明如何延伸進入吠陀與後續時期的揣測是否為真。

**第三章**

# 吠陀時期

- 《梨俱吠陀》
- 印度—歐洲、印度—伊朗、印度—亞利安
- 晚期吠陀
- 史詩：《摩訶婆羅多》與《羅摩衍那》

在印度河文字獲得解讀前，印度河文明只能透過物質遺跡解讀；亞利安人的文明正好相反，後者將開展南亞文明的下一個時代。在吠陀中我們了解的是南亞早期亞利安人的心靈，而非外在。

在印度河文字獲得解讀前，印度河文明只能透過物質遺跡解讀；亞利安人的文明正好相反，後者將開展南亞文明的下一個時代。雖然亞利安人相當簡樸的早期聚落，或許並未留下太多可供考古發掘的痕跡，但稱作「吠陀」（Veda）的宗教文學，則是重建內在生活的豐厚來源。因此，我們對於亞利安人的宗教所知甚多，超過對其聚落型態、經濟或科技的了解。因此可以說，在吠陀中我們了解的是南亞早期亞利安人的心靈，而非外在。

## 《梨俱吠陀》

吠陀文學中最早期的作品是《梨俱吠陀》（*Rig Veda*），收錄了一千零二十八首頌讚諸神的詩歌，分為十卷。收錄作品可分為不同時期：主要核心包含不同古老祭司家族一度不公開的儀禮紀錄，後續結合成書卷；另外加入一卷敬頌蘇摩神（Soma）為主的詩歌；再稍晚，追加首尾卷最富沉思哲理的詩歌。

想要重建《梨俱吠陀》時代的社會與生活相當困難，因為這本書為詩歌輯錄，並非社會學論述。因此描繪亞利安社會、經濟與科技的可能樣貌前，我們先從神話與宗教開始。

## 《梨俱吠陀》諸神

《梨俱吠陀》的主要對象是稱為提婆（deva）的天神群，deva一字為「輝曜者」的意思。這群天神主要與天空有關，與土地及神話的關聯性較低。同樣字根形成天空之父的名字帝烏斯・皮塔爾／特尤斯（Dyaus Pitar），吠陀中記載他與地母的結合是最早世界起源的概念。在《梨俱吠陀》中，帝烏斯已將宇宙秩序主宰的榮耀讓給伐樓那（Varuna）。伐樓那是吠陀諸神中少數具有明顯倫理性格者，犯錯者無法逃過他的法眼。同樣地，在最後一卷中，伐樓那被造物主生主（Prajapati）取代。生主作為原人（Primordial Man），透過自我犧牲，由支解的身體中創造出現象世界。除了這些威嚴神祇外，我們還可以看到密多羅（Mitra）是善者之友與條約的保證者；火神阿耆尼（Agni）吞噬祭品並將人的獻祭傳達給神祇；蘇摩（Soma）的名字來自由幻覺植物（部分學者認為是某種蕈類，其他人則認為是麻黃）汁液製作的醉人飲料，是稍晚時期一系列重要獻祭的對象。[12] 閻摩（Yama）是第一位去世的人類，他掌控群聚於父祖之國的

12 關於毒蠅鵝膏菌（fly agaric Agaricus mushroom）見Wasson（1968）；關於麻黃的討論見Falk（1989）。

亡者靈魂。

對吠陀時代的亞利安人來說，這些神祇很重要，但因陀羅才是他們的英雄，戰士的典型。他揮舞著雷電，殺死惡魔弗栗多（Vritra），釋放受阻的生命之水，流淌無礙。他身為眾神之王，帶領眾神迎擊魔神阿修羅（Asura）。他也代替亞利安追隨者，摧毀敵人的高牆壁壘。其他詩篇述及他過度飲用蘇摩後的陶醉狂歡。因陀羅每次戰勝敵人後，在英雄式狂飲較量中，只臣服於蘇摩之下，他是位英雄色彩鮮明的吠陀戰士。

吠陀眾神強烈連結天空、太陽與天氣，因此以男性為主，雖然也有幾位重要女神，最知名的是大地女神、晨曦女神烏莎（Ushas）、言語女神波耆（Vach）。然而晚近印度教中的兩大重要神祇濕婆與毗濕奴，卻很少出現。暴風之神樓陀羅（Rudra），後世納入印度教中濕婆概念的其他面向，是一位性格暴烈，必須安撫而非祈求恩惠的神。在吠陀經典中，毗濕奴是一名侏儒，踏出三大步，即為眾神贏得大地、空氣與天空，並將惡魔驅趕到另一個世界。

## 《梨俱吠陀》的宗教

在毗濕奴為眾神贏得的三層宇宙外，是秩序或稱作「天則梨多」（rita）的領域，由主管神祇的伐樓那（Varuna）掌控。天則梨多的概念類似科學概念中的自然定律，但天則梨多同時具有道德上的含義。偏離古代生活慣習，等同脫離天則梨多，將招致混亂。如同一開始透過獻祭建立秩序，秩序也需要時常重建。獻祭則是重現生主原初的創造行動。

不同於印度河文明，亞利安人並沒有廟堂或塑像。他們是屬於獻祭的宗教，以神聖之火阿耆尼為核心。它可以是家戶中的聖火，或在開放區域特別燃起的火堆，最多伴隨幾幢草建小屋，位於劃分獻祭空間與世俗世界的聖圈之中。這時並沒有後世印度教的寺廟殿堂。眾神存於無形之中，坐在人們為祂們鋪灑的乾草上，以無形的狀態享用奉獻的奶油、牛奶、水果、穀物及肉類。這些是透過阿耆尼轉換成神祇可以吸收的奧妙形式。此外，人們也需要透過獻祭來供奉父祖輩或祖先們。在《梨俱吠陀》的時代，較複雜的儀式中需要四名祭司來協助獻祭者；後續時代中隨著獻祭儀式愈趨複雜，主祭者數目也逐漸增加。

簡單來說，獻祭者祈求獲得世俗利益：長壽、多子多孫、財富、顯貴聲名及宰制仇敵。死後則祈求進入先祖世界，與閻摩共餐。哲學領域裡，宇宙秩序本身透過獻祭，持續獲得重生，避免混亂發生。

## 經濟、科技與社會

《梨俱吠陀》時代主要是畜牧者與農人。馬隊每日引領太陽戰車橫越天空，如同他們引領亞利安人戰車，在戰場上抗敵。這些動物套車的車軛較適用公牛寬肩，因此容易掐握馬匹的纖細頸項，相較於印度河牛車的沉重實輪，亞利安戰車的輕軸車輪是重要進步（見圖三）[13]。當時騎馬僅限於低下階層或需要快速前往某地的人。吠陀貴族如其神祇，主要駕駛戰車。當戰車讓給印度精英軍隊的騎兵團後，晚期印度教眾神則直接騎在動物背上。

然而，主要財富則是牛群，為軍力、肉品與奶的來源，受到高度重視。戰爭的另一個同義詞是「渴望牛群」（gavishti），盜牛更是《梨俱吠陀》部族間的衝突來源。牛群是吠陀獻祭的祭品之一，吠陀部族人民依慣習，以烤牛待客。牛群在當時是貴重且神聖的動物，但到晚期，才成為印度教徒的禁忌。其他的家畜包含山羊、綿羊與狗。

《梨俱吠陀》談及木工與紡織。已知金屬中確定有銅及青銅，可能有早期的鐵，以及金銀。屋舍可能很小，並以非耐久材料建築。

《梨俱吠陀》中描繪的人民圖像，與印度河文明城鎮的人民截然不同。他們是尚武好戰

13 After Piggott（1950）。

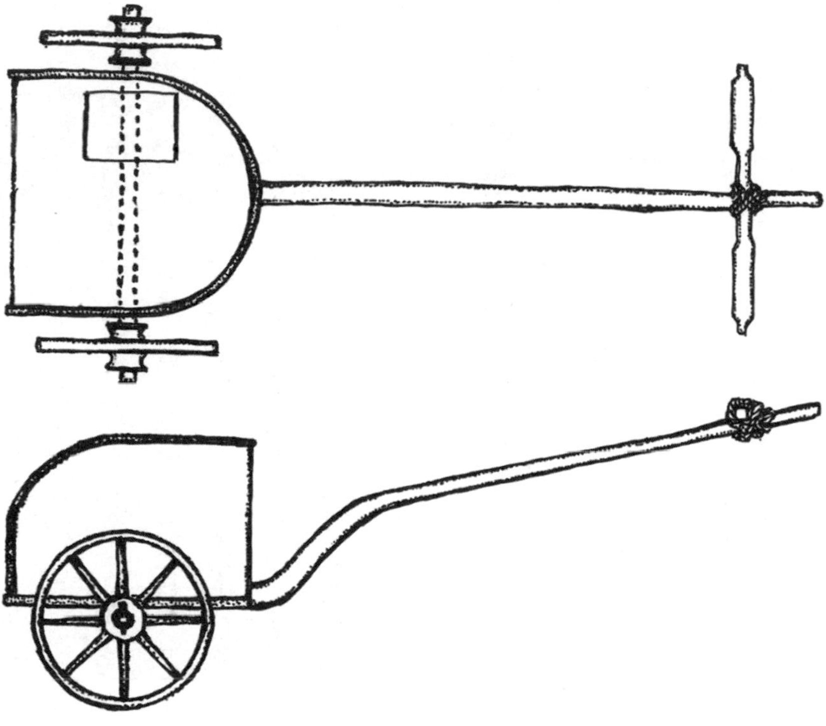

圖三　吠陀戰車

的遊走部族，當戰士未忙著偷盜其他部族的牛羊群，或對抗敵人的高牆壁壘時，則照顧自己部族的牲口。這些敵人明顯是稱為達休（Dasyu）或達娑（Dasa）的原住民族，這二詞很快成為「奴隸」的同義詞。雖然吠陀亞利安人看來經常移動，但不能將其視同中亞遊牧民族。他們並非真正的遊牧民族，在放牧同時，也進行農耕；而農耕與遊牧其實是相互對立。他們栽種大麥或小麥（稍晚也種植稻米），可能使用一種木犁，稍後在木犁尖端加裝鐵製頂端。這種北印度的T字形尖端木犁，數千年仍未改變。雖然我們仍不清楚印度河人民使用的是何種器械工具，然而在吠陀時代，它代表著超越史前印度石鋤與庭園農業的明確進步。

## 印度－歐洲、印度－伊朗、印度－亞利安

《梨俱吠陀》中的亞利安人究竟是誰？從哪裡來？為了回答這些問題，我們必須先瞭解他們的語言——梵文在其他相關語言中所處的位置。梵文及其衍生語言，即北印度的現代語言（印地語、孟加拉語、旁遮普語等），整體稱為印度－亞利安語支。結構上，印度－亞利安語支最接近伊朗的語言，共同形成稱為印度－伊朗語族（Indo-Iranian）的更大團體。這群語

言，同時也是印度—歐洲語系（Indo-European）的九支之一。相關聯的語言中，六支位於歐洲（凱爾特語族、日耳曼語族、義大利語族、阿爾巴尼亞語族、希臘語族及波羅的—斯拉夫語族）；兩支位於中亞（亞美尼亞語族、已滅絕的吐火羅語族〔Tocharian〕），以及一支位於伊朗和南亞（印度—伊朗語族擁有兩系語支：伊朗語支及印度—亞利安語支）。這份名單上，還需加上已經滅絕的西臺語（Hittite），這個西元前二千年間的西亞語言，是或是十分接近印歐語系的一員。

這個大型語系裡，不同支的現代成員間差別很大。然而透過比較，卻顯示出發音系統、語彙及文法結構上的系統對應性，因此我們應假設它們都衍生自某種已經滅絕的親族語言，稱為原始印歐語（Proto-Indo-European）。衍生後的子語逐漸分殊化，並分布不同地域。在這些移動之中，印度—伊朗語族又進一步分成兩支：一支在伊朗生根，另一支則遷徙至北印。《梨俱吠陀》是在印度—亞利安語言使用者進入印度次大陸後不久，於印度河上游區域輯錄而成。

語言不會自己發聲，而是透過人類訴說，進而組成社會，擁有某些建立獨特文化的共同符號與價值——宗教、神話、法律。若我們推論原始印歐語的存在，我們也需推論原始印歐社會與文化的存在，這個社會使用原始印歐語（然而我們所說並非單一的印歐或亞利安「種族」）。使用原始印歐語的部族分裂、遷徙到不同區域，各自獨立，並與其他非印歐語系人群、社會及文化互動，帶來個別子語、社會及文化的演化。其中之一即為印度—亞利安語支。

透過比較子語間的語彙、宗教、神話與法律，可以某種程度上重建原始印歐社會與文化。原始印歐語使用者主要是牛群與馬匹的牧者。他們使用某種車輛，也許改良上古近東地區的實輪驢車，引入輕軸輪及馬匹。雖然兩者帶來大量行動自由，但他們並非真正的遊牧民族。這種生活型態後續在中亞發展起來（使用伊朗語的斯基泰人〔Scythians〕則採行這種生活）。原始印歐語使用者採行某種農耕，半定居在草木屋舍中，而非帳篷；這些顯示某種安定生活，而非持續性、季節性的移動。他們飲用蜂蜜酒（發酵的蜂蜜）；使用石製、銅製與青銅工具；並了解陶器、紡織和木工藝術。

原始印歐語部族以數個父系家族構成，兒孫、未婚女兒、妻子，或許還有僕役，都受家主權威監護。宗教生活中主要包含向家戶聖火獻祭食物，供奉父系家族的去世先祖。對神祇（拉丁文 deus；希臘文 theos；梵文 deva）也進行類似獻祭，祂們多半與天空、太陽及天氣有關。天父（拉丁文 Jupiter；希臘文 Zeus Pater；梵文 Dyaus Pitar）即為如此，祂與地母的性結合創造出世界。晨曦女神是另一位少數得以明確重建的原始印歐神祇。

學者喬治・杜梅吉爾（Georges Dumézil）比較初期印歐語不同神話，認為原始印歐人將眾神與社會分成有機連結又具位階的三種功能：魔法與律法行政、軍事武力、生殖能力。他相信，這個思想體系遺跡，仍可在例如羅馬三位神——朱比特（Jupiter）、馬爾斯（Mars）及奎里努斯（Quirinus）；或印度系列中的密多羅—伐樓那、因陀羅及納撒特耶（Nasatyas）中發現，各自代表著相對位置的功能。[14]確定的是，印度—亞利安人將祭司、戰士與畜牧者——農耕者的社會分工概念，也一起帶到印度，並與伊朗近親分享。若杜梅吉爾將這思想歸諸原始印歐人本身的理論是真的，則暗示著某種程度的功能性分工與階層化已進入部族的內在組織中。

這文化於西元前三千年間，發展於西亞主要文明中心的北方。當今已有明確考古證據，將印歐核心地帶定位於南俄草原。這裡發掘出葬有骨骸的墳丘，並有馴化綿羊、牛群及馬匹遺骸，戰車，土製牛車模型，楔型、骨製及銅製工具。這類遺物可以合理認定，與透過語言重建的原始印歐社會特徵一致。[15]

展現印歐語言存在的最早文獻，來自西元前二千年間的西亞地區。初期我們最早想到的是西臺人，在小亞細亞建立重要帝國，其語言可能是印歐語或是非常相近的語言。隨著第二個千禧年推進，漢摩拉比（Hammurabi）王朝臣服於來自北方山地的入侵者，也許包含了印歐語使用者。由於西元前十六世紀初期以降，我們發現控制巴比倫的喀西特人（Kassites）中，部

14 Dumézil（1952）。
15 Anthony（2008）。

分王名為印歐人名。西元前十五及十四世紀期間，上美索不達米亞的小王國米達尼（Mitanni）留下的文獻中發現，雖然人民並非使用印歐語，但統治菁英中卻有印歐語成分，展現在神祇、國王之名，以及名為奇庫利（Kikkuli）的馴馬師所留下，訓練戰車馬匹耐力的文獻。

從這些微小證據中，明顯可見米達尼人中的印歐語使用者，在宗教及語言上，與伊朗人、印度—亞利安人很接近。然而，出於數個原因，這宗教的明確性質卻難以肯定。首先，米達尼統治者的語言和宗教較接近印度—亞利安人，而非最早期伊朗人。然而，這也可能是誤導。因為目前擁有最早的伊朗文獻，即阿契美尼德諸王的舊波斯銘文（西元前六至四世紀），以及宗教改革者瑣羅亞斯德（Zoroaster，或稱查拉圖斯特拉〔Zarathushtra〕，約西元前七世紀）的讚歌，收於《波斯古經》（*Avesta*）之中，然而這本書年代卻不及《梨俱吠陀》古老。因此我們並不清楚伊朗語最早的形式，或者瑣羅亞斯德改革前的宗教樣貌。一小部分語音變化區隔出《波斯古經》與《梨俱吠陀》的語言。例如在第一章中，我們看到波斯語將s簡化成h，因此梵文中的信都（Sindhu，河流、印度河）變成伊朗語中的興都許（Hindush，指印度河流域及其住民）。我們因此得到「興都」（Hindu），又從希臘語獲得「印度河」（Indus）及「印度」（India）。如此明確轉變並未發生在米達尼文獻中，這可能表示這時伊朗人及印度—亞利安人尚未分裂，因此伊朗語將s轉成h尚未發生。此外，瑣羅亞斯德教雖然保留獻祭、火及燒施祭司（札歐塔爾〔zaotar〕，梵語為hotar），卻改革古印度—伊朗的天神崇拜。因此瑣羅亞斯德教的概念已與《梨俱吠陀》有所區隔，而後者也是從史前印度—伊朗宗教衍異出來。

| 米達尼 | 伊朗 | 印度 |
| --- | --- | --- |
| 阿魯納希希爾（Arunashshil） | 阿胡拉—馬茲達（Ahura Mazda） | 阿修羅—伐樓那（Asura Varuna） |
| 密多羅希希爾（Mitrashshil） | 密特拉（Mithra） | 密多羅（Mitra） |
| 因達拉（Indara） | 韋瑞特拉葛納（Verethraghna） | 因陀羅—弗栗多（Indra Vritrahan） |
| 納撒特提亞那（Nashattiyanna） | 納翁海提亞（Naonhaitya） | 雙納撒特那（The Two Nasatyas） |

因此在瑣羅亞斯德教中，最高的光明神阿胡拉—馬茲達等同於吠陀神祇伐樓那；而在吠陀宗教中，伐樓那的別稱阿修羅，則指一群敵視天神的惡魔。另一方面，印度—伊朗部族英雄因陀羅—弗栗多（屠龍者），在瑣羅亞斯德教中，則貶為惡魔韋瑞特拉葛納，但在印度及米達尼人之間，則保留原有的崇敬。

我們可以合理思考，但離確認仍有一段距離，米達尼證據屬於標誌性伊朗語音變之前的時期，也就是伊朗人與印度─亞利安人分裂之前。不論如何，印度─伊朗人穿越伊朗高原，印度─亞利安族群分裂出去，並移往《梨俱吠陀》成形的印度河上游地區，應與米達尼王國存在時間接近。印度─亞利安語使用者進入印度，《梨俱吠陀》詩歌創作年代，可合理定為西元前一五〇〇年至一二〇〇年之間。

## 晚期吠陀

吠陀文化衍自西亞及中亞的先祖，在印度發展而成。雖然在許多方面，與這時已然殞滅的印度河城市相比，是比較簡單，以村莊為主，甚至部落式的文明，吠陀文明註定將更深入印度次大陸，在北印度、孟加拉及斯里蘭卡建立語言，並在整個區域留下宗教與知識生活的印跡。在這個過程中，它也吸收融合印度河文明殘留文化的片段，並一起改變。

亞利安部族持續與在地印度人進行戰爭（其中必定也遇到印度河城市住民的後代），彼此爭鬥不休，逐漸由《梨俱吠陀》在旁遮普的家鄉，向東擴散。過程中，俱盧（Kuru）與般遮羅（Panchala）兩大部族的祭司與王子們，公認為正統言行模範，其介於印度河及恆河盆地中間，位於德里周遭的領土，則被視為吠陀或婆羅門宗教的「中國」（Middle Country）。亞利安部族持續向東，沿著恆河擴散；西元前五百年左右抵達孟加拉。另一群人則由恆河中部向西南推進，差不多時間抵達古賈拉特海岸邊。

當亞利安人在整個北印度擴張，其宗教生活的中心，獻祭的規模與複雜性也跟著擴大，並產生大批儀禮與知識文獻。這批文獻整體稱為「吠陀」（Veda）。如我們所見，《梨俱吠陀》是吠陀文獻中最古老者，技術上稱為「本集」（samhita），或頌讚眾神的詩歌（rich）選集，由燒施（hotar）祭司唱誦，唱誦詩歌的職責源自印度—伊朗時期。其他祭司職責則產生了新的本集：屬於供犧（adhvaryu）祭司的《夜柔吠陀本集》（*Yajur Veda Samhita*），主要關於獻祭（yajus）的操作面；屬於詠唱（udgatar）祭司的《娑摩吠陀本集》（*Sama Veda Samhita*），吟唱詩篇為歌（saman）。第四部吠陀詩歌集《阿闥婆吠陀》（*Atharva Veda*），屬於最後一部，與前幾部屬性殊異，收錄醫療吟誦、愛情符咒、哲學沉思等。

每一部本集都需要數支特定祭司宗派傳遞相關的詩歌與祭祀功能。不久後，這些宗派各自輯錄稱為《梵書》（*Brahmana*）的散文文獻，闡明與所屬詩歌集關聯的儀式脈絡與重要性。所有主要梵書都顯示在俱盧及般遮羅部族所在的中國地區輯錄。針對神聖知識的進一步學術研究可分兩個方向：一方面著重神祕沉思，另一方面則以技術知識為主。前一趨勢表現在稱為《森林書》（*Aranyakas*）及《奧義書》（*Upanishads*）的作品中。這些作品通常採取婆羅門祭司與恆河中部新近成立的亞利安王國諸王對話的形式。此區域位於俱盧—般遮羅地域的東方。這批文獻的主要作品約於西元前六百年左右完成，耆那教與佛教興起之前。這些非吠陀宗教的核心教義，正是在《奧義書》中初步發展出來。

在技術層次，祭祀種類擴張及逐漸增加的複雜度，產生了更系統化的儀軌知識，總稱為劫波（kalpa），以一系列隱密散文律令的形式記錄下來，稱為經（sutra）。不多時，劫波知識分成四大領域及對應文獻：《家宅經》（*Grihya Sutra*，家庭儀軌規範）；《隨聞經》（*Shrauta Sutra*，高等儀軌指導）；《繩法經》（*Shulva Sutra*，關於火壇及其他儀軌相關物的建築規範，事實上為某種幾何學）及《法經》（*Dharma Sutra*，亞利安人行為準則，第一部法典）。其他專門知識如語音學、字源學、文法、數學及天文等，則是因應正確唱誦吠陀咒語（Mantra）而產生。祭祀是否有效以這些知識，加上適當獻祭時間的正確推算為基礎。這批技術文獻總稱為吠陀支（vedanga），意即吠陀的「肢體」。

至此每支祭司傳統，皆有其在獻祭中的特殊功能，及其所屬的本集、梵書、森林書、奧義書及經書。這批文獻今日仍大量留存。獻祭一事形塑整群古印度知識體系；直到吠陀氣數已盡，這批知識才可能脫離舊吠陀祭司宗派及對獻祭的依賴，走出自己的生命。

## 吠陀獻祭

創造出廣大吠陀文獻的精妙獻祭儀式，可簡化為三步驟：獻祭者祝聖、儀式盛宴及除聖。獻祭者必須是一名成年已婚的亞利安人，已通過吠陀宗教的入法禮儀式。獻祭的預先準備包含劃出一塊神聖空間，在空間內建置聖壇，點燃聖火。獻祭者與祭司，兩者在神祕中合而為一，接受潔淨進入神聖空間。獻祭過程本身則以招待亞利安賓客的盛宴為原型。投入火中的祭品包括澄清酥油、牛奶、蘇摩飲料、飯糰或山羊、牛、馬或綿羊肉。無形的眾神或先祖則坐在附近地面上展開的神聖草席，享用經火轉變的祭品。不同除聖儀式，包含沐浴、沉思懺悔無意中犯下的祭儀錯誤及支付祭司費用，可將獻祭者與祭司分離，允許各自重回世俗生活，不致招來危險。

祭祀本身分為兩種主要形式：家庭儀軌（Grihya）與高等儀軌（Shrauta）；如前所示，兩者都有其指導經籍。家庭儀軌較簡單，可能也較為原始；只需要一個火壇，即家主成婚時點燃，且需終其一生看守的家戶聖火。高等儀軌則需要三個火壇，此外還需要數名祭司。在家庭儀軌中，家主同時也是祭司，若有婆羅門列席，僅代表神祇。

高等儀軌包含三大領域，以及整組特別儀式。首先是吠陀陰曆相關的曆法儀軌，包含新月、滿月儀式，迎接印度三季（涼季、雨季和熱季）的儀式，兩次生長季結束時供奉初果的儀式。其次則是蘇摩獻祭，擠出令人迷醉的蘇摩植物汁液，以水稀釋，過濾後飲用。最後則是一系列特別與國王相關的儀式：皇家即位儀式（Rajyasuya）建立王權；犧牲祭（Vajapeya）強化國王對臣下與敵人的統馭力量；以及馬祭（Ashvamedha），要求神聖公馬通過的所有領域，都須臣服獻祭者統治，或者迎戰。

高等儀軌對祭司傳統守護者來說，愈顯重要，因此發明出難度極高、難以執行的形式，例如需要一千年才能完成的祭儀；或另一組祭儀，需要從大象到蜜蜂等六百零九種不同祭牲；又或者需要一萬零八百塊磚砌成的火壇。祭祀超越盛宴的原始形式，成為一種宇宙原則。天父地母結合，繁衍世界的早期創世信仰，已經轉變為宇宙人（原人〔Purusha〕、生主或婆羅門），犧牲自己，向自我獻祭。他支離的身體部位，則成為現象世界的不同層面，包含祭司、戰士、牧者——農人與僕役的社會階級，分別由他的嘴部、手臂、大腿及腳部產生。至此，離奧義書哲學僅有一步之遙。《奧義書》中，所有現象都可以簡化成單一，這時已是非人的原則，內含於神聖話語之中：婆羅門一元論信條的絕對存在，進而衍生出萬事萬物。

## 家庭與先祖

高等祭儀與其理論漸趨複雜，引向印度哲學的開端；而較原始而保守的家庭儀軌，則讓我們一窺亞利安家庭組織結構。後者自原始印歐時代以來，未曾有過巨大轉變。關於家庭概念的遺緒淵源流長，我們將於第六章進一步詳述這一重要主題。

亞利安人的家庭為多代同堂，包含家主、未婚女兒、兒孫及兒孫媳。家庭就像企業，財產共有，家主同時是董事長也是執行長。只有家主才能舉行獻祭；直到家主去世或退休前，其他人都是法律上及宗教上的未成年者。在這種情況下，家中財產將由所有在世子息瓜分。

透過妻子協理，家主向家爐聖火獻祭，祈求全家平安。每日進行的五大祭，獻給創造者婆羅門、眾父祖（祖先）、眾神、眾生與人類。祭祀中唱頌吠陀、獻祭食物飲水、焚燒祭品、散布穀糧及招待一名亞利安賓客，最好是有學識的婆羅門祭司。然而，家庭儀軌特別注重供奉已逝父系先祖，「眾父祖」雖已辭世，卻仍是家庭重要成員，仰賴家庭供奉，並賜予祝福。這類儀軌稱為「堅信」（shraddha），每月舉行，核心儀式包含向家主的父親、祖父及曾祖父獻祭飯團（pinda），再向其他更早遠的先祖供奉其他祭品。亡者絕對仰賴家庭供奉，並透過生養子息，延續傳承，以確保在他世的福祉。生者則需要父祖賜予的健康生育等恩惠。

「堅信」祭祀是一系列生命儀禮的終點，始於出生，接著行入法禮進入宗教生活與婚姻，結束於火化葬禮儀式，及敦促亡靈進入父祖世界的特殊儀式。在此系列中，入法禮儀式特別重要，標誌著嬰兒期結束，讓亞利安男孩預備學習宗教知識。入法禮儀式被視為第二次、靈性的出生；只有婆羅門、剎帝利（kshatriya）及吠舍（vaishya）可以參加，因此被稱為「再生族」

（Twice-Born）。相對於此，僅有「一度出生」（Once-Born）的首陀羅（shudra）不得學習吠陀知識（見第六章）。此即構成吠陀社會的四種瓦爾那（varna）或種姓。

婚姻也特別重要，是延續祖先崇拜的核心，同時卻也充滿危險。一名亞利安人不得迎娶「同賓達」（sapinda）關係內的女孩，意即向男方家族數名父系祖先之一供奉飯糰的女方家族。因此，新娘不得為男方近親。另一方面，她仍需出身良好亞利安家族，嫻熟正統宗教祭儀，以利協助宗教儀式，並生養合法子嗣。最後，確認新娘出身良好後，她必須透過婚禮儀式，在宗教上脫離原生家庭及其祖先崇拜，透過入法，加入新郎的家族與祖先崇拜。因此，對女孩來說，婚姻即為進入宗教生活的入法禮，死後，則接受供奉亡夫的祭禮。對男孩來說，婚姻象徵儀式上的成年與完整，因為只有已婚男子可以成為家主與獻祭者。儀式需有妻子協助，因此若妻子先於丈夫去世，丈夫須退下家主之位。婚姻具有三重意義：首先女兒是一個家族贈予另一家族，不可改變的贈禮；引領新娘進入新郎家族與儀軌的入法禮；為了完成宗教責任的聖禮，因此無法以離婚取消。

家主去世後，兒子們可以持續在長子的權威下共住，但某個時間點，財產會或多或少平均分配，每個兒子會成為各自家戶的家主，有責任向父祖進行獻祭。由於女兒無法向亡者獻祭，因此無法繼承土地，但會嫁入陌生人的家庭（若持續未婚，將由兄弟撫養）。她們由娘家帶到婆家的「女人財產」，通常都是餐具或珠寶等移動財嫁妝，而非土地。為確保父祖祭祀不致間斷，缺乏子息的男子可透過幾種手段，取得合法繼承人。若他有女兒，可委由女兒產生子嗣，該名子嗣就不會成為生父的繼承人；若他沒有女兒，弟弟可與寡嫂同居，生育繼承人；或在類似婚姻的條件下，意即包含贈予、入法及聖禮，收養一名繼承人。由於養子註定要向養父獻祭飯糰，必須來自正統家族（無法收養孤兒，因為很難確認親系的關係），而養子的生父必須擁有其他子嗣擔任繼承人，養子也必須在不可改變的聖禮中，交由養父撫養。

## 部落組織

吠陀部族是前述父系數代同堂家庭的集合，依據共同遠祖結合成氏族，透過婚姻連帶關係、共同文化及對抗共同外敵，組成鬆散聯合。至少在婆羅門祭司家族中，有稱為「氏族」（gotra）的父系族系系統，每支族系傳自同一群賢者（rishi）。他們相信這群賢者最早由天啟「聽聞」吠陀詩歌，並傳遞給凡人。相同氏族族系的婆羅門在共同出身下結合，在吠陀初期，擁有獨特髮型、服飾與儀式。不同氏族族系透過嫁娶另一族系的義務，相互連結。

亞利安人之間，並非生來平等。他們由已然分工的原人身體產生。專司神聖話語的婆羅門祭司，來自嘴部；擁有保護責任的剎帝利或戰士則來自手臂；進行放牧、農業與商業的吠舍，出自大腿，是社會的經濟支柱；來自腳部的首陀羅，則是僕役種姓。

吠陀部族內部絕非平等，而是依功能分成四群，透過相互依賴結合，具有上下階級劃分。政治權力握在剎帝利手中，在某些部族，權力廣泛分布於不同偉大戰士族系的族長之手，只有戰爭時才會短暫集中到首領（rajan）手上。其他部族中，世襲首領逐步將政治權力收攏到單一戰士族系，在德里區域的俱盧與般遮羅部族之中這現象特別明顯。這類部族確實可稱為王國，但我們仍需謹記它們的部落個性，他們對部族及被統治者施加的權力，僅限於當時正好佔領的土地，而非該部族起源且明確劃分之領土上的居民。王權是透過向祭司更高權威的臣服，獲得授受，因此不算極權。雖然婆羅門也是國王子民，同時也是王室權威的來源。俱盧與般遮羅部族之所以被後世視為王者典範，不單是在部族國家中強化王權的驚人成就，同時更庇護婆羅門祭司與吠陀祭祀。

吠陀時代是英雄的時代，戰爭是戰車武士及隨從人馬的特權與主要職業，他們追尋的理想包含馬革裹屍、戰時的榮譽行為、對降者仁慈、與所有人分配戰利品的慷慨王者風範。雖然戰爭不斷，但亞利安社會會限制其規模。亞利安部族並未團結對抗非亞利安人，因為缺乏團結的政治基礎；事實上，亞利安部族常彼此爭鬥，次數等同於對抗非亞利安人。然而，戰爭仍是小型規模。戰爭目標也很有限，主要是可移動財產（牛群、金、女人），偶而包含部族可以移入的領土。由於王國是部落組成，吸收外來人口的能力也很有限。一方面，收養律法嚴格，因此排除其他較簡單社會經常吸收俘虜進入政體的管道。另一方面，依據王國的部落性質，被征服的人群無法與政治權威建立直接關係。他們只能透過成為個別家戶的家務奴隸或僕役（shudra），整合進入部族；而整合大量敵人的管道並不存在。因此部落國家很少致力於征服統治鄰邦；大型國家的形成，除透過相關部族結盟外，尚等到新的治國原則發展之後。

印度—亞利安語言與吠陀文化在北印度的擴散，以及原住民族的非亞利安語言和宗教的沒落，部分透過戰爭、俘虜奴役與主僕關係發生。吠陀時代初期，奴隸（達薩 dasa）一詞同時也指涉「蠻族」，實際上為原住民族族名。僕役階級的名稱（首陀羅）應該也來自非亞利安部族之名。然而，改變會自然發生。證據顯示，非亞利安國王提供庇護，透過婆羅門執行吠陀祭祀，獲得超自然力量的益處。當吠陀時代接近尾聲，即便並未深入，吠陀文明幾乎傳遍北印度，同時也接收吠陀國王統治轄下或聯盟內其他族群。

## 史詩：《摩訶婆羅多》與《羅摩衍那》

吠陀文獻本身並非大眾文學，而是宗教人士為了宗教人士所著的作品。然而整個吠陀時期，吟遊詩人公開讚頌戰士國王功績的演出，十分受到歡迎。這些詩人是參與戰鬥的戰車手

（suta），傳頌親眼所見的偉大戰士功績。此外還有旅行說書人及歌者（kushilava），帶著故事走遍村莊。這些公開且受歡迎的口述文學，成為史詩的基礎，後者於後世傳達出吠陀時代的印象。它們的核心是戰士（剎帝利）生活方式的文學，由吟遊詩人重述，重塑梵語史詩。

兩部非常長的史詩作品是：約十萬頌組成的《摩訶婆羅多》（*Mahabharata*）與擁有兩萬頌的《羅摩衍那》（*Ramayana*）。他們都與恆河谷地王國相關，前者是位於恆河上游象城（Hastinapura）的婆羅多（Bharata），後者則是恆河中游地區阿逾陀（Ayodhya）的羅摩王（Rama）。長篇鉅作《摩訶婆羅多》雖然歸於單一作者毗耶娑（Vyasa），但很明顯歷經數代擴增，歷世中人們將許多訓示宗教篇章加入國王與戰士的對話裡，使得英雄故事的本質，轉變成許多事物的總合。《羅摩衍那》歸於單一作者蟻垤（Valmiki），則具有較統一的性格。離作品內容描述的年代還要更久以後，可能晚至古典時期，兩部史詩才形成今日我們熟悉的形式。它們所呈現的樣貌為一種理想，並非歷史紀錄。但它們仍是在長久傳統之下傳誦吠陀後期國王戰士言行的產物，這時亞利安人開始在恆河谷地上中游地區建立聚落。

《摩訶婆羅多》訴說婆羅多族系兩支堂兄弟——般度（Pandava）與俱盧（Kaurava）之間為爭奪王位繼承而發生的重大鬥爭。故事核心為雙方與許多盟友之間發生的十八天大戰。《羅摩衍那》則是完美的羅摩王子，由於父親對妻妾之一的承諾，因此遭放逐到中印度森林裡。之後羅摩的妻子希妲（Sita）被魔王羅波那（Ravana）綁架，羅摩大敗羅波那軍，並返回阿逾陀登基為王。兩部史詩栩栩如生描述印度親屬關係，具有豐厚印度教虔愛色彩。

兩史詩在印度與海外的影響深遠，這事並非誇大不實。因為這兩部史詩（或其部分篇章）幾乎有各種印度語言的版本。受到印度王權的影響，兩史詩也普及至其他地方，特別是東南亞的印度教王國。史詩內容被改編為舞蹈、皮影戲、雕塑及繪畫；在印度與東南亞地區持續活躍，發揮影響力。例如，兩史詩改編成電視劇，每周在印度播放，收視群眾人數之高，也許是當時全世界觀眾最多的電視節目。

**第四章**

# 新宗教、新帝國

- 棄世宗教
- 摩揭陀
- 孔雀王朝

新的反吠陀宗教——耆那教、佛教與正命論。反映出他們與中國（Middle Country）的距離、對非亞利安族群的影響，更關乎吠陀文明自身正經歷的危機。由此而知吠陀文明已不再適用東方土地興起的新形態社會與國家。

吠陀文明逐漸東向恆河流域下游擴散，隨著遠離恆河上游源頭，逐漸稀釋弱化。西元前六世紀在恆河中部盆地興起的政治與宗教形式，在接觸吠陀文明後加速發展，卻往完全不同的方向開展。

《森林書》與《奧義書》等吠陀晚期文獻，讓祭祀理論脫離儀式本身，導向哲學意涵；發展環境也非俱盧─般遮羅王國，而是位於東方的拘薩羅（Kosala）、迦屍（Kashi）與毗提訶（Videha）等位於恆河中游的王國。這些新興國家的富裕國王爭相從顯赫的西方學問中心，吸引婆羅門哲學家為宮廷生色，進行哲學論爭，並高額獎賞勝利者。第四個東方國家摩揭陀（Magadha），稍後擊敗眾國，並將其納入擴張帝國中，是婆羅門化最低的國家。中國地區的婆羅門對摩揭陀並無好感並蔑視他們；然而，卻希望摩揭陀及其東方鄰國鴦迦（Anga，今孟加拉）的人民，和其他對婆羅門無好感的人熱衷《阿闥婆吠陀》中保存的醫療咒語。

雖然部分東方人積極追求最新型態的吠陀文明，其他人則轉向由自身族群中發展出來，新的反吠陀宗教──耆那教（Jainism）、佛教與正命論（Ajivikism，或稱邪命外道）。這不僅反映出他們與中國的距離，或非亞利安族群的影響，更關乎吠陀文明自身正經歷的危機。這波發展與吠陀文明已不再適用東方土地興起的新形態社會與國家。

我們雖不清楚這波危機的規模與內容，然而這包含俱盧─般遮羅王國衰頹。古老王朝滅亡，在《奧義書》的年代已成為僅存回憶。部落國家與戰士菁英的政治權力，受到東方王國經常出現的新興國王所挑戰。新的王權風格目的在於建立更專業、也更依賴國王的軍隊，以取得富有自然資源的領土與支付稅金的順服農民為主，而非為了爭奪戰利品或領土。他們同時也在新的跨部落國家疆域中，維持不同部落群體間的和平。

這些國家人口的多樣性，為政治家帶來新問題，也成為國王集權的全新後盾。新征服的人口，不再束縛於單一戰士之手，這時透過作物課稅，與王權建立直接關係。他們繳納的稅收帶來大筆收益，有助於扶植傭兵軍隊。這些團體之中，雖然習俗持續控制言行，但彼此之間的關係，過去曾全面由主僕關係控制，逐漸改由王室監督仲裁。大量合約與刑法條文，隨著新的治國文獻出現，成為治國必要之務。

這種新的治國方式，無情計算並追求利益，逐漸且難以避免地，以強勢武力侵吞吠陀部落國家。這些武力的組織原則，是為了國家服務，並將其擴展到能力極限。舊的英雄典範已消失。早期年代中，社會被視為宇宙秩序的延伸，兼有自然與神聖性質；道德生活不會脫離古老習俗。這時，社會秩序崩毀之中，人們發現自己孑然一身。他們開始以新的眼光看待世界，有些人哀嘆自身孤立，如同《奧義書》中一名國王所言：「往昔賢王豪傑，」他說，「已揚棄光榮，遁身來世……海洋乾涸，山峰崩毀，斗杓顛躓，群星亂軌，地球塌陷，眾神去位……

渾沌之中，吾如枯井之蛙。」[16]其他人這時則視社會為人造物，而非神聖秩序之一環，因此揚棄家庭責任，透過靜默與冥想尋求解脫。

然而，有部分認同這一嶄新看法的人，便採取截然不同的反應。若社會的本質為人類所造，應當可為人類重新塑造與控制。這些人成為新的政治家，國王的謀士。有趣的是，他們經常都是婆羅門出身。吠陀國王通常僅是剎帝利貴族中較為有力者，需依賴婆羅門教士（purohita）的超自然助力。新形態政治家的典型，則是既非祭司也非戰士的婆羅門，以其政治敏銳度，而非宗教學術虔敬或道德高超聞名。

## 棄世宗教

吠陀獻祭者相信儀式行為將護佑此生享有長壽、子息誕生，以及擁有來世。死後，他將久居於閻摩王統治的父祖世界，接受後代供奉的飯糰滋養。然而，對於祭祀意義的思索，很快由人與神及父祖間的簡單互惠行為，轉變為宇宙緣起的原則。這股思想演化中，來世必將再受死亡苦果的概念廣為人們接受，並衍生為輪迴轉世原則（samsara），意思是將再次死亡並重生為其他身體的無限循環。在身體之中由靈魂主宰，與此緊密相關的道德因果關係則宣稱是行為（karma）導致靈魂無限地由一具身體移往另一具身體。此人行動的道德價值，則決定將轉生為高等生命，例如婆羅門或神祇，或者是低等生命，如動物或植物。新宇宙觀中的廣大時間循環，可能受到自美索不達米亞傳播而來的天文知識影響。

這些法則共同構成完整、道德性、客觀且嚴苛正義的宇宙架構，美德有其回報，而邪惡將受懲罰。若非在此世，來世仍會有報應。所有生物皆遵守這個嚴苛法則，即便神祇自身，也無法逃脫死亡或行為果報。轉世原則與因果報應，縮減了宗教思想中神祇與祭祀行為的重要性，後者儘管崇高，僅能賜予暫時解脫。這些原則指向新的解脫概念：由無限轉動的轉世輪盤之中，獲得永遠解放（moksha／nirvana）。最後，吠陀相信過往是宗教知識完備，人群自然長壽美善的黃金年代。這類古代世界常見的時間觀，則凝結為世界持續經歷的四個輪迴時代（yuga）。這四個時代，以吠陀骰子遊戲擲出的點數來命名，首先是圓滿時代（Krita，擲出

16 Basham（1954）。

勝利點數四點）、三分時代（Treta，三點）、二分時代（Dvapara，二點）與鬥爭時代（Kali，擲出失敗點數一點）。在每一代中，法（dharma，宗教、德性）由圓滿時代的純淨完美狀態，減少四分之一。在當今我們不幸生存的鬥爭時代中，世界將被摧毀、重建，輪迴將重啟進入新的黃金年代，輪轉不懈。

重生、因果報應、解脫及四時代的法則，成為古代印度所有後續哲學發展的核心主軸。它們在《森林書》與《奧義書》中胚體初現，同時還有眾多競逐的思路。這些吠陀文獻紀錄了許多蓬勃發展的思想，雖然無法抽取為單一哲學，後世則揀選其中部分思維，作為對哲學思潮的永恆貢獻；這些思維呈現在「金句」（maha-vakya）中。作為總結祭祀理論深刻真理的念誦短句，明顯呈現一元論傾向。也就是在世界的多樣化表現之下，存在著單一、非人原則的概念。（但此概念與一神信仰略微不同，後者仍有人身的一神存在）。這些金句例如「我即是梵（brahman）」與「你就是梵」，強調個人靈魂與非人的世界——靈魂（梵是絕對、中性，因此非人。吠陀文獻中稱為 Brahmana，勿與創造神梵天〔Brahma〕混為一談，或跟婆羅門種姓混淆）。而「非此，非彼」則暗示世界——靈魂不應誤認為是任何感官客體。吠陀咒語（mantra）的知識，嚴禁低俗汙穢者聽聞，一度僅為賜予亞利安人最高祝福；這時則成為個人靈魂與世界——靈魂合一的神祕知識，掌握著唯一與他者合一、脫離再世循環的解脫希望。這股新知識獲得重視，將實際祭祀行為拋諸腦後，或者專注於其內在意義，而拋卻外在表現。逐漸地，祭祀理論拋棄儀式表現，而轉向冥想及離世僻靜。

## 棄世者

禁慾主義在印度的起源，至少可遠溯及《梨俱吠陀》時代。稱為牟尼（muni）的沉默宗教者蓄留長髮，赤身或身著橘袍，四處行走。西元前六世紀的東方王國中有大量隱修士。部分修士棄絕社會關係，在森林中過著隱居的獨身生活，採集果實維生；另一部分則成為四處遊蕩的乞丐與教師；還有一些進行苦修的人，夏天臥於火堆間，冬天身著濕衣裳；更有部分進入深沉冥想。

《森林書》與《奧義書》時代的婆羅門與剎帝利哲學家仍維持對吠陀傳統的忠誠，但這些沙門（shramana）或揚棄社會生活者則完全敵視吠陀。吠陀時代生育子嗣以延續祖先祭祀的職責，與棄世者信條中，為了脫離輪迴而採取終生獨身的新理想背道而馳；衝突在所難免。如後世格言所述，婆羅門與沙門就像蛇與鼬，天生為敵。

輪迴問題與解脫希望這時已然成為無庸置疑的條件，新的法則在這樣的環境下展開，不同棄世者提出數十種脫離輪迴、達成解脫的解決之道，彼此相互競爭。對於未能在競爭中勝出的哲學，我們所知甚少，然而其中三者在歷史中存活下來：正命論、耆那教與佛教。正命論存活了近兩千年，最後一次聽到它，是一四〇〇年左右出現在南印度。耆那教傳布整個印度，並遠至斯里蘭卡，雖然今日僅限於西岸古賈拉特邦與南方卡納塔卡邦。另一方面，佛教雖然最終除了邊緣山區外，幾乎由印度次大陸消失，卻傳布至阿富汗、中亞、東亞、斯里蘭卡與東南亞。

這三大棄世宗教都針對輪迴問題，提供不同解答。對正命論者來說，靈魂由此世往來世的道路，是由高深莫測的命運（niyati）引導，人力無法影響。耆那教徒則相信生物靈魂不可縮減的多樣性，其純淨本質受到遮蓋，為物質所壓抑。任何行為無論多麼美善，都將延續這份束縛，導致新物質積累在靈魂上。同時間也會減弱過往行為，拋下過往累積的物質。因此，解決之道就是完全停止行動。不殺生（ahimsa）原則也許源自於耆那教，再影響佛教與印度教，而為推廣素食及保護動物生命。精神修練最精進的耆那教僧侶採行最激進的棄世形式，蓄意自我絕食，以棄絕行動。另一方面，佛教則教導我們，將我們與轉世輪迴綁縛在一起的，並非命運或行為自身，而是自私慾念（trishna，「渴愛」）促使行動。若能揚棄慾望，行動則會止息，無法再影響永恆轉世輪迴。佛教定位為中道，介於耆那教自我毀滅的棄世思想，與享受物慾的一般社會中的人或以感官享受聞名的正命論（也許並未屬實），這兩個極端之間。

三大宗教的創建者生於同時代，西元前六世紀恆河中游的拘薩羅、迦屍、毗提訶、摩揭陀與鴦迦王國，則是他們早期教學與最早皈依族群所在的地理區域。我們對於正命論導師末

圖四　富商給孤獨長者向祇陀太子購買園地，致贈佛陀教團。巴弗大塔，建於西元前二世紀

伽梨．瞿舍羅（Maskarin Goshala）所知甚少，但耆那教導師筏馱摩那．摩訶毗羅（Vardhamana the Mahavira，大雄）則生於毗提訶王室階級，而佛陀喬達摩（Gautama the Buddha，覺醒者）也是王子出身。他生於尼泊爾山麓的釋迦部族（Shakya），當時為拘薩羅控制。這些導師在輕度婆羅門化的東方王國快速贏得成就，阻礙了吠陀宗教的擴張。連同商賈冒險家及征服王者，他們將新印度文明延伸超越次大陸的範疇。貿易與錢幣的新生重要性，從富商給孤獨長者（Anathapindaka）想要向祇陀太子（Jeta）購買一塊地，致贈佛陀教團的故事可見一斑。祇陀

太子不想要售地，因此提出不可能的價格：將土地覆滿錢幣。給孤獨長者則達成要求。這件事被刻繪描述在巴弗大塔（Barhut Stupa，編注：或稱巴爾胡特大塔）上，我們看到僕役由牛車卸載當時的錢幣，並像地磚一般鋪滿地面。

## 摩揭陀

西元前五世紀開始時，北印度最強大的國家是拘薩羅，佔據恆河與亞穆那河交會之處。波斯匿王（Prasenajit）兼併迦屍國，並將北部邊界的數個部落國家納入勢力範圍，包含佛陀出身的釋迦部族。面向東方的恆河北岸，則是毗提訶國，這時由一群部族同盟所掌握，主要勢力有弗栗特（Vriji）與離車子（Licchavi）族。這些部族沒有王室，政治權力分散在戰士貴族手中，大雄即生於這個階級。恆河南岸則是摩揭陀，這個小國的勢力含括更往東的鴦迦。摩揭陀這時仍在拘薩羅與毗提訶的勢力之下，但註定將吸納這些國家，國力並將橫跨整個印度。

我們仍不清楚這個過程究竟是如何發生的，只知道摩揭陀的阿闍世王（Ajatashatru）生來極有野心，手段無情。弒父篡位後，他向拘薩羅與毗提訶發動一連串長期戰爭，最終征服了毗提訶。傳說阿闍世王的首相使用全新的政治策略，假裝與國王翻臉後逃亡，受到弗栗特族庇護，卻轉而在部族之間製造假謠言與猜忌，造成分裂。也許傳說多少都含有些許歷史成分。

奪取毗提訶，讓摩揭陀得以控制恆河水道，不久就將首都由防衛性的內地堡壘王舍城（Rajagriha），遷到恆河邊新址的華氏城（Pataliputra，即現代的巴特那〔Patna〕）。早前阿闍世王已強化此城防衛，對抗毗提訶人攻擊，現在則成為擴張帝國的指揮中心及河流貿易樞紐。古代典籍中，在一連串以現實導向為主、無情追求帝國財富擴張，卻又出身成謎的統治者帶領下，摩揭陀的快速成長吞噬了所有恆河國家。

三種成為後世標準的概念，似乎在此階段發展出來：四種手段（four means）、國家循環（circle of states）與四部軍（four-limbed army）。頭兩種法則是運用在假設一位國王想要在同樣具有擴張意圖的王國之間爭霸時，稍後將於第六章進行討論。四部軍則認為軍隊應如同四足獸一般，擁有四肢：包含步兵、騎兵、戰車與象軍。這時軍隊似乎呈現為具有不同軍事功能的一統武力，而非吠陀時代各大戰士麾下私人軍隊的集合體。四部軍也成為西洋棋遊戲的原名（chaturanga），此棋在印度發明，並加入國王與首相（類似現代西洋棋中的皇后）。因此我們看到這個時期產生新的治國之道，以及相應的新政治家——王室首相。

西元前三二六年，難陀王朝（Nanda）統治下的摩揭陀，包含北印度大部分地區，東至印度河盆地。同年，亞歷山大大帝消滅波斯帝國，以自己的帝國取而代之，領著軍隊跨過印度河（前一年已越過興都庫什山），進入塔克西拉（Taxila，或稱塔克夏西拉〔Takshashila〕）。當地國王在良好的吠陀傳統下，以三百公牛盛宴款待亞歷山大的人馬。塔克西拉之前一直是吠陀傳承的中心，東方的婆羅門與王子們前來這裡求學；同時也是國際貿易與侵略的十字路口。比起難陀帝國與繼承者孔雀王朝的中央集權帝國，此片西北區域的國家較符合吠陀部族國家的模式。雖然亞歷山大在旁遮普遭遇部分王國，其餘多是部族共和國。在所有國家中，古代戰事關鍵的大象、馬匹與武器，都由菁英戰士分別擁有，而非如摩揭陀，統一由王室掌控。

亞歷山大遭逢西方文獻稱為波魯斯（Porus，也許與古吠陀名普魯〔Puru〕有關）的印度國王象軍，雖然取得勝利，人力與軍隊士氣卻大受打擊。抵達旁遮普東部的貝阿斯河畔時，收到對岸國家齊集更多戰象的消息後，他疲憊不堪的軍隊拒絕往前推進。軍隊反彈迫使亞歷山大撤退。他沿著印度河而下，跨過馬克朗沙漠，前往美索不達米亞。於西元前三二四年死於巴比倫。他的印度征服成果迅速消散。

## 孔雀王朝

亞歷山大死後不久，約在西元前三二一年左右，具有冒險家精神的旃陀羅笈多・孔雀（Chandragupta Maurya）由難陀王朝末代王手中，奪取摩揭陀政權。而關於他的出身仍有許多不同的說法。亞歷山大退出印度後早逝，他的帝國在將領爭奪間四分五裂，造成旁遮普政治真空狀態，這時孔雀政權很快奪取此地。摩揭陀很快與成功接收亞歷山大東征成果的賽琉古帝國（Seleucus）接壤。賽琉古與摩揭陀之間持續維持良好關係。西元前三一二年攻下巴比倫後不久，賽琉古將大片土地留給旃陀羅笈多，主要包含現代阿富汗，以交換五百頭大象。孔雀王朝似乎連續幾代，持續供應戰象給賽琉古人。我們已知安條克三世（Antiochus III）也曾有類似交易；而這時的希臘化王國與托勒密埃及王國對大象需求若鶩，卻又因為賽琉古隔絕印度象供應，便開始捕捉馴化北非象群。賽琉古與托勒密均遣大使前往旃陀羅笈多與繼承人頻頭娑羅（Bindusara）治下的華氏城。賽琉古大使麥加斯蒂尼（Megasthenes）所寫，關於旃陀羅笈多治下印度的回憶錄，留下大量殘篇。麥加斯蒂尼對捕捉訓練大象之道甚感興趣；在傳送大象及訓練技巧進入希臘化世界的過程中，他的使館必定扮演關鍵角色。

麥加斯蒂尼的作品《印度史》（*Indika*）中描繪的社會，多數人群都是非武裝農民，平和耕種土地，不受附近軍隊衝突所擾。馬匹、大象與武器都是王室專屬，不使用的時候，必須歸回王室保管。大型專業軍隊數量龐大，僅次於農民，擁有私人僕役，和平時完全閒置。吠陀時期的地主戰士菁英已不復存在；相對地，這時則是與土地擁有權脫離的給薪軍隊，以及與軍事服務脫離的農耕階級。麥加斯蒂尼羅列出相當龐大的官僚體系；觀察到世襲職業種姓體系的存在，並描述其中七種。他的作品呈現出玫瑰色彩的印度；讚美印度人的吝嗇，強調他們並未蓄奴，雖然此說法確實有誤。竊盜情形不常見，刑罰輕微。他同時重述克特西亞斯在西元前五世紀關於印度的著作中，奇妙種族的故事。例如某個種族的耳朵之大，可以如毯子一般，入睡時用來包圍身體。或是靠著呼吸烹煮食物氣味維生的無嘴族，卻因軍營散發出的臭氣而致病。這些故事成為希臘與中古歐洲，對於印度的根深柢固印象，直到地理大發現的航行後，歐洲人才真正直接接觸印度。

第三任國王阿育王（Ashoka）的治下（西元前二六八至二三一年統治），孔雀帝國達到最大疆域，包含最南端以外的整個印度次大陸，以及西邊由賽琉古割讓的領土。阿育王在位的第八年，親自領軍將羯陵迦（Kalinga，編注：即今日奧迪薩邦〔Odisha〕）納入版圖（**見地圖五**）。阿育王留給我們驚人的諭令公告記錄，刻註於岩石表面與石柱上。透過這些銘文，我們得以對於他的統治方法有詳細認識（**見圖五**）。他的帝國至少分成四個行省，主要由王室成員中揀擇總督人選。除了首都華氏城附近區域，可能直接由皇帝管轄。皇家官道至少讓部分行省首

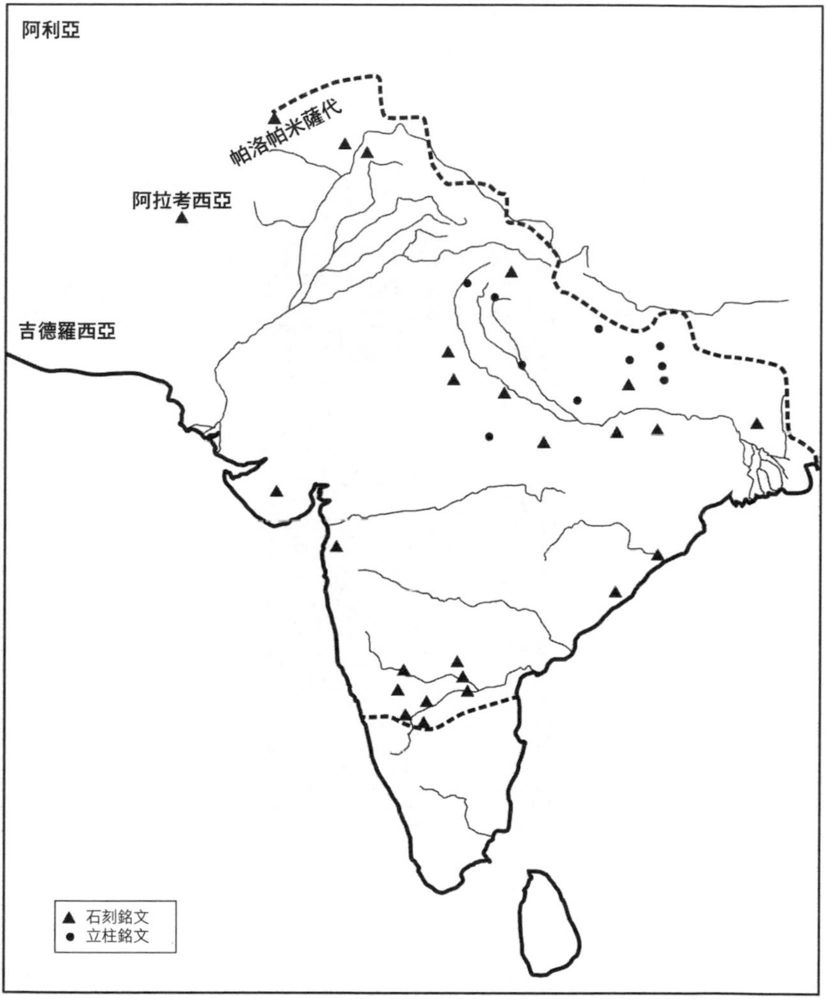


地圖五　阿育王時期的孔雀王朝版圖

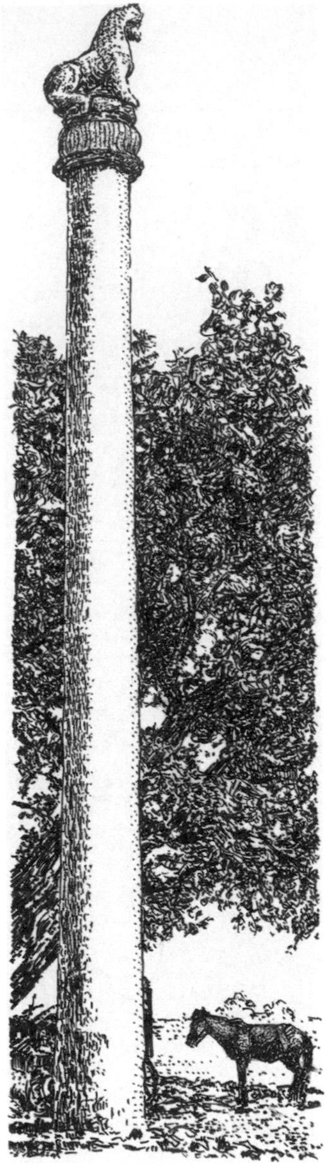

圖五　阿育王立柱，勞里亞南丹加爾，西元前三世紀

都連通中央。孔雀帝國的壯盛軍容無所匹敵，雖然丘陵與森林地區的零散部落，仍舊在孔雀帝國控制之外。大批官僚管理土地收入，仲裁爭議。這是新國家治理的轉世化身。

如同摩揭陀前代王室，孔雀帝國王室也偏愛非婆羅門的棄世宗教。旃陀羅笈多在耆那教中享有護持盛名，有兩位孔雀帝王是正命論的支持者，阿育王本人則是佛教徒。羯陵迦戰役（Kalinga）對非戰鬥者造成的無益痛苦，造成阿育王生命中的精神危機，也讓他揚棄孔雀帝國過往驚人擴張成就時所依持的無情統治之術。阿育王選擇政策轉向，提供子民此生與他世福祉的家長式引導。

這一嶄新政策，阿育王稱為自身之正法（dharma），記錄在帝國各處的石雕銘文中。多數是以當時北印度語言（稱為普拉克里特俗語）所寫，但少數在印度河及外圍區域的銘文，是以希臘文及阿拉米（Aramaic）文字刻註，這是當時舊波斯帝國政府使用的文字之一。阿育王銘文告訴我們，他此後揚棄兼併戰爭，並敦促後代子孫效法，直到世界輪迴終結。相對地，他試圖讓鄰國皈依佛法，並宣稱在遣送大使造訪希臘化諸王中，完成宣揚佛法大業。在現實層面中，阿育王的正法包含沿著官道種植庇蔭之樹、開挖水井，提供人獸休憩之處；種植藥草植物，醫治人獸。他說，不僅在帝國境內，更延伸到南印度、錫蘭與希臘化諸國鄰邦。他推動保護動物生命，在某些地點禁止奉獻動物祭祀，並保護某些物種，免受屠戮；在個人層次，除了兩隻孔雀與一隻鹿外，他禁止皇家廚房每日殺生，總數高達數萬隻左右。更承諾最終也將把孔雀與鹿排除在皇家菜單之外。姑且不論其承諾所受的限制，阿育王確實在平民之中推廣了素食。在社會關係層面，阿育王的正法包含尊重婆羅門、沙門、父母、朋友與較低階層者，同時終結派系之間的鬥爭。他明言自己喜愛說服，勝過強迫，但背後仍保留國家武力，警告倔傲的森林部族不要輕舉妄動。

從瞿舍羅、大雄及佛陀的時代以降，透過讓社會自生自滅，棄世宗教助長王權成長。即便將社會視為可用人類意志操控產物的概念，也提供嶄新的、發展較吠陀時代更強大的治國之術基礎。同時身為強大君主與佛教徒的阿育王，再次將國家導向超越性目標，試圖將棄世宗教的原則落實在政策中。不殺生的原則，雖然源於棄世者迴避因果業報（karma）的行為，這時便成為慈悲的行動準則，更成為人類歷史首次政治上的精神引導。這是重大的歷史時刻；一位偉大的君主，試圖將非暴力（ahimsa）盡可能當成治國理念。非暴力與國家權力是否得以並行，仍有疑問；因為國家壟斷並施行權力，創造出內部和平並保護人民免於外力干擾。阿育王試著將非暴力原則同時施行於內部及對外關係。但仍受限制。他的統治正是活生生的實驗：面對國家暴力的本質，以及相對之不殺生原則得以緩和國家暴力的極限。

## 第五章

# 古典印度時期

- 古典印度文明形成期（西元前一八七至三二〇年）
- 古典時期（三二〇至六〇〇年）
- 古典印度文明晚期（六〇〇至一〇〇〇年）

古典形式的王制、藝術與宗教，在笈多王朝到達顛峰。它們之所以稱為古典，是因為其模式代代流傳沿用。這些模式在孔雀帝國崩毀後、笈多時代之前形成。笈多帝國崩毀後，印度才發展出長期由王朝統治大型區域王國的穩定模式。

古典形式的王制、藝術與宗教，在笈多王朝（Gupta）積累。它們之所以稱為古典，是因為其模式代代流傳沿用。這些模式在孔雀帝國崩毀後、笈多王朝之前形成。非常矛盾地，這是個外力入侵，小國爭雄，而非帝國一統的時代，大型帝國直到笈多時代才得以重建，雖然與孔雀帝國的形態十分不同。笈多帝國崩毀後，印度發展出由長期王朝統治大型區域王國的穩定模式。

## 古典印度文明形成期（西元前一八七至三二〇年）

後孔雀帝國時期，北印度的政治與宗教生活，轉向迥異的方向。孔雀王朝的高度中央集權與官僚體系，未曾再現；相對地，由較寬鬆、非直接的領主關係，時不時串起區域帝國連結。而吠陀婆羅門教獲得復興，並加入大眾化、虔愛形式的宗教，現在稱為印度教（Hinduism）。而僧團為主的佛教也經歷相對的演化，產生大乘佛教（Mahayana）。印度文明開始形成一般認定的古典形式。

但諷刺的是，古典印度文明發生在西北方遭受遊牧民族入侵，南方原住民族王國興起，及西元一世紀羅馬人開展與印度的奢華品貿易之際。印度文明以更寬廣的角度重新定義自己，超越吠陀文明涵蓋的範圍，遍及次大陸各地，並將宗教傳播到中亞、中國與東南亞。

## 巽迦人與印度—希臘人

孔雀帝國在最偉大的統治者去世後，存續不到五十年。西元前一八七年，孔雀王朝一名婆羅門將領普沙密多羅・巽迦（Pushyamitra Shunga）透過軍事政變奪權。他所屬一系統治的帝國遠比阿育王時代小，主要以恆河中游盆地與中印度部分地區為主。結構上也不太算中央集權。巽迦人在軍事上統領許多地方統治者，其中某些人似乎也發行自己的錢幣。

普沙密多羅恢復吠陀馬祭，甚至舉行了兩次。後世佛教典籍中對普沙密多羅有諸多不滿，指稱他毀滅的佛教建築，相當於阿育王所建的數目，因為他相信不論好壞言行，都能聲名遠播。佛教徒中流傳的惡名卻是名不符實。我們知道佛教持續受到巽迦人與其諸侯庇護。然而這時王室的寵愛確實偏向婆羅門教，巽迦國王不只恢復吠陀王室祭儀，同時也庇護榮寵逐漸發展的印度教神祇毗濕奴（Vishnu）的信仰。最終，婆羅門教容納了這派虔愛有神信仰，因此獲得更多大眾支持。

西元前二五〇年，位於今日阿富汗巴克特里亞（Bactria）行省的希臘總督迪奧多特

（Diodotus），反叛賽琉古統治。遠離賽琉古權力中心（帝國統治者專注於控制敘利亞、巴勒斯坦、小亞細亞與美索不達米亞），加上數年後由北方而來的帕提亞帝國（Parthian）的安息人游牧部族入侵，保障了巴克特里亞希臘人的獨立。西元前一八七年安條克三世去世後，賽琉古權力快速滑落，約莫與普沙密多羅政變終結孔雀王朝統治同時期。在國王德米特里（Demetrius）帶領下，巴克特里亞—希臘王國入侵印度，根據印度傳說，德米特里撤退到旁遮普前，曾兵臨華氏城牆下。撤退顯然是因為德米特里的將領歐克拉提德（Eucratides）在巴克特里亞發動叛變。不論如何，西元前二世紀中葉，德米特里的王國一分為二：東希臘王國在米南德王（Menander）帶領下佔據旁遮普；西希臘王國則擁有巴克特里亞與喀布爾（Kabul）谷地。進一步入侵伊朗的游牧民族迫使西王國往旁遮普移動，佔據東王國領土，後者只能據守東方邊緣。最終，這批游牧入侵者也進入印度。兩個自始至終相互敵對的印度—希臘王國，最終降於游牧民族之手；西王國約於西元前九十年左右，而東王國則在西元前三十年。

希臘統治在印度西北地區短暫存在期間，希臘諸王必須與治下的印度文化和平共處。東王國米南德王發行的錢幣上刻有佛教符號，並在希臘文與普拉克里特俗語的雙語銘文中，將自己示現為子民的「救世主」。佛教典籍紀載中，稱米南德王為「彌蘭陀王」（Milinda），另稱哲人王（philosopher king），死後骨灰以榮耀聖賢王者的方式，如同佛陀遺骨一般，歸葬於紀念丘或窣堵坡（stupa）中。充滿敵意的西王國則傾向印度教的象徵主義，並遣送一名塔克西拉當地的希臘人，前往巽迦宮廷擔任大使。如同巽迦人，他也是毗濕奴信徒。中印度一根石柱銘文上，刻有迦樓羅（Garuda）神鳥的圖像，鳥上載有毗濕奴，以紀念赫里奧多羅斯（Heliodorus）出使巽迦王婆伽跋陀羅（Bhagabhadra）的宮廷。共同的宗教傾向，讓西希臘王國結合巽迦人，對抗佛教派的東希臘王國，也強化政治同盟對抗共同敵人的利益。這才是希臘人庇護印度宗教，而非強加自己宗教的真正原因。希臘化雕像在西北區域落地生根，但採取印度主題，通常以佛教為主。犍陀羅（Gandhara）的希臘—印度混合藝術正是印度文化區中，少數的希臘化文化表現形式之一。

## 游牧部族

希臘人在旁遮普最後數十年的統治，為印度帶來另一種不同的入侵者——中亞游牧騎士的後代。在西元前一世紀，在西北方出現兩支伊朗語民族：斯基泰人（Scythian）與安息人（印度人稱為塞種—安息人〔Shaka and Pahlava〕）。前一世紀中期之前，安息人的統治終結了塔克西拉的希臘政權，一開始也許只是作為伊朗帕提亞帝國（或阿賽西帝國〔Arsacid〕）的延伸，但很快成為獨立政體，並延續超過百年。

西元前二世紀的中國年鑑紀錄告訴我們，中亞部族間的戰爭，將一支稱為「月氏」（Yuezhi）

的民族驅向巴克特里亞邊境，並於世紀結束前，驅逐這裡這裡的斯基泰人。西元一世紀，月氏人的一支部族貴霜（Kushana）在這裡建立霸權，並延伸進入印度。一世紀末或二世紀初，偉大的貴霜帝王迦膩色迦王（Kanishka）統領的帝國，跨越興都庫什山，包含伊朗與印度的大片土地，並直入恆河谷地。當迦膩色迦王室於一個世紀後滅亡時，即便三世紀薩珊王朝（Sassanian）在伊朗建立，遊牧民族入侵印度的時代尚未結束。斯基泰人出身的王朝，從一世紀開始，以伊朗頭銜「薩特拉普」（Kshatrapa，總督的意思）在西印度建立統治，直到四世紀末。

這些事件實際上是印度遭受軍事入侵循環週期的首度輪迴。入侵者曾是中亞馬上游牧民族，轉變為武力入侵，目標先是伊朗、接著是印度的定居農耕民族。這個循環約每五百年重複一次。第一波正如前述，由伊朗語民族在西元前一世紀，攻破印度邊界。西元五世紀，在西北方出現可能使用突厥語，並與歐洲匈人有關的胡納人（Huna）。到了一千年左右，穆斯林突厥人在阿富汗建立政權，並於未來兩世紀中，在印度展開一連串劫掠，最終建立了德里蘇丹國（Sultanate of Delhi）。一五〇〇年代，與蒙古人有關的蒙兀兒人（Mughal）在次大陸建立一席之地，成為歐洲帝國主義前最大的印度帝國。

由於中亞馬上游牧民族必須隨身攜帶所有財產，無法兼顧累積物資與持續游牧生活。[17]游牧生活型態缺乏面對生活困境的盈餘，因此劫掠農耕聚落成為面對困境時，尋求的解方之一。擁有大量馬匹與騎馬拉弓的高超技術，對定居王國較龐大笨重的軍隊來說，擁有決定性優勢。

展開劫掠生涯的游牧部族很快發現，自己無法兼顧照看牛羊及進行戰爭。軍事勝利很快消滅游牧經濟。部族的軍事領導一開始是純個人式；首領依賴持續掠奪大量可得的農民財富，維持追隨者的權威。但劫掠很快便耗盡資源，這時首領的領導將受到挑戰。若軍事游牧部落常以驚人速度獲得成功，也會經常急躁崩解成許多小型鬥爭團體。

早期印度的游牧國家，包含貴霜帝國與西薩特拉普王朝，都已超越這個階段，成為比較穩定的政治形式，將個人領導轉變成世襲王國，並透過農民納稅取代對受威脅的王國進行無差別劫掠。然而他們缺乏官僚技術的經驗，這是管理土地稅收，既能確保明確收入又不至於破壞收入來源所必需的技術。因此他們必然要與過去數世紀來，已發展出此項技術的伊朗與印度菁英進行合作。

對在地宗教的庇護，讓這項合作順利進行。由軍事統治轉向官僚統治，當地人逐漸將統治者視為宗教的支持者，而非敵人。

17　如 Lattimore（1988）談到游牧生活對財產聚集的禁制效果時所說：「純游牧就是窮游牧（The pure nomad is a poor nomad）。」

從貴霜與西薩特拉普的片段證據中，我們無法得知這過程的細節，但可看到結果。貴霜人的錢幣，顯示他們庇護敵對的印度宗教教派，包含濕婆與佛陀；但因領土橫跨印度與伊朗，因此許多伊朗神祇（還有美索不達米亞及羅馬神祇），同時也在錢幣上出現。佛教傳說中，盛傳迦膩色迦王為佛法護持，廣受歡迎的大乘佛教，這時逐漸進入歷史舞台中。然而，貴霜人始終維持中亞認同，特別展現在尖帽、分襟騎馬袍、寬大長褲與皮靴，這些因應原生環境，卻不適應北印度平原炎熱氣候的服飾上。這裡也發現許多錢幣與肖像雕像。（見圖六）

另一方面，西薩特拉普人則在一片完全自伊朗與中亞隔離的土地，統治超過三百年，因此似乎較為全面印度化。第一份長篇梵文諭令（一五〇年）出現於魯德拉達曼王（Rudradaman）統治時期，詩人並非讚揚他的騎術與箭法，而是長於音樂、邏輯、詩歌與梵文文法。這是一項長足進展，顯示出王朝對藝術的新興興趣。

印度文化從中亞入侵者身上借用的元素不多，除了他們的騎兵技術，確實有效終結戰車戰爭的歷史。過去吠陀眾神駕御空中戰車，這時的印度教神祇則自行選擇駕馭的動物。透過對初生的大眾宗教、科學與宮廷詩歌的庇護，統治者對印度古典文化的成形貢獻甚深。此外，他們也提供了溝通管道，讓印度文化，特別是佛教，得以進入乾旱塔里木盆地的綠洲國家，最終抵達中國。如同傳說，這些都發生於西元一世紀。

圖六　貴霜王朝立像軀體，馬杜拉，二世紀

古典印度文化發展同時，也傳布整個印度次大陸。傳布的方向由北向南；但這一事實常被誤導。達羅毗荼語言曾一度在北方廣泛使用，如我們所知，最早期的梵文文獻即存在達羅毗荼語彙。這表示，古典印度文明在北方成形時的元素，乃是不同語言、文化團體融合的嶄新成果。即便我們無法從結果指認不同的貢獻來源，但古典印度文明確實是個融合體。

了解達羅毗荼文化模式最好的來源，是南印度古代的泰米爾（Tamil）文學。泰米爾區域存在於三大王國：由西向東，分別是哲羅（Chera，現喀拉拉〔Kerala〕）、潘地亞（Pandya）與朱羅（Chola）。這些在阿育王時代已存在的王國，銘文中顯示位於帝國之外；阿育王向這些國家派遣說法大使。這些古代系譜的國王及其他較小的王國，支持泰米爾文的宮廷文學發展，約與梵文宮廷詩歌相同時期。商堪（Sangam）文學，是指西元二到四世紀間，在潘地亞王國首都馬杜賴（Madurai），由一群文學權威團體（商堪）收錄的泰米爾詩歌選集。同一時間，也輯錄了泰米爾文法書《朵迦比亞姆》（*Tolkappiyam*），包含正式詩歌理論，建立商堪文學的知識傳統，由詩人、保護者、評論家及戰士階級的紳士名媛所支持。古典泰米爾詩歌藝術分為兩種形式：私領域（阿哈姆〔aham〕）與公領域（普拉姆〔puram〕），或者愛情詩及英雄戰爭之詩。這些詩歌指出奢侈品國際海洋貿易的開端；希臘水手運用季節風向，從埃及與地中海駕船前來泰米爾王國。他們將雙耳陶罐裝的義大利酒、紅珊瑚珠寶與其他稀有之物，帶入南印度王室宮廷。

這些詩歌中描繪的泰米爾文化與宗教有其獨特性格，但也與北方的發展有所聯繫。我們可以在內容中明確看到《摩訶婆羅多》故事、成長中印度王治體系的些許元素、婆羅門、佛教與耆那教僧侶，還有許多當地神祇。在未來歲月中，這些當地神祇將逐漸與印度教神祇融為一體。

德干區則在百乘王朝（Satavahana）世系的統治下，納入北印度崛起中的文化元素，同時也有所貢獻。漫長歷史中，百乘人一度掌控西印度大片區域，並與北方宿敵西薩特拉普人經常衝突。他們留下的諭令與王室庇護下開鑿的岩雕僧院，展示出對佛教的盛寵。但如同其他印度王室，他們也支持其他宗教，事實上百乘王室曾舉行吠陀獻祭。卡爾利（Karle）與其他地方的石窟，是古典形成期留下最動人的紀念建築。百乘王朝位於印度—亞利安與達羅毗荼語言接觸的區域，非梵文母語者使用的語法書《迦壇陀》（*Katantra*），及普拉克里特俗語宮廷詩歌的推動，都與百乘君主的支持息息相關。百乘王朝的哈拉王（Hala），以俗語之一的馬哈拉施特拉語，撰寫了經典宮廷詩歌《七百頌》（*Saptashati*）。由於詩歌傑出優美，馬哈拉施特拉語獲公認為眾多普拉克里特俗語中，最適合撰寫古典詩歌的語言，特別是情詩。總結來說，百乘君主一如其他形成期的印度國王，積極推動藝術建築、宗教與王權統治的新風格。

在斯里蘭卡島（錫蘭）上，印度－亞利安語移民（僧迦羅人）及其國王皈依佛教，可追溯至阿育王時代。也讓他們從早期就納入古代印度文明影響圈中。西元一世紀，我們開始聽到東南亞王室採納印度藝術、宗教、王權統治概念。這一趨勢始於湄公河三角洲的扶南王國（Funan），也就是今日柬埔寨與越南南部。

## 印度教與大乘佛教

後孔雀王朝時代，印度宗教再次經歷另一波根本性的轉變。吠陀宗教以亞利安家主向神祇父祖獻祭為主，反吠陀宗教的耆那教、佛教等，則強調揚棄社會，退入靜默隱修與冥想生活。然而，兩者都非大眾宗教，也未受到群眾全心支持。這時新的宗教生活形式，強調對最高神祇的虔愛奉獻，因應需求而生。敬拜廟堂中的神祇形象，獻上水果鮮花及讚美祈禱，並深信神的恩典高於輪迴業報的自動執行式正義。因果業報法則之下，個人將因其行為的道德與否，獲得相應獎賞或懲罰。但只有天知道是否真能得所報償！不過透過神的恩典，毗濕奴、濕婆或神化的佛陀等超越輪迴的存在，我們就可能獲得比業報更好的結果，脫離行為產生的綁縛效應。簡單來說，就是解脫。向救世主神祇敬拜奉獻，正是獲得額外賜福的依據。

虔愛印度教經典的《薄伽梵歌》（*Bhagavad Gita*），提出比起吠陀或禁慾宗教更高的法則道路。《薄伽梵歌》採取對話形式，發生在偉大印度史詩《摩訶婆羅多》英雄阿周那（Arjuna）及其戰車手奎師那（Krishna）之間，奎師那事實上為上神毗濕奴的人類化身。《薄伽梵歌》本身是《摩訶婆羅多》的一部分。奎師那以行為（karma）分析不同宗教派別：吠陀祭司透過獻祭行為尋求解脫，殊不知這舉動反而讓他與輪迴綁縛不離；禁慾修士透過揚棄行為以追求更高智慧，確實能尋求更至上的道路，但卻自我欺騙能夠完全停止行為，實際上他仍然需要呼吸、飲食等等。然而脫離行為結果束縛之道確實存在：透過揚棄對行為成果的慾求，並持續執行個人在社會中應為的宗教職責。這一教誨接近佛教教理，後者同時也提倡壓抑行動背後的慾望，而非壓制行動本身，然而《薄伽梵歌》不同之處在於，督促人們不應揚棄社會。相反地，應該以無染的內在，迎接自己的社會職責。奎師那繼續展示，如何透過敬神，讓即使身處最低階層的人，也能獲得額外恩惠，進而得以解脫。

由以上形式開展的虔愛主義（devotionalism），出現在印度宗教思想的第三階段，在吠陀獻祭與反吠陀宗教之後，在歷史的決定性階段崛起。然而，神像崇拜、請求與平息祈禱、崇奉行為及恩典思想似乎早就生根印度，至少可追溯至印度河文明時期，並長期為社會較底層階級所奉行。虔愛主義並非後孔雀王朝時期的新產物，實際上虔愛主義只是在這時獲得識字菁英，特別是婆羅門的敬重，因此出現梵文文字紀錄，留下文獻讓我們得以追溯這波發展的晚期階段。

印度教代表著婆羅門知識與大眾虔愛主義嶄新合作關係的結果。在這時期中，毗濕奴與濕婆成為印度教的雙核心，今日依舊如此。毗濕奴透過「下凡」或化身（avatar）的法則，一世又一世降生凡間，懲惡扶善，將許多非吠陀、甚至純粹地方信仰的教派納入其中。轉生為魚、烏龜、野豬、人獅、侏儒、持斧羅摩、阿逾陀的羅摩王、大黑天奎師那、白馬（編注：另有說法為身騎白馬的英俊武士或馬面人身），甚至是佛陀，毗濕奴不壓制超越舊教派，而是透過吸納共存。濕婆則以陽具形象（林伽）、瑜伽士之神或百獸之主的形象出現；家中成員包含配偶大母神（提毗女神〔Devi〕、杜爾迦〔Durga〕），及兩個兒子戰神塞犍陀（Skanda，和泰米爾的穆如干神〔Murugan〕同化）和象頭神迦內什（Ganesha），也展現出類似將地方宗教信仰吸納同化的能力。

虔愛印度教派持續受到歡迎，對簡樸苦行的棄世宗教來說是個重大挑戰，也激起這些宗教內部虔愛思想的發展。大乘佛教在未來佛（菩薩〔Bodhisattva〕，走在即將成佛道路之人）的教義下，引入恩惠思想；菩薩在慈悲心中，將多的功德施予祈求者。即便較嚴格勸化的教派中（輕蔑對手為小乘佛教〔Hinayana〕，但當今學術研究中延續斯里蘭卡用法，稱為上座部〔Theravada〕），虔愛思潮也在聖像崇拜與朝聖地上留下足跡。

## 古典時期（三二〇至六〇〇年）

三二〇年，在笈多王朝治下，恆河流域的摩揭陀區域再度成為擴張帝國的中心。王朝創始人旃陀羅笈多一世（Chandra Gupta I），這名字令人憶起六個多世紀前，奪取華氏城王座的孔雀王朝冒險家。然而，笈多王朝絕非孔雀王朝復興。笈多王朝政權比起孔雀王朝，政治權力大幅度去中央化；但這時的藝術、文學與禮儀則達到古典定義。國王維持疏離、似神的形象，統治關係也較不直接。古典印度國王的權力，需向婆羅門更高的權威低頭；比起阿育王時代，必須盡可能少干涉子民的慣習。

### 笈多王朝（三二〇年至五五〇年）

如同阿闍世王，眾王之王的旃陀羅．笈多創建以摩揭陀為中心的恆河中游帝國。繼承人刻註的銘文上所用的笈多王朝元年（三一九至三二〇年），可能代表他即位之時。他的兒子海護王（Samudra Gupta）透過興戰，大舉擴張帝國。恆河與亞穆那河沿岸所有小國均遭兼併，孟加拉、阿薩姆與尼泊爾等邊境國家，連同西方的寡頭部族也被迫支付貢金。沿著東海岸往下的遠征，抵達泰米爾納都帕拉瓦王朝（Pallava）的坎契城（Kanchi，今日為坎契普蘭〔Kanchipuram〕）。笈多人並無意永久統治這些南方王國；根據宮廷詩人紀錄，海護王「征服又釋放」南方諸王，因此贏得許多榮耀（無疑還有許多戰利品），然而皆未持久。若海護王的銘文足供採信，即便是斯里蘭卡與印度－伊朗交界的遠方諸王，也應獻上臣服之意，連同美女進貢，以懇求笈多詔書確認他們以屬國身分統治自己的領土。但證據顯示詩人誇大獻禮以及外國使節在印度朝中溢美演說的重要性。這時國王提供庇護，並親身參與宮廷詩歌、音樂及其他藝術形式。海護王的金幣顯示他體現雙重形象的平衡：戰士美德（以弓箭殺獅）及藝術修養（演奏弦樂器）。連同對宗教的支持與正法的施行，構成古典王者典範（見圖七）。

下個世代中，海護王之子超日王（或稱旃陀羅・笈多二世〔Chandra Gupta II〕）終結塞種人（Shaka，或稱西薩特拉普）在西印度三個世紀的統治，完成帝國版圖。四〇〇年時，北印度多數地區都在笈多王權之下，這時約為超日王統治的中期。儘管笈多王朝的統治範圍未曾向南延伸進入半島，卻對半島頂端的伐迦陀迦王國（Vakataka）產生重大影響。伐迦陀迦王子迎娶超日王之女波羅婆伐地・笈多（Prabhavati Gupta），而這位公主在國王去世後，在王儲年幼時擔任攝政。

五世紀初，法顯大師穿越中亞前往印度，蒐羅正確的佛教經典，留下旅行紀錄。在這部記錄中，他描繪超日王治下印度的圖像，非常接近心中的理想。他向我們保證，人民富庶歡樂，

圖七　笈多王朝海護王金幣，四世紀

國家不需將人民登記造冊或管制旅行。罪犯不受體罰，僅於再犯時才斬除右手。素食主義廣為流行，以至於旅行僧未曾聽聞動物受到屠戮；僅有低種姓獵人才會販售肉類。他甚至宣稱人們不吃洋蔥或大蒜、喝酒；這項宣稱僅適用某些高階種姓。另一方面，他也注意到賤民種姓的存在，其住處與社會其他階層分隔，靠近城市或市集時，須以木頭擊地示意出現，以便他人避免接觸。富人則興建並捐助佛教僧院及免費醫院，照顧孤寡身障人士。

超日王（三七六年至四一五年）及其子鳩摩羅・笈多一世（Kumara Gupta I，四一五至四五五年）治下，印度享有繁華秩序的時代；但其他偉大文明正遭受中亞入侵者的攻擊。中國的匈奴人，羅馬的匈人與伊朗薩珊王朝的嚈噠人（Ephthalite 或 Hephthalite）可能是在文化上相關連，使用突厥語的民族。印度也無法長久免於入侵；塞犍陀・笈多（Skanda Gupta，四五五年至四七〇年）以戰勝胡納人拯救王朝命運而聞名。胡納人可能與這波入侵有關，在塞犍陀統治初年開始出現於西北區域。第二波胡納入侵從五〇〇年左右開始，在西北地區建立了游牧帝國，但也深入印度中部。這條路上的笈多諸侯國紛紛改為效忠入侵者，其他地區則脫離笈多統治而獨立。雖然直到五七〇年為止，東方的孟加拉與奧利薩省分仍承認某種形式的笈多王權，第二次胡納入侵帶來的直接與間接影響仍舊導致帝國崩解。胡納統治在西方與西北數個區域持續到六〇〇年；之後似乎完全融入印度教社會的戰士階級，稱為拉吉普人（Rajput）。

不同於現代民族國家理想，笈多帝國的中央權威並未在疆界內各處擁有同等權力，各省與中央的關係也不一致。恆河地域是國王直轄區的核心，海護王已削除區內的地方諸侯。包圍這個核心的諸侯國帶，則有繳納貢金、聽從帝國命令與不時上朝謁聖、展現效忠的職責。這些職責看似沉重，國內事務仍掌握在地方統治者手中，不論是北方及東方的國王，或西方與西南方部落國中的長者。笈多王朝對部落國家的主權，可能有助於強化首領的權威，促進部落國內的王權成長。六世紀笈多王朝向東撤退時，野心勃勃的獨立國王突然在先前部落政權的區域內崛起。另一方面，最西方與最東方的省分，即卡蒂亞瓦爾半島（Kathiawar）與孟加拉（Bengal），由笈多王權任命總督管理，稅收上繳王室。不過，由於地處偏遠，總督一職逐漸世襲化，這兩省逐漸成為接近半自主進貢屬國。當笈多王權削弱時，卡蒂亞瓦爾將軍成為國王；孟加拉總督則持續承認笈多王權，直到六世紀末為止。孔雀帝國所有省分似乎都由王子管轄，相較之下，笈多帝國的架構中央集權色彩較弱，雖然風格較為宏偉，但權力並不一致。

## 古典印度國家與社會

古典印度國家的經濟基礎，在於國王分享國家的生產力。國王職責在於保護國家，相對地，他可以要求取得一部分農民收成，律法書中通常訂為六分之一，但視各國需求與在地條件有所不同。整個古代時期中，通常是耕作勞力短缺而非土地。因此睿智國王會鼓勵鄰近王國居民搬遷他的國家，透過賜予農地終身擁有權、赦免稅收、提供種子、役畜與灌溉，鼓勵農民開耕處女地。雖然印度國王的言行僅受超自然力量審核，但農民可以「用腳投票」，選擇可獲得比較好待遇的地方。

雖然國王無法向林中冥想的禁慾修士收稅，但他提供的保護卻能獲得修士六分之一的宗教功德。這些看不見的獎賞促使國王與人民將土地與整個農耕村落，奉獻給有學的婆羅門或耆那教、佛教僧侶；或捐獻廟宇、修院或學院給宗教團體。王室奉獻事實上將國王應得的份額轉到受贈的宗教人士手中；而想要將土地捐贈給宗教團體的國民，則須先給付國王應得的份額。國家自然不願見到納稅田地脫離稅籍，因此傾向將宗教捐獻限於處女地，並禁止農民轉移。因此宗教團體在開發處女地轉為耕地，在擴大農業一事上，扮演重要角色。

宗教奉獻對國王毫無收入，且無法撤銷。由於宗教奉獻的永久性，因此特許契約銘鑄在銅盤上，今日銅盤依舊保存不少。在這些契約條文中，我們發現受贈者享有免受王室官員介入的一些豁免權，並可管理契約耕種者的生活，相當於內部主權的特權，例如刑事管理與收繳罰金。因此持續宗教奉獻則享有王室保護，同時在管理奉獻田地、村莊與耕作農民時，免受干預；國家僅有精神收穫，沒有稅收。數個世紀中，許多廟宇及修道院成為突厥人劫掠的富裕目標。宗教奉獻的條件如此優厚，有時甚至出現偽造的銅盤特許契約。

我們對於非宗教官員的賞賜條件所知甚少，因其多寫在棕櫚葉或樺樹皮等易損材料上。

這一事實顯示，雖然這類賞賜可能數代父子相傳，但只發生在國王並未撤銷對他們的賞賜，不像宗教奉獻是「直到日月尚存」。他們並非每一件都是免稅。事實上，歲入收納與掌握土地及耕種者的權利緊密相關。王室總督與收稅官可能獲得指定省中某些村莊收入作為薪餉，該省其他收入則上繳王室。如此簡便的行政安排，相較將所有收入先上繳王室財庫，再核發薪餉給偏遠行省官員，更符合這個時代的政府行政能力。因此產生大批中介者，處於國王與農民之間，掌管訟獄與收稅的巨大權力。只要持續向帝國財庫繳納歲入，鄉村收稅員、總督與地主的地位接近朝貢領主，在其管理範圍中逐漸享有主權，並直接從中獲取收入。

收入的主體來自田地收成，然而國王也從其他階級的生產中收取部分收入，例如漁民、牧人、手工藝者或商賈。收取通行費用與稅金的權利，是國王的保護職責，在市場中也制定某些特殊形式。王室代理人建立度量衡標準，根絕詐欺。利率與合約雖依各地傳統訂定，但若有爭議送到國王面前進行仲裁，國王將有責任執行合約。當價格超越一般公平標準時，國王會介入，透過開啟王家市場禁止私下交易，來重定價格。這是為了保護人民免於商品短缺，或商賈社群免於市場供過於求。

印度人的行為，絕大部分是由種姓制度（caste system）決定，而非國家規範。每個種姓有其職業專長，以及位於儀式潔淨階序上的地位。不潔的工作，例如理髮師、洗衣工及清潔工，對於社會較潔淨的階級來說是絕對必要的存在。因為除了提供經濟上重要性的服務以外，他們同時移除不淨；婆羅門無法在不危及自身潔淨的情況下，親自動手做這些事情。因此，種姓其實是相互依存，但也受到限制接觸的規範，而彼此隔離。這些規範通常禁止跨種姓通婚，一起進食，甚至靠近彼此，害怕較不潔者可能會汙染較潔淨者。每個種姓中都有地方長老議會，確保成員遵守飲食、婚姻、繼承與儀式傳統，並以各種制裁懲罰違反者，包含罰款、懺悔到永遠逐出種姓。

一般常認為印度種姓不會變化，這是誤解。遷徙、人口成長、新的特殊職業、部落團體加入印度教社會及其他因素影響下，種姓持續形成、分裂成較小種姓，提升或失去在種姓位階中的地位。雖然緩慢，種姓確實持續改變界線及相對位置。許多世紀以來相對不變的，是種姓體系，根據潔淨位階，界定並重新界定種姓的階層位置。

梵文法律典籍《法論》（*Dharmashastras*）造成種姓不變的錯誤概念。根據《法論》，吠陀社會的四個階層（瓦爾那〔varna〕，「顏色」之義）——婆羅門祭司、剎帝利戰士、吠舍農人、牧民與商賈與首陀羅僕役，是由原人的身體出現的四個原始種姓，所有其他種姓都是原始種姓之間產生不恰當性關係的結果。世界初始，所有種姓的職業職責皆已固定，並代代相傳，而新種姓的職責，則是混合親系傳承而來。種姓制度的源起、本質、功能，及如何規範社會團體變動關係之間的秩序，遠比法律書籍陳述的簡單理論來得複雜。我們將於第六章回頭討論這個重要課題。

印度國王守護這個非他所創的社會秩序。[18]雖然他的詔文要求臣民服從，但並非現代意義上的為社會立法；他是個人或不同團體間的最高爭議仲裁者。他在爭議中的判定，或指派婆羅門法官代表仲裁權威，可依循四種法源之一：正法（dharma）、氏族或種姓的古老傳統、市場功用、或反映國家需求的皇家諭令。其中，正法享有最高權威，並有產出大量正法知識相關文獻——《法論》。這批文獻中最早形成、最權威的著作是吠陀的《法經》（*Dharma Sutras*），主要在孔雀王朝時期完成，後續發展成系統化的龐大詩體論文，稱為法論傳承（Dharma Smritis），由《摩奴法論》（*Laws of Manu*）開始。正法傳承輯錄約於西元前六〇〇年左右結束；接下來的階段，則是法經與法論摘要與評論的輯錄時期，這學術產業持續進入十九世紀的英屬印度。

這些文獻的目的並非創造法律，而是定義永恆、不變且超越的宗教職責（dharma）。法可透過四種方式發現：瞭解天啟（shruti，即吠陀文獻）、傳承（smriti，例如《摩奴法論》等法

18 此為 P. V. Pillai（1977）所提出。

論傳承）；或者前述來源皆無法對特定事項提供指引時，則循道德高尚人士的言行，或者在吠陀欠缺明顯權威的情況下，訴諸個人良知，暗示神聖意旨的存在。

國王的職責，是確保眾人依其種姓與生命階段，執行該有的職責，並大致在利益正法的前提下，符合國王政策與司法判決。除非強烈違反正法，地方慣習不應遭到廢除。事實上，若正法與慣習在司法判決中發生衝突，國王應以慣習為基礎決定判決；市場功能則超越正法及種姓與區域的慣習；前述三者在面對國家需要時，皆可拋諸兩旁，以國王的詔書為主。

因此國王可以視其需求，自由決定國家事務。他的權力不受憲法限制，單憑個人威信下令或廢令，無需尋求其他人或團體的同意，並期待命令將獲得遵行。國王的統治理論上不受限制，神聖性將逐漸積累在國王身上。歐洲國王也許宣稱神權，然而印度國王可說本身即為神祇。例如，海護王的銘文將其形容為財富之神俱毗羅（Kubera）、正義主宰的伐樓那、戰神因陀羅與死神閻摩，肉身僅為社會之用，事實上為地上之神。

國王的極權，僅受兩者牽制：超自然制衡與現實限制。婆羅門祭司與正法學者也是地上之神，雖然並無實權，但同樣是依循王權（kshatra）由來的神聖原則（brahma）轉世，並獲得合法基礎。因此王權需與婆羅門權威結合，並向後者臣服，如同妻對夫一般，以綿延善法。實務上則表示，在國家需求許可的前提下，國家政務行使應盡可能置於正法架構之下，並遵循婆羅門學者建言。

另一方面，慣習與實際考量會限制國王可以有效干預他人生命的程度。王者受認定的職責在於懲兇維善，導引人群完成適當職責（varnashrama-dharma），並避免不同種姓的混雜。然而，古典印度國王不應像阿育王一般，試圖改造社會或提升人性。種姓法由傳統所定，而非王者制訂，後者透過王令修改的程度極為有限。個人間的爭端則由種姓、村落或行會處理，除非相關人等將爭端提至國王面前，國王不得干預。僅有直接牽涉國家利益的情況中，國王可以啟動司法程序。透過種姓制度，社會主要自行規範，國家僅能偶而進行最小干涉，以重建平衡。

## 古典印度文明晚期（六〇〇至一〇〇〇年）

### 王國與帝國

西元七世紀前半，德里附近的小王國坦尼沙（Thaneswar）的王子戒日王（Harsha）一統整個恆河谷地，帝國範圍從旁遮普東部至孟加拉與奧利薩，連同西方卡蒂亞瓦爾與東方阿薩姆的附屬國。整個政治版圖在六四七年戒日王去世後，隨即瓦解。雖然短命的帝國對印度政治歷史少有長期建樹，但戒日王卻吸引了知名詩人波那（Bana）為他寫下傳記《戒日王本行》（*The deeds of Harsha*），中國佛教僧侶玄奘所寫的《大唐西域記》中也有所紀錄。透過這些作品，我們對於這個古代印度王國的細節認識，遠多於其他王朝。

戒日帝國是由受征服國鬆散的聯合組成，他們賦有進貢、軍事援助及朝覲義務。帝國的「封建」色彩反映在帝國軍上，呈現為一群參差不一的小型軍隊集合體，各自向特定王侯效忠，而非直接聽令帝王。其中非戰鬥人員例如個人僕役、倉管、馬夫、朝臣與妻室，人數大幅超過實際可參戰人力。這類軍隊行動遲緩，平時每日行軍不超過十公里，但軍容盛大。軍隊的華麗盛容，佩有金鼓、號角、喇叭、海螺壯聲，對於敵軍應有強大嚇阻效果，抵消了反應遲鈍的缺點。軍隊行經王國各處，對於戒日王子民，也有鼓舞忠誠的功用。

由於戒日王新成立帝國的內在弱點——小型官僚體系與急於追尋獨立的大量朝貢屬國，僅靠戒日王個人努力維持帝國存在。玄奘告訴我們，除了雨季，戒日王長期出巡，從不曾在一地停留太久，住在臨時搭建的草地帳篷，離去後便燒毀。每天，他向佛教徒與婆羅門布施，聽取民眾對官員的不滿，並進行裁決。帝國內部的分裂傾向僅靠國王個人干預與威勢嚇阻；戒日王死後，他的帝國證實無法持續存在。

除戒日王的短暫帝國外，後笈多時代的國際秩序，是由一小群大型區域王國掌控。恆河中游地區，擁有大批農民、蓬勃農業、河運貿易、銅鐵礦資源的富裕城市如戒日王的曲女城（Kanyakubja，即今日卡瑙傑〔Kanauj〕），仍舊是北印度的印度教諸王必爭之地。對接續的突厥穆斯林而言，也是如此。六四七年，中國唐太宗遣使王玄策前往戒日帝國，卻發現王位由權臣阿羅那順（Arunashva）所篡。王玄策齊集阿薩姆與喀什米爾友軍，想要控制此區並建立富裕帝國，卻兵敗而歸。

八世紀中，兩個主要強權興起。來自拉賈斯坦西部沙漠的瞿折羅—普羅帝訶羅王國（Gurjara-Pratihara），與恆河東部的波羅王國（Palas）。兩個世紀中，兩國持續爭奪恆河中部控制權，實際由雙方瓜分。八〇〇年左右，敵方由波羅人手中奪走曲女城，波羅王國實際上限於比哈爾邦與孟加拉地域，並統治這裡直到十一世紀。波羅王國是佛教的有力支持者，在其統治下，譚崔教派（Tantric）在東印度蓬勃發展，並傳入西藏。此外，由於波羅王國與東南亞建立商貿與外交關係，波羅式雕塑也在東南亞國家留下足跡。

早從五五〇年起，我們開始注意到西印度王朝的興起，特別是在拉賈斯坦沙漠。他們自稱拉吉普人（Rajput，來自梵文「國王之子」〔Rajaputra〕一詞），直到今日仍舊是該區主要擁有土地的武力菁英（階級）。由於他們的出現正當胡納人統治消失之時，加上胡納之名後續出現在拉吉普氏族名冊中，暗示這些族系可能是印度化的中亞人，其他則是在地氏族。不論如何，隨著家族開枝散葉，拉吉普人的父系氏族傾向沿著親屬支系分割政治勢力。這傾向可能源自游牧民族社會組織。我們擁有紀錄的三大早期拉吉普氏族中，瞿折羅系（Gurjara）於六五〇年時分成四支，察哈瑪納系（Chahamana）則於一〇〇〇年分成八或九支。只有瞿折羅系的一支，自稱普羅帝訶羅系（Pratihara，意為「守門人」，一種從屬職稱），統治重要商業城市烏賈因（Ujjain），成功超越早期拉吉普人以親屬關係為基礎的政治組織限制，透過聯合其他非親屬關係的拉吉普首領，建立帝國。瞿折羅—普羅帝訶羅人創建唯一的拉吉普帝國，並於奪取卡瑙傑城後，基本上成為恆河中部強權，而非西部王國。[19]

這聯盟延續達兩世紀（七五〇年至九五〇年），這段期間瞿折羅—普羅帝訶羅人成功發展官僚體制的部分要素，並統合軍隊。缺乏這些要素，成功的劫掠者同盟無法發展成穩定國家。七一二年，阿拉伯將領抵達印度河區域時，他們阻擋了穆斯林勢力，使他們無法進入印度河流域。然而隨著帝國在十世紀分裂，十世紀末突厥穆斯林侵略者發現這裡有許多不同拉吉普氏族統治的小國，早前曾臣屬於瞿折羅—普羅帝訶羅人之下。

後笈多時代的半島地區，兩大強權中心各自在兩側海岸鼎立（**見地圖六**）。戒日王時代，

19　此為 Richard D. Saran 提出之詮釋（c. 1969，未出版）。

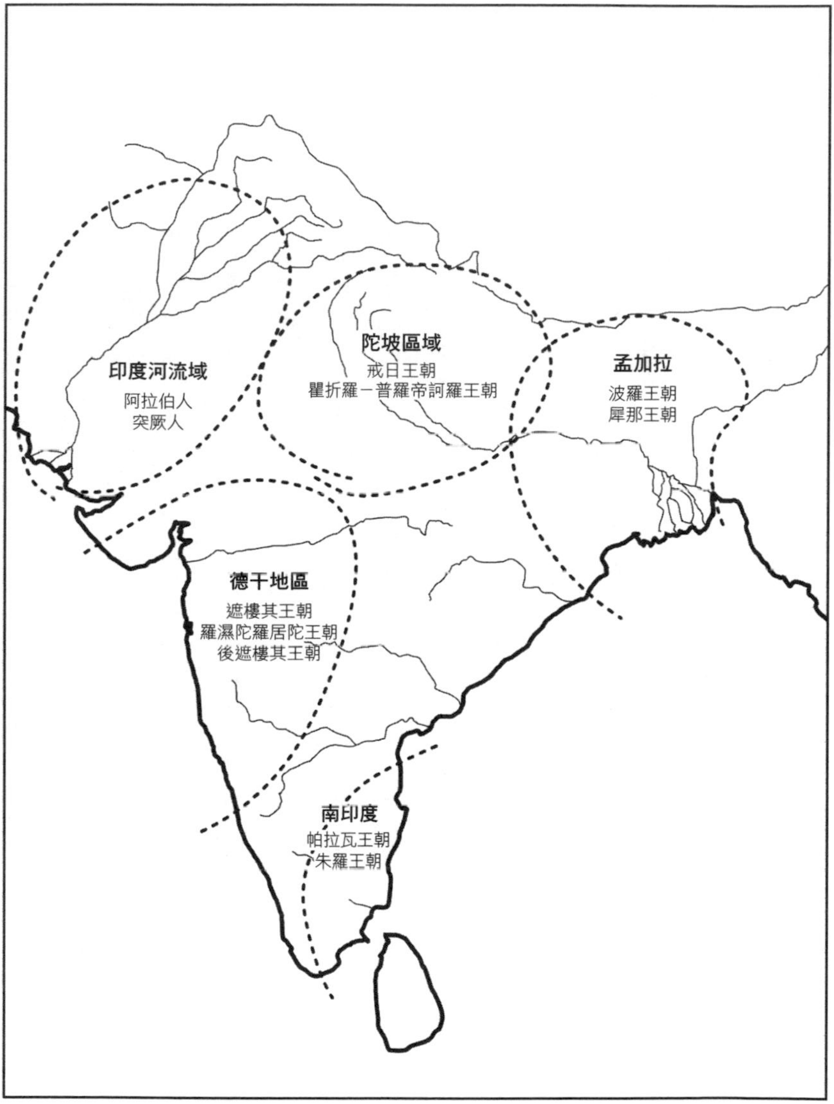


地圖六　印度古典時代晚期政治地圖

上德干高原西側由巴達米（Badami）的遮樓其人（Chalukya）控制；同時代的遮樓其王補羅稽舍二世（Pulakeshin II）阻擋戒日王進入半島。八世紀，羅濕陀羅居陀人（Rashtrakuta）推翻遮樓其統治，建立強權國家，並數次侵略恆河地區。他們與瞿折羅—普羅帝訶羅人爭奪烏賈因的控制權，此城為恆河與西海岸中介的重要商貿中心。羅濕陀羅居陀人也與泰米爾國的帕拉瓦及朱羅王朝發生衝突。十世紀末，遮樓其一系復興，取代了羅濕陀羅居陀人，並一統上德干區域，直到十二世紀末再次分裂成許多繼承小國。

半島西南側的泰米爾國家中，至少從笈多王朝海護王時期，帕拉瓦人就統治著科羅曼多（Coromandel）海岸。海護王南征曾一度兵抵帕拉瓦首都坎契。他們留下古典印度時期最美的部分建築，包含清奈（Chennai）南部海岸神殿瑪哈巴利普蘭（Mahabalipuram）的雕像。九世紀時，打著泰米爾三古國之一的朱羅王朝名義，一支諸侯氏族建立新帝國，十一世紀達到國勢頂峰，並延續直到十三世紀。朱羅人的兩大明君為羅茶羅乍王（Rajaraja，九八五至一〇一四年），與其子拉真陀羅一世（Rajendra I，一〇一四年至一〇四二年）。羅茶羅乍王任內，朱羅人入侵斯里蘭卡，在軍事統治下島嶼北部成為朱羅王朝一省；拉真陀羅一世時，朱羅軍隊抵達恆河東部，翻轉海護王南侵路線，並以古印度史無前例的海外遠征行動，劫掠馬來半島及蘇門答臘（Sumatra）的海岸城市，更短暫將其置於朱羅統治之下。朱羅時期的石造神殿大量留存，今日仍持續接受民眾供奉。

後笈多時代的整體政治架構，包含五個左右的主要區域，各自由單一王室與國家組織統治。縱然這些區域強權多少持續彼此競爭，藉由侵吞小國及較大對手來擴張自己的王國，有時也掠劫另一個區域強權的首都，或者新王權推翻舊王室，整體而言，五大中心的區域模式相對穩定。每代統治時間平均為二十年左右，帶來穩定政局；在許多國家中，王室得以延續長達數世紀。東遮樓其王國（Eastern Chalukyas）身為半島主要強權之間的緩衝國家，持續超過四百年；孟加拉的波羅王國將近四百年；南方的朱羅王國超過三百年；其他國家也延續超過兩百年。雖然政治情勢看似隨時變動，從長遠角度來看，則呈現或多或少的穩定架構。

## 第六章

# 家庭、社會與政體

- 家庭
- 社會
- 政體

古印度家庭、社會與政體結構植基於深厚過去，直到今日仍舊持續發揮影響。比起形塑歷史敘事的連串事件，擁有不同而長緩的節奏。我們將以不同方向的分析，來檢視長期延續、變化遲緩的社會體制與集體概念。

古印度家庭、社會與政體結構植基於深厚過去，直到今日仍舊持續發揮影響。我們必須將它們視為長期結構，比起形塑歷史敘事的連串事件，擁有不同而長緩的節奏。本章與下一章中，我們將轉向不同方向的分析，檢視長期延續、變化遲緩的社會體制與集體概念，而非持續變動的歷史事件。

## 家庭

印度的婚姻、親屬與家庭形式高度不一，因此想要概括總論印度社會的家庭層次，特別困難。然而，印度的家庭與婚姻仍舊具有某些明顯特徵，我們可以從描述這些特徵開始，並謹記它們並非放諸全印度皆準，更非代表全體，僅是高種姓印度教徒的家庭與婚姻特徵，主要是第三章述及的吠陀模式延續。它們形成的是菁英架構，而非一般或普遍性架構；它們明顯可見，並帶有典範性格，作為其他種姓模仿的模式。最後我們會討論與這些模式不同之處。由菁英典範出發，而影響深遠，同時在《法論》中擁有大量的書寫記載。藝術表現則提供了其他參考來源。一組精美的朱羅時期雕像，描繪濕婆與雪山神女帕爾瓦蒂的婚姻，旁有妻舅毗濕奴與女侍，展現出完美的家庭景象（見圖八）。

我們將由婚姻的兩大特色出發：婚姻為搓合安排（arranged，編注：或稱為「包辦」），且不可分離。婚姻是父母經仔細考量適當姻緣的不同因素後安排，主要是男女雙方必須為相同種姓、不同氏族且星座匹配。以前述因素為重，並不表示男女雙方的感覺不受重視，但感受並非婚姻的基礎；婚姻應以建立雙方家庭長久聯合關係為主要目的。男女之間可能會產生愛情，但應於婚後，而非婚姻之因。過去這些聯姻經常在男女雙方童稚時期就已締結，同時傾向讓孩子在青春期前就訂婚或結婚（童婚會等到青春期後才圓房）。現代的印度共和國則制定法律，提高法定婚姻年齡，締結婚姻相關做法也歷經其他形式的轉變。

婚姻安排好後，則由祭司在聖火之前，唱頌吠陀咒語，神聖證婚。事實上，婚禮儀式是留存至今最為活躍的吠陀祭儀。整個儀式透過祝聖，給予婚姻無法分離的連結性質，因此無法離婚。婚禮的儀式是將一對夫妻，形塑成一個整體，目的在於進行家戶祭儀。在家戶中，年齡最長的已婚男性則是執行長兼祭司。沒有聖火與吠陀箴言的次要婚姻，可於主要婚姻締結後舉行，但可隨時撤銷。

以上是古印度的婚姻。接下來我們將轉向家庭的主要特徵：數代同堂、土地共有、父權家庭。

比起以夫妻子女為主的核心家庭，數代同堂家庭人數規模較大。在印度，通常是以父系

圖八　濕婆與雪山神女的婚禮，朱羅時期銅像，十二世紀

傳承（男性親屬關係）為架構；不過印度也有知名的母系傳承案例，將在之後說明。在建構模式的目的下，假設父系傳承為準則，數代同堂家庭成員通常包含夫妻、未婚女兒、兒子媳婦與孫子女。我們立即可見大家庭中三代（或更多代）成員共居。同時也看到男孩與女孩的命運截然不同，男孩留在父母家中，女孩長成後將離開父母家，遷入丈夫的家庭。這表示家中女性包含兩種明確類型——妻子（嫁入家戶）及女兒（嫁出家戶）；而家中男性對彼此而言都是一樣，即由同一群男性先祖傳承的父系親屬。

印度家庭的成員為多代同堂，土地則為共有，意即整個家庭共同作為土地的單一持有人，家中男性皆有土地持分。父母去世後，兄弟可在長子為首的狀況下，持續共同持有，並可在家戶長之職傳承給下一代長子的前提下，無限持續共同持有。或者，他們也可平分家中土地。無論如何，家庭房地產並非透過遺囑交付（因為房地產是共同持有，而非父親個人財產），而是在古老慣習下，由兄弟均分。此外，繼承時間點可能在家主去世久遠之後，在此之前則持續由兒子共同持有。延遲分割繼承，也有助於維持多代同堂的家庭。

這裡我們再次明顯看到性別差異。多代同堂家庭的所有男女成員，都有權獲得家中農田或牧群生產所提供的食物、住處、衣物等資源，但僅有男性是土地的共同擁有人。由於女兒終將嫁入另一家庭，因此並非土地等家庭財產的共同擁有人（雖然在二十世紀法律中再次修正）。然而，她們出嫁時，確實會帶走一部分可移動的家庭財產，特別是紗麗（sari）、餐廚具與珠寶。若家庭富裕，數量可能相當驚人。這份嫁妝稱為「女人的財產」。因此連財產也受到性別影響，並採取不同面向。明顯可見的是，由於共有指的是房地產所有權，因此擁有相當數量恆產的家庭才會形成共有，而這類家庭僅是少數。無論如何，家庭財產共有仍是印度生活的重要特徵，在印度共和國中，約百分之十的家庭以未分割共有家庭財產的身分申報所得稅。

最後，印度家庭為父權家庭，意即家庭掌握在父親的權威之下，或者在兄弟持續共居的狀態中，則指家中最年長的男性（稱為家主）。印度家庭為雙重父權。女性主義定義父權制度為女性受到男性制度化的宰制；在這個定義下，所有的社會中都存在不同程度的父權制度，印度當然也不例外。但我們描述的家庭模式中，還包括父權宰制更古老、更狹隘的定義：不僅家中所有女性，還包含兒子；即便兒子已成年、已婚、甚至擁有自己的孩子，仍然受父親監護。換句話說，家主是家中唯一的法定成人，擁有向外在世界代表大家庭所有成員的權力（例如，在法律訴訟中），其他人都是未成年。同理，他也代表家庭，擔任祭司向聖火獻祭。

雙重父權體系值得我們進一步探究。兒子即便成年，只要父親在世，仍受其監護；然而在吠陀傳統中，女性終其一生都在男性的監護下：在家從父，出嫁從夫，夫死從子。但同時，女性的妻子身分，對於以已婚夫妻或至少是已婚男性家主作為獻祭主角的吠陀典範來說，至關重要。但因臣服於丈夫之下，女性雖有宗教上的意義，卻少見於書面典籍紀載中。[20]

家主擁有的父權權威無疑強大，但也非無限。他並非家庭財產唯一擁有者，而是與子息共有。如我們已見，至少在古代中，他並沒有透過遺囑不均分財產的權力。在實務層次上，家庭如同企業，即便成員死亡或替換，仍會延續；家主則是為了整體家庭利益，負責管理財產的執行長。

此種印度家庭模式，應理解是理想型態，而非一般印度家庭的顯著描述。這是由宗教思想撐持的文化建構產物，體現於神話之中，藉由儀式加持神聖化。我們已經看到這些關於家庭的想法，在吠陀時期已然成形，其他早期印歐語系社會中也呈現部分相同特色，例如希臘人、羅馬人及波斯人（見第三章）。在印度，今日在印度教徒的族群中，此種家庭理想仍舊擁有重要影響，雖然家庭模式的某些部分已為法律大幅更動。這些理想最重要的源頭，是名為《法論》的法學文獻，將吠陀人民的信仰與實踐進一步發展並條文化。《法論》的內容大多處理家庭法兩大主題：婚姻與財產分割。我們需要檢視《法論》傳統如何撐持印度家庭的

20　關於吠陀宗教中的女性，見 Jamison（1966）。

理想型態。

廣義來說，印度教徒承認許多不同種類的超人類人形存在，可分為兩大類：提婆（deva）或神祇，與「父祖」或祖先。吠陀經典的複雜儀軌中，要求設置三壇聖火並任用多名擔任中介的婆羅門祭司，但比較簡單的家庭儀軌，只需一壇家戶聖火，並由家主自行獻祭。換句話說，就是由家主擔任祭司。家庭儀軌供奉兩種超自然存在，對所有家庭來說提婆都是相同的，然而父祖對個別家庭卻是獨一無二，包含已逝的父系祖先（父、祖父、曾祖父等）。因此家庭與祖先崇拜之間，社會整體與神祇為主的「國家」宗教之間，均存在著結構關聯。

除了每日向家戶火壇獻祭眾神、祖先與其他存在外，家庭宗教還包含一系列儀禮稱為「過渡儀式」（samskara），意指「擦亮」或「臻至完美」，協助個人由生命的一個階段，過渡到另一階段。這些過渡儀式甚至始於出生之前，協助受孕及保護胚胎的儀式，接著是出生與嬰兒期儀式（首度見日、初啖固體食物等），男孩成為吠陀學生的入法禮，以及婚姻。生命終結之時也會舉行數種儀式，包含死者火化、協助新進亡魂順利前往父祖世界（所以不會在此世成為遊蕩孤魂）、定期向祖先供奉飯糰與清水等。祖先則給予家族成員增加、土地牲畜的健康生育等的庇佑，作為回報。

在此概念下，家庭的目的在於家庭之外，並非只是為了照顧生者及繁衍後代，而是為了供奉祖先，並藉此確保祂們在父祖世界持續擁有一席之地。因此，家庭的土地繼承與供奉祖先的職責息息相關。

祖先無法自我供奉，其福祉延續有待父系子孫一脈的永續傳承。這便牽涉到生育子嗣的重要性，因此《法論》發展出一系列律法，在無子的情況下，創造繼承子嗣。《法論》認可的十二種子嗣始於「肉身之子」，指生理上的子嗣；接著說明其他類型的子嗣。例如，若夫妻有女無子，可以指定女兒結婚後生養一子，作為父母的合法子嗣，而非女兒與女婿的子嗣。這就是「指定女兒之子」。或者若夫妻子女皆無，可透過人類學家稱為「夫兄弟婚」（levirate）的古老習俗（也存在於希臘、羅馬及聖經中），印度人則稱為「尼優迦」（niyoga），讓無子女的寡婦與已逝丈夫的弟弟同居，以懷孕產子。此子將視為死者子嗣，而非生父子嗣。這一作法並非婚姻，因為弟弟必須得成立自己的家庭，生育自己的子嗣。古典時代中，古老的尼優迦習俗已逐漸淡出，收養成為主流作法。這裡的收養與西方人習慣的方式不同：在古印度，養子很少是孤兒，相反地，應出自聲譽良好且相同種姓的家庭。由於養子將永久脫離原生父母，融入收養父母的家庭，並於他們去世後，向養父母而非生父母，供奉飯糰與清水，因此養子不得為原生父母的獨子。否則他們死後將無法獲得供奉。

這些複雜的概念與實踐，強力支持婚姻生活典範，甚至賦予超越性意涵。兩種不同原則在不甚穩定的混合中連結起來：夫與妻等同的重要性，以及夫對妻的階級關係。這樣的狀況表現在古老概念中，孩子的出現一方面被視為父母雙方平等且互補的生理貢獻成果，另一方面又類比成田地（母）與種子（父）（也見於希臘文化之中）。在此比喻中，男性元素決定了孩子的結構體質。

如前所述，《法論》典範是高種姓的典範，因此若想要描繪印度家庭比較恰當的圖像，就有必要介紹一些主要的複雜因素與例外情況。我們可從非吠陀宗教對家庭與社會生活的態度開始。佛教與耆那教認為人們必須放棄家庭生活成為僧尼，才能獲得解脫。雖然並非反家庭，這些宗教的主流在於脫離家庭（與種姓）的實際價值，視家庭與社會關係為倫理行為，而非宗教義務，只是為棄世者更高的狀態做準備。印度教本身也擁抱棄世理想，但透過將棄世放在個人完成家主職責之後的階段，可供選擇，藉以調和棄世者理想與家庭典範的衝突。棄世者典範因此成為所有印度宗教——無論吠陀或反吠陀——的核心，與婚姻生活理想之間存在著某種緊張關係。

以下由前述典範出發，讓我們透過幾組不同面向來檢視差異。

## 高種姓／低種姓

我們已知《法論》的家庭生活典範屬於高種姓族群，特別與長期家族的形成與延續有關。因此某個角度上，財產組織了家庭關係。高低種姓之間的家庭生活形式變異眾多，或者我們也可說，是擁有諸多財產的家庭與身無恆產或財產稀少的家庭之間的差異。貧窮家庭生活傾向簡便結構；由於缺乏形成大家庭的財產，貧窮家庭則以小家庭為主，婚姻也較容易依當事人心意締結或解除，而非包辦婚姻。這類婚姻也缺乏《法論》中典型家庭的強烈父權性格。

## 父系／母系

雖然父系傳承分布極廣，仍有數個團體是依母系原則架構起來，主要位於南方的喀拉拉邦及泰米爾納都邦的部分地區，包含喀拉拉的王室與地主貴族（稱為納亞爾人〔Nayar〕）。直到晚近時期，他們仍居住在大型母系地產上，地產由母親與女兒擁有。納亞爾家庭結構並非父系家庭的直接鏡像反射，男性與母親、姊妹在原生家庭中共同生活，他們造訪妻子，而非與妻子同居。納亞爾女性通常擁有數名丈夫，丈夫在不同夜晚造訪妻子，會將盾牌留在妻子屋外告知他人。因此，在傳統納亞爾制度中，婚姻連結相當薄弱，缺乏聯盟色彩，主要是個人喜好。父職也很薄弱。[21]

納亞爾人是聲譽良好的印度教徒，並致力發展梵文學術。他們的婚姻與家庭傳統彰顯一項事實，《法論》並未將典範定為所有人都應遵循的正統，而是承認區域與種姓慣習間約定俗成的效力。

## 北印度／南印度

《法論》中明確認可交表婚為南方的區域慣習，對於居住該區的人民視為有效力。使用達羅毗荼語的南印度人與斯里蘭卡人傾向交表婚制度，意即讓自己的子女和異性手足（兄妹或姊弟）的兒女，或者是關係較遠的類似表兄弟姊妹成婚。交表婚制讓家庭之間的聯姻關係可代代相傳，北印度則缺乏此種效應。影響之一是為女孩減輕娘家與婆家之間的差異。銘文顯示，南印度王室善用交表婚的特點延續王祚，也就是透過多代重覆聯姻，鞏固與其他王室的政治聯盟。

## 印度教徒／穆斯林

伊斯蘭教傳入後，並不一定會改變改宗印度人的家庭生活，例如，南印度的穆斯林當中也有從母系者。然而，伊斯蘭教對南亞的影響之一，在於將中東的婚姻型態，透過伊斯蘭教法（Sharia）的推廣，灌輸至某些南亞穆斯林的行為中。他們傾向與堂兄弟姊妹，也就是叔伯的孩子，締結婚姻，而非南印度的交表婚。換句話說，父親兄弟的子女是彼此伴侶首選。這一作法正是違反《法論》典範中，禁止嫁娶近親，特別是父系近親的規範。此舉也與南印度模式不同；南印度的堂兄弟姊妹會互稱兄弟姊妹，因此不得視為婚姻對象。此外，伊斯蘭教法還提出離婚、再婚與完全不同的繼承模式。

以上已提供足夠案例，說明印度家庭生活的眾多差異。現在我們轉向更大的、超越家庭的族系、氏族與種姓架構。

21　關於納亞爾人，見 Schneider and Gough（1961）書中 Gough 所著的篇章。

## 社會

家庭無法孤立存在；它必須與其他家庭建立關係，這些關係則與婚姻規則有關。

首先，家庭依主要傳承方式，父系或母系，集合成氏族或族系，這些族系通常是外婚制，意即不得嫁娶內部成員，理由是親屬關係過於接近。例如婆羅門分成十七個左右的外婚族系稱為「氏族」，傳說是時間之初首先聽聞吠陀，並為人類獲取吠陀知識之賢者的父系傳人。氏族成員不得嫁娶「同氏族」（sagotra），即出身同一氏族者。此外，《法論》更規定不得嫁娶「同賓達」（sapinda），意即向同一人供奉飯糰的親屬，也就是說有相同祖先的親屬。此項規定，是針對擁有同一祖先的男女雙方所間隔的代數或親屬級數做出規範。通常，若雙方的親屬關係在父系七代以內，或母系五代以內，則視為「同賓達」。

其次，禁止內婚的氏族或族系，與其他氏族或族系之間，具有婚姻聯盟或潛在婚姻聯盟的關係。這類可聯姻的氏族或族系集合，組成種姓或稱「迦提」（jati）。種姓群行內婚制，意即嫁娶對象為同種姓，而非外種姓者。然而，婚嫁對象中存在著「上嫁」（hypergamy）的傾向（意即較低階層的女性嫁給較高階層的男性），在某些狀況，這一原則會造成跨種姓婚姻；相反則為錯誤方向。《法論》經典中有一對術語，形容兩個方向的婚姻：「順婚」（順毛，

anuloma）與「逆婚」（逆毛，pratiloma）；如同撫摸貓毛時的逆順方向。但在多數狀況，種姓之間的關係並非由婚姻取決，而是另一種關係。

接著我們將進入印度著名的種姓制度（雖然印度共和國已宣布種姓歧視為非法，並制定積極平權措施以弭平過往的種姓劣勢）。印度擁有數千種姓，各種姓一般而言，僅限於印度單一區域。種姓各有名稱，人名也經常透露出種姓訊息。每個種姓都與特定職業有關，然而傳統職業並非義務，種姓成員也可另擇他途。種姓團體通常設有地方長老會議，管理成員言行，對破壞種姓規範者可施以制裁，擁有極端狀況中可將成員逐出種姓（outcasting）的權力。種姓規範通常包含與其他種姓互動的限制，特別是婚姻與性關係通常遭到禁止；飲食分享則有各種限制。一般來說，包含米飯的熱食，僅能與同種姓者共享；而未煮的米麥、未切水果蔬菜及澄清奶油（ghee）與糖煮過的甜點，則可在市集中販售，或從其他種姓者手中拿取。

由於至少在名義上，種姓是與特定職種相關（農人、陶匠、鐵匠等），因此種姓之間的關係，部分為經濟交換關係；通常並不是以貨物、勞力交換金錢的市場交換關係。過去在村落中，主導的地主家族與不同服務種姓的特定成員之間有著恩庇侍從關係，後者提供陶器、織品、鐵器與其他務農家戶無法自行生產的工藝品。像這樣恩庇者「迦吉曼」（jajman）與工人種姓之間的關係淵源流長（因此當我們談到「迦吉曼尼制度」〔Jajmani〕時，指的是這種恩庇侍從關係），工資也通常是以收穫的一部分支付，而非週薪或月薪。經濟關係透過儀式義務與特權深化，後者雖賦予經濟關係中人性化面向，同時也強化內在的不平等。

種姓間的關係同時也受到不潔與污染的概念管控，形成一組位階體系，各種姓分布於位階上下位置。如同世上許多社會，印度人自古以來便認為人體的生理排泄物是不潔的源頭，必須受到適當管控，並透過沐浴等方式移除。同時他們也避免接觸他人的不潔。在家庭中，這包含特定飲食儀節、家中成員沐浴或死亡造成暫時汙染時應遵循的規範，及經期中女性受到暫時隔離等。出於對外人的尊敬，印度人應減少接觸較低種姓的身體，因為他們相對較低的潔淨度，可能透過烹飪食物、水及性關係傳遞。相反地，由潔淨度較高者獲得食物，則能提升個人狀態；因此寺廟中供神的食物會分給信徒食用，稱為恩賜（prasad）或聖食。

截至目前為止，我們討論了迦提，但還有一個字瓦爾那（varna），也用來指稱種姓，在《法論》中曾特別提及。迦提高達數千之眾，並侷限在特定地區，瓦爾那只有四種。早在《梨俱吠陀》時代的創造故事中，我們看到世界是由獻祭所創造；這是吠陀人信仰中最具創造力的法則（見第三章）。最原始的生命原人，有時也稱生主、造物主或梵天，是透過一場獻祭行動而產生。獻祭中，他既是獻祭者，也為祭品，更是接受祭禮的神祇。簡單地說，他支解自己，將自身獻祭給自己。藉這個行動，身體各部分則成為現象宇宙事物（動物、植物、礦物、時間分期等等），也包含人類社會的四個部分：從嘴出現婆羅門，與吠陀聖讚有關；從手臂出現剎帝利或戰士；從大腿出現吠舍農民與商賈；從腳出現首陀羅或僕役。故事說明四瓦爾那的職責，這是時間之初世界設計的一部分。在四瓦爾那中，前三者稱為「再生族」，因其男孩會舉行入法禮，在進入學生階段時授受聖線，視為儀式性重生。他們的共同職責是學習吠陀、進行獻祭，並給予宗教奉獻。此外，婆羅門的特殊職責，則是教導他人學習吠陀、主持他人獻祭及接受他人所給予、具有積累功德效果的宗教獻禮。剎帝利的特別職責是保護，吠舍則是透過農業、貿易與畜牧，產出生存的物質。首陀羅從吠陀學習及獻祭中排除，無法參加入法禮，因此僅有「一度出生」，職責是服務其他種姓。

迦提與瓦爾那之間，是什麼關係？《法論》提出一個理論，認為許多迦提是由四瓦爾那通婚形成。順婚與逆婚兩種方向兼具之下，透過混合瓦爾那創造出新種姓，再由混合種姓通婚，造就更多種姓。我們認為這理論並非真實，因為迦提的許多名稱，反映出相當多樣的來源；許多源自吠陀宗教以外的部落社會，其他則是工藝專業，更有區域團體名稱被轉成種姓。多數認為迦提屬於某種瓦爾那，但婆羅門、剎帝利與吠舍瓦爾那（即再生族、戴聖線的種姓）的人數，僅為總體人口少數。印度社會絕大多數都由不同潔淨度的首陀羅種姓組成。因此《法論》中對瓦爾那的討論所呈現的種姓圖像，與實際上存在的樣貌之間，相差甚遠。

現在，種姓已大幅轉變，但未全盤消失。獨立之後，隨著印度共和國與巴基斯坦建國，學者以為種姓會隨現代狀況萎縮消失，但事實並非如此。某些方面，票箱民主強化了種姓認同。現代社會中每支種姓都是少數，精英的再生族種姓只佔不到百分之十的總人口，政黨必須擁有不同種姓候選人，以爭取不同種姓選民的支持。由於種姓選民經常集體支持，因此種姓與現代種姓協會的運作，有如其他國家的族裔協會或利益團體，並非對民主的阻礙。隨著平權措施政策開展，給予表列種姓及部落晉用公職與大學入學上的保留優惠，種姓也成為印度共和國的重要政治議題。意即列於正式表列團體者，將視為社會弱勢。真正改變的是，種姓制度的存在方式雖不復過往，卻成為類似相互競爭的利益團體。

## 政體

佛教與耆那教興起的時期中，部落政治勢力明顯分散在戰士階級，因為他們擁有戰爭工具。這個基礎上形成的政治組織，分布在光譜的兩個極端，梵文中分別稱為王治（rajya）與共治（sangha）。王治一詞意指王權統治（衍生自「國王」〔raja〕）；共治則指涉一種共和政府型態，或多或少類似羅馬共和國中由貴族組成統治階級，國家政務則由元老院辯論決策的狀況。我們稱為部落共和國，因為他們仍以族群團體、而非地域為名。這類共和國並非民主政治，因為決策僅限於菁英階級；但非王國。

這兩大極端，很大程度上與吠陀、反吠陀宗教有關。佛教和耆那教創建人佛陀與大雄，皆出身吠陀中心以東的部落共和國戰士階級，這並非巧合。某個角度來說，共治作為一種政治形式，在佛教僧尼團中獲得延續，稱為僧迦（Sangha）。僧迦的決策組織反映出古代部落共和國決策議會的影子。當然，兩大宗教也都在王室庇護下蓬勃發展。

另一方面，婆羅門的吠陀宗教則明顯偏向王治，且正如第三章所見，擁有許多儀式，目的在於協助國王面對外敵及親族在內的內部潛在對手時，強化並提升王權。因此吠陀宗教結合婆羅門與王權，並推動權力集中於國王之手，削弱了古老議會辯論的影響力。

政治形式的兩種極端，似乎也與不同社會型態有關。佛教文獻紀錄中，部落共和國包含「眾王與群奴」（rajas and dasas），而四種姓或四瓦爾那則與王國有關。這兩個字在古典梵文中意指國王與奴隸，而部落共和國中若有整群國王，應當表示有類似戰士群或首領群。我們可以想像此類社會，類似古斯巴達人（Spartan）；後者擁有一群自由的地主／戰士，以及一群從屬於地主之下的奴工（農奴）。因此，部落社會為複雜社會，但主要是由兩個階層組成的社會體系；相對地，吠陀王國的社會更為複雜，階層分為四瓦爾那，王權擴展似乎也與種姓制度發展相關。

部落共和國的政府型態持續很長一段時間，直到笈多帝國時代，我們仍持續聽聞這類案例。討論治國之書《政事論》（*Arthashastra*）所秉持的觀點，認為王治為常態且較佳的政府型態，但也另闢一章討論共治，以及國王應如何應對共治。從《政事論》敘述中，我們了解到共治的重大長處：這種政治架構醞釀出深刻的同儕情誼與親涉政事的參與感，讓他們面對外來者時展現強大團結力，進而成為戰場勁敵。縱然如此，想要若想要戰勝他們，根據《政事論》主張，是派遣特務種下不和的種子，由內分裂共治議會、破壞團結。長期來說，在這場與部落共和國的競爭中，王國勝出；笈多王朝時期之後，前者已由歷史舞台消失。雖然三不五時，我們仍可見到基於親族聚集的戰士群體，擁有相對平等的團體架構，成為某個區域強權，但最終仍舊演變成一般型態的王國。

吠陀時期之後，直到孔雀帝國形成之前，王國發展出重要特點之一，是強烈的擴張傾向。這也許解釋了王國相對於共治群體的相對成功，因為後者吸納領土的能力，極度受其政體的部落性質限制。他們吸納征服人群的方式，似乎只能作為特定戰士家戶的奴隸或僕役。相反地，王治之下，特別是摩揭陀與其敵手則展現出無限的擴張傾向。早期文獻以部族名指稱國家，例如迦屍、拘薩羅、釋迦及摩揭陀，但這些則改指王國所處地域：拘薩羅與摩揭陀成為地域之名，而非族群之名。

不同種類文獻中，出現不同王治文化，讓我們可以連結不同時期的政治形式。偉大史詩《摩訶婆羅多》中的英雄王者、《政事論》中的算計王權與《法論》中的神王，則分別反映了前孔雀時期、孔雀王朝及後孔雀時期的政治形式。

《摩訶婆羅多》歷經長期積累，因此內容並非指涉特定歷史時期，而是一種社會想像。然而在史詩較古老的核心篇章中，有關於王治與對應社會的概念，鋪陳出我們稱為英雄王者的理想。這理想似乎是吠陀時期戰士治理社會的遠古遺音。在英雄理想中，國王首先也最重要的職責，是擔任戰爭領袖，通常在戰役前夜選出；天下太平時只有很小的權力與特權。戰事國王僅比全體之首略高一點而已。

摩揭陀的崛起似乎伴隨著新治國之方與新政治家的出現。這群輔佐國王的狡詐婆羅門首相的嶄新知識，甚至以書面記錄在治國文獻《政事論》中。雖然由考底利耶（Kautilya）所著，今天仍能看到的《政事論》文獻，應該是在後孔雀王朝時期才輯錄完成。這本治國之道摘要源於長久的政治書寫傳統，可追溯至孔雀王朝，甚至更早以前（見第四章）。新的治國之道採取冷酷務實主義態度，展現在兩大古老法則之中：四種手段與國家循環。

國王處理問題時使用的四種手段，包含妥協、贈禮、製造歧見與武力。武力置於最後並不表示不好，而是會造成損失。這串討論背後所彰顯的，就是今日我們稱為的成本效益分析。

國家循環法則，用以分析國王想要想擴張領土的情況。這國王可稱為征服者，近鄰自然是敵對國家；由於擴張主義視為常態，因此鄰國之間必有利益衝突。出自相同原因，敵國的鄰國自然為征服者的盟友，可與之結盟，摧毀共同敵人。同時還需考慮敵國的盟友，及盟友的盟友。因此，當你在前線抗敵時，後方可能會有鄰國等著施展致命一擊，我們可稱為追捕者（Heel-Catcher）。在追捕者之外，則有求援的對象——救援者（Rescuer）；還有追捕者的盟友及救援者的盟友。有些國王可能穿梭連結征服者與敵國之間，稱為中間王（Middle King），他僅施小力就能改變權力平衡，進而影響結果。最後可能還有遙遠偉大的國王，稱為中立王（Neutral），同樣可以付出極小力量，操縱事件發展。

孔雀帝國覆亡後，我們發現非直接中央集權的帝國形成，是隨著《法論》而發展出來十分不同的王權文化。新的發展呈現出矛盾概念，一方面以最強烈方式推展王權的神性，也就是國王為人身之神，從嬰兒時期開始就必須視同為神；同時正道征服（法勝〔dharmavijaya〕）法則又傳布另一種權威有限且非直接的王權。軍事征服的正當性並非來自背後的原因，而是端視被征服對象所受的對待。正道征服者會讓被征服國王復位，接受他的降服與進貢；非正道征服者則奪走對方的財物、妻妾、家庭與生活——如他們所言，將其「連根拔起」，並吸納領土改由征服者直接管轄。由於偏離中央集權統治的力量管束，只會形成像巽加人與笈多人所創造的朝貢帝國體系。帝國由整群小型王國組成，透過向較大、高度多元且鬆散統一的帝國獻貢而連結起來。這類帝國的主要關係是王與王之間，而非王與平民；這類關係通常透過戰爭維持。因此王權治理與某種鬆散一統的帝國，成為古典時期的政治模式。

十七世紀前往印度的歐洲旅行者，以東方專制主義（Oriental Despotism）的概念來形容印度的政治形式。這是亞里斯多德發展出來的古代概念，用來解釋希臘人與波斯人之間的差異：

希臘人擁有私人財產與政治自由；但在波斯每個人都是大王的奴隸，所有土地為大王所有；每個人擁有的都是王土，大王可隨時收回。文藝復興時期，這種將私有財連結自由、產權不明連結專制主義的想法，在形容鄂圖曼帝國時再度興起。前往印度的旅行者也將其運用在印度人，特別是蒙兀兒帝國上。其他人更將其延伸形容為古印度的狀況。

雖然古典時期的王權文化確實稱頌王治特色，但形容為專制主義並不正確。國王身處的社會秩序，並非他所創造；他不過是秩序的看顧者與爭議仲裁者，就如同第五章所言。事實上，王國由許多自治團體組成，這些團體在長老議會管理下，國王若未經邀請，不得干涉內部事務。我們已經看到種姓成員的言行，由種姓長老會議管理，除此之外尚有許多類似團體，包含村落與商業行會。例如，在朱羅王國中，我們看到農民地主的村落議會決定村中事務；區域層級的農民會議中，一名商人決定了村鎮貿易事務；婆羅門議會（sabha）則決定廟宇事務；還有許多其他團體。在地方上便是透過許多小型審議團體來運作，國王僅扮演爭議仲裁的角色。雖然國王僅向神祇負責，但也受到正法與慣習所限。直到現代，國家的中央權力才能伸入社會體系的每個角落。

**第七章**

# 心智

- 宗教
- 法律
- 科學
- 古典藝術文學

古代與古典時代印度文明的特點中，最重要的是宗教、法律、科學（主要是數學、天文學、占星術及語言學）與藝術。它們展現出豐富多樣色彩，但仍具有整體一致的觀點，正是本章試圖探尋的對象。

在以長期的觀點審視家庭、社會與國家的概念與模式後，我們需要進一步審視正式思維的架構，這是古代與古典時代印度文明的特點，並延續很長一段時間。其中最重要的是宗教、法律、科學（主要是數學、天文學、占星術及語言學）與藝術。它們展現出豐富多樣色彩，但仍具有整體一致的觀點，正是本章試圖探尋的對象。

## 宗教

我們已經檢視過往不同時期中，不同宗教運動與變化的興起；現在我們將採取長期觀點，將宗教發展視為整體來討論。

我們需謹記，所有古代文明的知識都是由特定類型的人撰寫，他們獨佔了讀寫能力。在古代世界中，識字能力是文明推手，但並非每個人都能平等擁有。在印度，這類人通常是婆羅門、非吠陀宗教的佛教與耆那教僧尼、特殊種姓抄寫員及王室朝廷。因此，我們主要透過他們的眼睛，及其利益形塑下的文獻來瞭解過往。他們增添古印度書寫記錄極高的宗教色彩。今日倖存文獻中少有能稱為世俗文獻者，因此印度文明的許多面向仍缺乏資料佐證。

但我們對於宗教所知甚多，也擁有大量紀錄，證明宗教的核心地位。印度宗教歷史的豐富複雜，令我們難以做出有意義的總結。印度的宗教擴散廣泛，特別是佛教，在中亞、東亞及東南亞生根；印度教則深刻影響東南亞；耆那教更傳布斯里蘭卡。印度宗教的故事，對亞洲史至關重要，而非僅限於印度自身。笈多王朝時代，佛教徒人數可能多於任何其他宗教信眾。宗教創造出某種國際社群，僧侶、祭司與學者由遙遠國度如中國、韓國及日本，遠道前來印度。為早期的部分全球化，留下共同的故事、思想與造像藝術，並將印度科學、法學思想及藝術典範，隨同宗教傳布世界。

探究印度宗教史概貌，又避免迷失於細節的方法之一，是專注於尋求並檢視其架構。印度宗教似乎擁有三個循序產生的「盛行宗教」，我們可稱為獻祭宗教、棄世宗教以及虔愛宗教。每段盛行宗教期間都有其獨特的宇宙觀、目的及達成的方式；分別對印度文明留下長遠影響，直至今日。

## 獻祭

第一段盛行宗教發生在吠陀時期，為婆羅門吠陀文獻中保存的獻祭宗教。有些人稱為婆羅門教（Brahminism／Brahmanism）。如前所述，其宇宙觀包含與天空有關的眾神，稱為提婆，以及父祖或祖先。獻祭宗教追隨者的主要目標，是在現世提升家族的健康福祉，並於死後抵達天堂或父祖的世界。達成此目標的方法就是許多形式的獻祭，並遵循核心概念，在永恆宗教法律的正法規範中，履行個人在四種姓社會中應承擔的職責。正法的延伸論述則構成獻祭宗教的長久影響。時至今日，仍可在印度教婚禮的核心儀式，及其他生命循環相關的家庭儀式與祖先供奉中，持續看到吠陀獻祭的遺緒。吠陀時期後，整個古典時代中，吠陀傳統仍然持續在《法論》文獻一脈延伸發展。我們將於最後章節進行討論。

## 棄世

棄世宗教的特色已於第四章討論，主要包含反吠陀宗教的佛教與耆那教。然而某些晚期吠陀宗教也屬於這一類，某個方面上預見反吠陀宗教的出現，或為其立下基礎。特別是較為哲學化、非儀式性的文獻，如《奧義書》與《森林書》。瑜伽似乎也源於吠陀之外，與獻祭毫不相關，但在後世與吠陀宗教取得妥協，因此並未視為反吠陀。此外，後期印度教承認棄世為個人完成家主職責後，可選擇進入的生命階段，將棄世宗教吸納進入印度教系統。古典時代核心哲學體系吠檀多（Vedanta），即是由棄世僧團所提出。

有時這些宗教會被稱為「無神論」，因其並未承認神（God）為最高準則；但此為誤導，因為他們也未否認眾神和各種超人類的人形生命存在。然而，眾神的重要性確實縮減，未具有獻祭宗教中拯救人類的能力。這時祂們如同一切生命，也受到更大的輪迴轉世及因果業報等宇宙法則箝制。在這新法則之下，個人受其言行所縛，在無限接續的肉體中持續生死；因此宗教的目的在於，達致某種解脫，進入恆定狀態。這一狀態有數種不同形容，正面的說法是解放或合一，負面的說法則是孤立或止息（如同吹滅油燈）。達成目標的技術則是揚棄世界（即家庭生活）及進入冥想。棄世宗教的長久影響在於輪迴轉世與因果業報法則，成為所有後續宗教與哲學體系的核心，以嶄新的方式重新定義人性，也成為定義印度文明的原則。

《法論》中的獻祭傳統支持種姓制度，棄世宗教則對其提出質疑。

## 虔愛

「虔愛／奉愛」一詞為梵文 bhakti 的意思，在古代印度教中，代表信徒（bhakta）對上神毗濕奴或濕婆的態度；因此印度教徒也可稱為毗濕奴派（Vaishnava）或濕婆派（Shaiva）。其他宗教也發展出虔愛性質，特別在大型佛教支派——大乘佛教中。虔愛宗教的宇宙觀可略稱為一神信仰，印度教中認同一位宇宙上神為至高原則；大乘佛教中也有對應的拯救者角色，即為不同世或不同天的佛陀及菩薩，信徒可向祂祈求。然而，稱為一神信仰並非十分正確（也許單純稱為有神論還比較恰當），因為虔愛宗教也並未否認諸天眾神的存在，只是並非特別重要。與棄世宗教不同的地方在於，上神是超越輪迴轉世與因果業報的道德法則，完全超越任何存在或力量的影響。因此上神的行動全然自由且非受迫；神是宇宙間唯一全然自由的行動者與主要的推動者。

虔愛宗教的目的與棄世宗教並無太大差異，也包含不進入輪迴轉世。但作為以上神為中心的宗教，或許我們可說其重心在於與神合一，或安住於神之內，而非解脫與止息。達成此極樂狀態的方式正如其名「虔愛」所示：將個人沉浸在神的恩典之下，無祈無求接受神的恩惠。實際來說，虔愛教徒對聖像及廟宇，會舉行許多形式的祭祀（puja）。由後孔雀王朝以降的興建廟宇與製作聖像的考古紀錄顯示，這類宗教快速成長，並在古典時期成為主流。崇敬的聖像雕塑，以及供奉聖像的神廟建築，成為精緻藝術的主題，並在古典時期達到高峰。從笈多時期鹿野苑（Sarnath）的佛陀造像（**見圖九**），及古典時代晚期精緻的坎達利亞大神廟（Kandariya Mahadeva）（**見圖十**）可見一斑。

虔愛主義對印度宗教思想整體的長久影響，在於神的恩惠超越輪迴力量的概念。即便是因言行持續受輪迴束縛而不配蒙神恩惠者，仍可因神得救。

印度宗教歷史的進程，採取「累加」而非革命方式。在這種方式下，其結構與聖經宗教傳布的國家十分不同；後者多數否認此前存在的宗教，並要求信徒忠誠專一。例如，基督教

圖九　鹿野苑佛陀造像，五世紀

圖十　坎達利亞大神廟，卡朱拉霍，十一世紀

歐洲與穆斯林中東的宗教歷史，在「異教」與基督或穆斯林時期之間，有明確斷層。當然這說法僅是相對正確，我們仍可指出許多歐洲基督文化特徵，例如聖誕樹等，實際上是前基督教信仰的遺緒。然而整體而言，不論在基督教的自我表述，或更廣大的實踐層次上，改宗基督教信仰對歐洲人的影響都相當顯著。同樣情況也可在中東伊斯蘭化過程中看到。然而，在印度，可以明顯看到古老宗教與新宗教比肩並存，讓印度宗教圖像出現地質層疊列的現象，不同年代相互並呈。當然，原因在於印度宗教並不要求單一忠誠，同時採取包容態度，將其他宗教形式視為較低層次，但仍然為有效的追尋解脫之道。

印度教是複雜而結構鬆散的宗教，缺乏中心機構來定義正統，或施加某種程度的統一性；也許我們可以稱為宗教家族：不同實踐共同成長，因此擁有共同歷史與相似性。某份試圖定義正統的文獻中，最後獲得的結論卻以負面表述：不反對吠陀。這個標準主要排除佛教與耆那教，兩者都否定吠陀，但包含瑜伽及其他運動。它們雖未源出吠陀宗教，卻未否定吠陀權威。這一對正法的定義，根本定義了印度教。

虔愛派印度教具有強烈大眾宗教色彩，包含社會各階層中的大眾宗教實踐。獻祭宗教則非如此，作為亞利安人的「國家」宗教，排除了首陀羅種姓及非亞利安人。棄世宗教也非如此，至少在早期階段中，雖向眾人開放，卻仍由僧團或棄世修行者主導。在吠陀獻祭的理論中，僅有再生族男性家主擁有進行獻祭的精神能力（adhikara）；但在數份印度教主要文獻中，參與虔愛宗教的人之中，明顯包含女性與低種姓。因此女性書寫的詩篇是出現在印度教典籍，而非吠陀文獻，並非意料之外；虔愛派印度教中也不乏低種姓的宗教詩人。

性別議題內藏許多細節，值得進一步探究。蘇西・塔魯（Susie Tharu）與拉利塔（K. Lalita）合作的計畫，在自古以來所有印度文獻中，搜尋女性聲音的出處——並非談論女性的文字，而是女性的書寫。[22]他們在古典時期發現一種重要模式。女性書寫的詩主要出現在三種古代文獻中：古泰米爾宮廷詩（第五章討論過的商堪文學）；一組由佛教尼眾輯錄的詩頌《長老尼偈》（*Theri-gatha*）；以及女性虔愛派聖人所寫的詩。相反地，鮮少或缺乏女性聲音的文獻，包含延續吠陀傳統的《法論》及梵文宮廷詩。在吠陀傳統中，如我們所見，由於夫妻婚姻的高度價值，女性獲得正面評價，但並非自主行動者；相對地，在泰米爾宮廷詩、佛教尼眾與虔愛詩人／聖人中，女性則擁有更大的能動性。此外，在這三類文獻中，低種姓者也貢獻卓著。換句話說，這些宗教比起吠陀傳統，擁有更受大眾歡迎且社會高度包容性的特質。因此當吠陀傳統混合後孔雀時期較新的虔愛宗教時，代表正擴大吠陀宗教的社會基礎。

倘若虔愛主義擁有如此深厚的大眾性格，我們必須問，為何未能在後孔雀時期之前崛起呢？答案可能就在大眾宗教與獨佔文獻書寫階級之間的關係。留下這些倖存文獻的作者正是婆羅門、佛教僧尼與抄寫員。後孔雀時期中，這一階級似乎調和了大眾宗教與吠陀傳統，並給予這組合新的文獻，產生「印度教融合」的現象，這從毗濕奴神轉世化身與濕婆的家庭成員可見一斑。過去獨立、地方性的崇敬對象經過整合後而進入印度教。

毗濕奴是吠陀時代已知神祇，但僅為次要；直到後孔雀時代，毗濕奴才發展成為主要神祇。毗濕奴經常描繪為倚靠在多頭眼鏡蛇之上，世界創造者梵天則從祂的肚臍出現；或是四臂立像，手持法螺、善見神輪、金剛杵與蓮花，並與巨鷹迦樓羅並列。毗濕奴擁有十種化身或十次下凡事蹟，在不同世界與時代，顯現為肉身，擊敗惡魔並拯救良善：包含拯救摩奴、七賢人與吠陀免於宇宙洪水滅頂的魚（matsya）；成為眾神與惡魔攪動海洋的底座，以獲取沉於洪水珍寶的烏龜（kurma）；拯救大地女神免於洪水的野豬（varaha）；殺死魔王金床（Hiranyakashipu Prahlada）的人獅（narasimha）；侏儒（vamana）是吠陀時代的毗濕奴；持斧羅摩（Parashurama）殺死壓迫婆羅門的剎帝利人，並二十一次清理世上的剎帝利人；阿逾陀的羅摩王，藉著猴王哈努曼（Hamuman）的協助，由蘭卡魔王羅波那手中救回妻子希妲；大黑天奎師那是偉大史詩《摩訶婆羅多》中阿周那的戰車手，也是中世紀牧牛女的吹笛愛人；有些文獻

22 Tharu 與 Lalita（1991）。

宣稱，毗濕奴以佛陀形象現身，引領惡人落入旁道；以及未來化身迦爾吉（Kalkin），他騎在白馬上，手握火劍，賞善罰惡，重建黃金時代。在中古時代，特別在北印度地區，羅摩與奎師那是最重要的兩個化身，毗濕奴派信徒對兩者特別虔敬。

這些故事似乎來自不同地方源頭，經由化身概念，整合到毗濕奴身上。類似狀況也發生在濕婆身上，雖然並非以化身方式，而是以濕婆本人或其家庭成員的不同面向呈現。濕婆似乎也是源於吠陀的次要神祇，並在虔愛宗教時代地位獲得大幅提升。因此我們看到濕婆作為瑜伽之神（Yogeshvara），以棄世隱士之姿雙腿盤坐在虎皮上，披散捲髮中顯現新月，戴著以蛇或骷髏串成的項鍊，手持三叉戟；濕婆也是美麗的雪山神女帕爾瓦蒂的英俊丈夫；濕婆作為舞蹈之神（Nataraja），立於妖魔背上，四臂與髮絲在狂烈光環中飛揚；以及非人形象化身的林迦。濕婆的妻子也有不同面向，包含美麗妻子帕爾瓦蒂與刺殺牛魔王的狂暴女神杜爾迦。他們的兒子塞犍陀是騎著孔雀的英俊戰士，與南印度的達羅毗荼神祇穆如干神同化。另一位兒子，騎著老鼠的象頭神迦內什則是阻礙移除，因此人們在展開旅程、寫書或準備考試前，都要祭拜象頭神。毗濕奴神化身及濕婆家庭的諸多面向，在古典時期轉化成龐大的神話彙集，名為《往世書》（*Purana*）。這為古典繪畫雕塑、音樂舞蹈及中世紀詩人／聖人提供大量創作的主題。

因此印度教融合宗教性狂熱崇拜，並非是在後孔雀時期發展出來的，而是在這時首度有了文書形式，但實際起源應該更為古老。而這將再次勾起印度河文明宗教的問題，如許多學者觀察，其物質遺跡似乎形似古代印度教，特別在濕婆與堤毗女神的崇拜上。倘若古老文明確實延續到後孔雀時期，印度教融合的這些元素可能深刻根植於南亞的新石器時代。若我們改由前吠陀的印度河宗教開始來看，印度宗教歷史的架構將呈現完全不同的面向。

## 宗教光譜

古典時代晚期的宗教光譜非常寬廣多樣，因此無法將印度甚至是印度教的思維，簡化成一系列普遍的學說。這種多樣性是因印度宗教歷史的累加而成，更缺乏一統的宗教機構定義正統、懲處異端。印度宗教中一般認定，不同個人擁有不同的靈性能力，需要獨特的宗教修行。每個教派都宣稱自己高於他者，但也認可當信徒未能達成進階修行的話，其他教派的形式也有助於提升個人靈性層次。

這種對於相異宗教體系的包容態度，有時並不能防止教派論爭愈演愈烈；但卻讓古老宗教思維得以在與其牴觸的新思想崛起時，仍然能存活下去。因此古典晚期的宗教剖面，就像一柱地質岩心，可以分辨出不同時期積累的地層。對王權來說，不去壓制王國內存在的任何教派，而採某種程度上雨露均沾給予支持，反而更方便治理人民。因此沒有任何古印度王國擁有單一國教，無論國王個人的宗教傾向是什麼，所有宗教在某種程度上皆由王室庇護「支持」。以下透過簡要篇幅，讓大家更了解古典時期宗教的多樣性。

古典印度晚期，吠陀傳統透過《法論》延續傳承；如同前述，《法論》釐清社會上層階級（即「再生族」），透過入法禮，使精神性再生的婆羅門、剎帝利與吠舍）的宗教職責。這些職責為永久、不變且不受影響。當然，我們已經注意到，《法論》也必須與席捲印度社會的宗教觀點變化進行妥協。許久之前，《法論》已經與素食主義與出家生活等棄世者的理想言和，棄世者更挑戰了吠陀家主結婚、繁衍並向神祇與父祖獻祭的職責。這項妥協表現在人生的四住期（ashrama）中。再生族少年首先進入第一住期，即吠陀學生期或獨身期（brahmacharin），向導師（guru）學習。接著他將結婚並進入第二階段，也就是家主階段或住家期（grihastha）。從家主職責退下後，他可以住在叢林草屋（林住期〔vanaprastha〕），以採集野果維生，於樹下冥想。最後他可進入第四階段，屬於遊方隱士或遁世期（sannyasin），沿路乞討食物，從不在一地停留兩晚。對於所有再生族來說，只有頭兩個階段是必要的，而後兩階段只有在家主職責已盡時，才可選擇性進行。

除了羅列前述職責的法律經典外，對於吠陀本集與《梵書》進行註解的學問，稱為彌曼差（Mimamsa）學派，曾試圖指出經典中再生族應遵循的儀式規定。因此在古典印度晚期，吠陀宗教仍舊活躍，我們持續聽聞國王舉行馬祭與其他高級儀軌，雖然仍以印度教寺廟的祭儀與聖像較受歡迎。

這時期最能代表棄世宗教禁慾傳統的是，八世紀南印度婆羅門大哲學家商羯羅（Shankara）。商羯羅代表的哲學傳統稱為吠檀多（Vedanta），意即「吠陀之末」，指的是總結吠陀文獻的哲思性典籍《奧義書》。他所主張的是不二論（Advaita／nondualism），重申絕對存在（梵〔Brahman〕）的獨一不二性，與自我（atman）合一，以及現象世界的幻象或欺騙（maya），讓凡人誤以為事物間的差異是真實的。對於宇宙一體的知識將驅散幻象，並從輪迴中獲得解脫。吠檀多哲學補強了《法論》與彌曼差哲學；如同後者，吠檀多也根植於吠陀文獻。《法論》與彌曼差哲學為定義已婚家主的吠陀職責，商羯羅的不二論吠檀多的對象則是已然遁世、超越吠陀職責，追尋更高知識的棄世者。商羯羅哲學受佛教影響甚深，雖然他主張深層自我的實存，而佛教徒則否定恆久靈魂的存在。無論如何，商羯羅致力在婆羅門傳統中調和棄世宗教，同時也導致印度佛教辯證的沒落。

同一時期，印度教虔愛主義也在南印度的帕拉瓦與朱羅王國中蓬勃發展。毗濕奴派與濕婆派的聖者，分別稱為阿爾瓦（Alvar）與那亞那（Nayanar），透過以泰米爾語唱頌的愛神詩歌，廣泛傳布情緒高昂的宗教。這類聖者中，並非全是婆羅門，部分是女性，部分是低種姓。因而這運動獲得廣泛大眾支持，是排外的婆羅門正法或棄世教義無法企及，也不想得到的。然而，在詩人／聖者的時代之後（特別是七至九世紀），南印的虔愛運動卻轉向靠近婆羅門正統。

不但結合自身教義與史詩神話寫成梵文經籍《薄伽梵往世書》（*Bhagavata Purana*），更透過婆羅門學者羅摩奴闍（Ramanuja，十一與十二世紀）的二元（Dvaita）吠檀多神學，試圖展現虔愛主義根源於吠陀典籍。尋求保守婆羅門的敬重，就等同於重申信仰社群中種姓差異的信仰基礎，虔愛派詩人／聖者卻傾向認定這差異為社會性，不具形而上意義。但同時透過婆羅門神學家的遊歷，使區域性的宗教運動影響全印度。後續突厥人治下開啟的北印度虔愛詩人／聖者的偉大時代，正是受到南方導師的啟發。

雖然印度教徒虔愛信仰的主神為毗濕奴與濕婆，但提毗女神崇奉也在古典時代晚期逐漸崛起。也許我們可以稱呼以女神崇拜為主的譚崔密教（Tantracism）或性力派（Shaktiism）為印度宗教史的第四種「盛行宗教」。這種宗教接著虔愛主義之後，在古典時期與古典後期躍上舞台。它是印度教與佛教的神祕主義派系，由高階信徒奉持修行。提毗通常以濕婆妻子的不同形象顯現（帕爾瓦蒂、杜爾迦、迦梨〔kali〕）。哲學上，女神是濕婆神力或性力（Shakti）的體現，濕婆若少了女神，僅是缺乏生氣的軀殼，因此濕婆與其性力的性結合，成為生命圓滿的象徵。這類女神信仰崇拜帶有某些魔力色彩，儀式經常在火葬場或十字路口等不祥之處舉行，在夜深時，以酒、動物祭品甚至人血獻祭。女神崇拜或性力派也許延續了印度河流域的母神信仰。不論如何，幾乎所有印度村莊都會向女神祈求無病無災；這類信仰無疑也很古老。雖然提毗通常是濕婆的配偶，但任何神祇發揮的力量（祂的性力，在文法上與神話上都是陰性）都可擬人化為其配偶。印度宗教中多數支系，包含佛教在內，或多或少都受到性力派影響。

譚崔密教的教派，包含大女神信眾，透過蓄意違反社會倫理的儀式實踐，尋求解脫。例如知名的「五Ｍ」儀軌（panchamakara）：信徒飲酒（madya）、食魚（matsya）、肉（mamsa）、乾穀（mudra），並進行性交（maithuna）。這類儀式通常在隱密處，僅有教派中最資深成員參與。他們的目的並非改變、鬆綁普遍道德觀念，而是在儀式且非日常生活中，透過蓄意衝撞傳統禁忌，令信眾超越讚美、責備與家庭榮譽的傳統觀感，以尋求自輪迴中解放。這教派的力量全然來自於一般大眾並不贊同飲酒、食肉與婚外性行為。這些教派明顯小眾，且受到主流社會高度控管。然而，早在西元一世紀，我們就聽聞類似實踐，在古典時代晚期，他們的吸引力逐漸茁壯。鬥爭時代人性低落的本質，使得當時的人無法實踐吠陀獻祭，或漸漸認為棄世理想的規範的太過嚴格，因此婆羅門只好承認譚崔密教適合人性脆弱的人來修練。譚崔密教方面也接受吠陀獻祭、冥想與虔愛派為合格宗教修練，然而較為低階，適合初學者或宗教能力較低的人。就長期而言，譚崔密教也相當受到敬重，早從戒日王時期，我們就發現曾明顯進行過譚崔儀式，但是由非反道德的虔誠王子公主來參與。較受敬重、數量較多的譚崔密教支派，稱為右道，以無害符號取代禁忌事物，或完全忽略「五Ｍ」儀軌等令人不悅的儀式，這則為嚴格的左道支派持續奉行。

## 法律

前面我們已經數次談到「法」（dharma，宗教法律）和《法論》相關文獻。這時我們需要思考古印度數種不同法律，以及法在其中的位置。首先要說的是，我們並未在其中發現當代世界廣泛接受的民權概念，也就是政府權力為人民賦予，法律為人民意志，透過立法機關代表訴諸文字並時時修訂的概念。古印度最接近立法機關，具有人民代表依其意志創滅法律的實體，是各種地方團體或部落共和國的議會，後者具有某種民主性格。

印度文明擁有多種法律形式，三大主要類型是法、慣習與王室諭令。法指的是永恆不變、普世適用且不受時空限制的道德法。不像聖經宗教，印度文明的道德法並非來自人形神祇的意志，而是非創造且不會變化的，是宇宙不變秩序的一環。

法（dharma）一詞也可用來指稱傳統慣習，在這個意義上，可以複數形式存在。相對於開頭大寫的法（Dharma）為獨一且不論時空皆同的存在，族系（kula）、種姓（jati）與區域（desha）的習慣法則數量繁多而非普世皆同，雖然如同法（dharma），這些團體所持的習慣法也公認不隨時間改變。習慣法具有最終效力，但其效力範疇則嚴格限於所屬的族系、種姓或地域。

王室諭令指的是國王推行的法律，展現國王意志，目的是促進王國利益。這類法律具有權威，可以推翻法與慣習。在王國範疇中，王室諭令不受限制，但並未積累成一部永久法典。因此，法為永恆普世，慣習並非普世，諭令則非永恆。接下來讓我們進一步檢視這三種法律。

## 法（Dharma）

我們該如何得知什麼是法（dharma）呢？最早及最好的知識來源就是吠陀，或稱「天啟（shruti）」，意指由古代賢者（rishi）「聽聞」得來。在古典時期，一般認定吠陀並非由人創造且永恆不變，因此由吠陀而來的法也具有這種特質。人類所知的吠陀僅為永恆吠陀的殘篇，經由賢者「聽聞」而來的口述天啟。這種天啟的片段隨著時間流逝，因此相關知識也漸趨萎縮不全。

然而，事實上吠陀包含祭神讚歌、神話故事以及祭祀儀軌指導，道德法的分量極少。因此想要從吠陀中抽出法律文字，進而發展出一種詮釋學術，從大批文獻只篩選出相對稀少的真正律令。僅有通論性陳述（不屬於特定事件人物），而且以「應為」句型陳述的文字，才能視為律令。例如：「想要上天堂，應行獻祭。」像這句陳述中的行動與「可見」，即明顯可知的世俗利益具有因果連結，這就不是律令。只有缺乏「可見」利益的吠陀文字，才能被認定是規範下的行動，理由是在因果業報的法則中，存有「不可見」、不明顯的因果連結。

舉以下的標準範例比較兩段關於婚姻的文字。第一段文字：「男性應迎娶未患疾病或性格良好之女性。」僅陳述明顯事實，未能遵守這段世俗建議將導致不幸。因此這段陳述並不是律令，若未能遵守也不會產生惡業。然而另一段：「男性應迎娶不同賓達（非近親）且不同氏族的女性。」由於未遵守此規定並沒有明顯可見的懲罰，因此便可假設在業力原則之下，將產生不可見的懲處連結。這一規定便可視為法（dharma）的律令。違反此律令將招致因果業報法則下的惡果，且由於「不可見」之故，因（違反律令）與果（例如，轉世成較低階級）之間具有不會立即顯現的特性。

由於吠陀知識為片段殘篇，因此在吠陀未提及的地方，法就必須訴求其他來源：美善傳統的傳承（smriti）。傳承意指「被記憶者」，包含後吠陀時期的《法論》文獻。比起吠陀本身，這批文獻是更為全面一致的法律文獻。傳承文獻包含各吠陀支派所有的簡短散文指導——《法經》，以及後世更大型的詩頌式法律典籍，如摩奴、耶若婆怯（Yajnavalkya）及其他人的著作。古典時期進一步的法律文獻寫作，則是針對基本文獻進行評論，或圍繞主題摘錄不同來源的法條彙編。這些文獻總稱為《法論》。

我們在這些文獻中發現的法律內容，可以簡單分成幾類。最先也是最重要的是關於瓦爾那（種姓）與住期（生命階段）的法；由於梵文詞彙可以無限形成複合字，因此這種法律稱為「種姓住期法」（varnashrama-dharma）。內容自然是闡述婆羅門對於不同生命階段之道德職責的概念核心，包含家庭生活、種姓之間的關係，以及很大一塊的「王法」（rajadharma）：王的職責。此法之下的職責明顯根據個人社會角色而高度特殊化。作為道德法，其制裁是不可見的因果業報；同時雖然國王應當予以支持，但多數均非國家制定的法律。

法（dharma）的第二大項是「爭議」，關於規範人際關係的約定面向，也就是人們身為自由行動者遜行的約定，以及衍生的爭議。爭議據說擁有十八個點，意即債務未清償、信託與承諾、非所有權出售、合夥、收回贈禮、薪資未清償、契約不履行、買賣反悔、家畜擁有者與牧人的紛爭、邊界糾紛、傷害、誹謗、竊盜、強盜暴力、通姦、夫妻職責紛爭、遺產分割與賭博下注。許多內容雖然跟不同種類的合約有關，但也混入竊盜、傷害等類似刑事項目。這些爭議確實會上呈到王廷之上仲裁，但需由當事人提出，而非透過代理檢察官。因此這些爭議比較類似透過法庭仲裁民事案件中的私人爭議，而非國家向犯罪者提起公訴的刑事案件。最後，《法論》中的一小部分法律，對我們而言，可能類似由國家起訴的真正刑法，稱為「拔刺」（removal of thorns），多數都與直接危及王國有關。

由於大寫的法（Dharma）本身恆常不變，這也導致歐洲人對印度社會的有貶義描述，認定它不符合歷史現況，缺乏變化。然而有關法的詮釋實際上允許隨社會變遷，進行相當程度的調整。調整的重要原則之一為是否算是「鬥爭時代不允之事」（kalivarjya）。在這法則之下，從第四章已描述過的第四時代人性墮落角度出發，吠陀規範應行卻不再受到歡迎之事，就得視為「鬥爭時代不允之事」而加以禁止。例如，印度教中關於禁殺、禁吃牛肉的規範，正是此原則的重要範例。吠陀禮儀中要求殺戮火烤公牛招待賓客；從第四章亞歷山大的史家紀錄中我們得知，至少直到西元前四世紀，這項傳統仍存在於塔克西拉。吠陀人高度重視牛群，所以有這項規定，以榮顯來客。然而耆那教與佛教興起後，不殺生的理想與素食主義成為高種姓遵循的規範，牛群極受重視且神聖化，不得任意侵犯。詮釋方法會因為價值觀改變，來調整永恆不變的法。

## 慣習

氏族、種姓與區域皆有的古老慣習，擁有法律效力，當爭議提交王庭仲裁時，國王也必須予以支持。國王不得以改造社會符合正法典範為由，介入慣習。慣習並未記錄成書；由於慣習是取決於當下情況而定與各區域不同，《法論》雖然注意到慣習存在，但尊重其權威，卻沒有紀錄慣習內容。慣習主要存在於所屬群體的共識與記憶中，並且需要透過管理群體行為的各種團體議會執行。主要案例包含喀拉拉邦納亞爾人的母系傳承，以及南印度所有種姓行使的交表婚。

## 諭令

如同在五、六章所見，國王以意志而制定法律的能力，不受任何憲法約束，然而他在立法與判決時，確實也會受因果業報法則，並可能在來世受到懲罰。今日仍可看到刻在岩石與石柱上的阿育王諭令，包含道德勸說及明確規範，例如何種動物不得於每月那些日期屠宰販售。整體而言，我們仍缺乏古代王室諭令的大量紀錄，而多數刻註在不易毀壞的石材或銅材上的銘文，都是賞賜宗教機構的土地奉獻，並非諭令。因為這是非恆常性，《法論》並未記錄這類法律，因此我們對它實際上的狀況僅有粗略瞭解。

國王與法律的關係是矛盾的。在制定法律上，他擁有全然自由，而子民必須完全遵守王定律法。此外，由於國家生存依賴王法，因此王室諭令跟慣習與法（dharma）相比會擁有優先權；國家如果消失，則慣習與法（dharma）也無意義，無政府狀態將會橫行。無政府、無君主時可用「魚之類比」（matsyanyaya）來形容，也就是大魚吃小魚的概念，世界是由力量大的王權，而不是法（dharma）所統治。最後，國王同時擁有行政與司法權，君主為正義泉源，無法在地解決的爭議，提交至所聘任的法官面前，尋求解決之道或仲裁。因此君王在維護王國持續生存上，擁有無限權力。然而此權力隨其消失，對後代影響甚微。此外，他看似無限的權威，實際上受到習慣法與更高聲譽的法（Dharma）高度限制；兩者都是王者必須支持，卻又非其所定的法律。目前為止，現代國家的權威及社會改革方案都比王法更為強大。

因此我們看到印度文明的法律本質為多重來源且形式各異，提供大量地方控制的空間，並由王廷的仲裁與司法權力鬆散統合在一起。

## 科學

吠陀時期結束時，典籍都是以適合背誦的簡短散文形式寫成，稱為「經」（sutra）。這些以高度精簡形式的寫作內容，對於吠陀儀式來說是十分重要的主題，也就是印度最早的「科學」。這裡的「科學」一詞廣泛指系統化的知識群。吠陀科學（稱為「吠陀支」〔Vedanga〕，意即吠陀的「肢體」）分為六類：

儀軌（劫波 kalpa）

語音學（式叉 shiksha）

韻律學（闡陀 chandas）

字源學（尼祿多 nirukta）

語法學（毗迦羅那 vyakarana）

天文學（樹提 jyotisha）

吠陀獻祭的特色之一，在於控制吠陀咒語語言的重要性，因為儀式成效端視咒語誦念的確實與否。因此，四項以上的吠陀科學都與語言相關（語音學、韻律學、字源學及語法學）；語言學分析則是古印度文與其他相比更為先進的知識領域。其他特殊科學領域為天文學、占星術與數學等，我們把它們視為一體，在吠陀科學中以天文學為代表，其儀式功能在於確認獻祭的適當時刻。古典印度時代第三類高度發展的「科學」是法律，我們已經討論過《法論》。在吠陀支中，以《劫波經》（*kalpasutra*）或儀式科學為代表。劫波知識可分為四支，各自擁有經典文獻：家庭儀軌規範（grihya）、高等儀軌（shrauta）、幾何學（shulva，關於火壇的建築規範）及法（dharma）。《法經》是《法論》文獻群中的第一層。第四類重要科學，未出現在吠陀支中，稱為阿育吠陀（Ayurveda）或生命科學。源自於第四部吠陀（阿闥婆吠陀）的醫療咒語，進而發展出整群文獻。

因此所有古印度科學的發展都以吠陀祭儀為核心。當吠陀祭儀的實質重要性逐漸消逝，這些科學便脫離吠陀的古老支派而自行發展，但仍舊受到由婆羅門及僧侶等知識分子階級所控制的正式宗教訓練模式引導。

在古典時代，印度教徒承認六大世界觀或哲學體系（稱為 darshana）為正統，而佛教徒與耆那教徒各有與其相對的世界觀。這六大哲學體系為：

正理論（Nyaya）→邏輯
勝論（Vaisheshika）→原子論
數論（Sankhya）→進化派
瑜伽（Yoga）→冥想
彌曼差（Mimamsa）→儀式與法的理論
吠檀多（Vedanta）→不二一元論

它們全都導向靈魂解脫，因此古典時代所有正式哲學都帶有強烈務實目的與宗教傾向。換句話說，六大哲學體系並非獨立存在的知識系統，也並非為了科技或以人力干涉而自然出現。然而，部分體系的內容對於現代科學知識的形成，似乎有所助益。

在勝論的教導裡，自然是由原子構成。四大元素——地水火風——皆有其特性（vishesha），當兩或三個原子結合成一個分子，自然也將各自性質結合在一起。例如蠟會融化（水）與燃燒（火），因此蠟即為這兩種元素結合而成。此外有四種非原子物質缺乏特性：時間、空間、靈魂與心智。原子雖然永恆存在，但世界解體時，也會脫離彼此；造物者創造新世界時，原子則會結合形成複合體。原子為缺乏質量的點，不佔空間。部分佛教教派的原子論中，原子不具時間向度，因此僅存在一剎那；世界過程則是無數剎那流逝，原子同時形成與消散。此理論與佛教認定世界為非恆常（anitya）的法則一致，並未包含任何延續性物質。數論者的理論，則解釋世界各部分如何由原初渾沌狀態演化出來，這是宇宙演化的理論。

接下來讓我們進一步檢視古典時期的科學（「法」已於本章第二部分談過）。

## 天文學／占星術／數學

吠陀天文學是以二十七至二十八個星座（稱為nakshatra）為基礎，月亮在二十七個太陽日及七又四分之三小時的軌跡中通過這些星座。這套早在西元前第一個千禧年中建立的體系，展現出與美索不達米亞星座極高的相似度。它與太陽在一年中穿越的黃道十二宮不同，最早是由古巴比倫人發展出來，接著為印度人採用。如同希臘人，印度知識分子明顯在遠古時代，就參與了以美索不達米亞為中心的天文、占星與數學概念的國際交流。因此黃道星座、以可見星球及日月命名的週曆日、以及包含星座鑄造物的天文藝術等，成為大歐亞區域共同的智慧財產，印度也含括其中。[23]笈多時期的天文學保存在《曆數書》（*siddhanta*）的典籍群中，其中二者的名稱顯示與地中海區域的連結：《羅馬卡曆數書》（*Romaka siddhanta*）與《保烏利娑曆數書》（*Paulish siddhanta*，因亞歷山卓港的保羅而得名）。某些希臘的技術名詞也納入梵文，包含時（hora）、中心（kendra）與角度（kona）。

印度人善加利用天文學與占星術的知識匯流，其結果大幅呈現在數學發展上。古印度最偉大的天文學家阿耶波多（Aryabhata，活躍於四九九年），提出圓形地球以及圍繞地球運轉的太陽與星球。在他的著作中，我們發現以下成就：使用九種符號及零，意即數字的十進位記號，讓計算變得更加容易；計算數字平方根與立方根的方法；代數——例如圖形面積、物體質量並解決未知數；正弦函數——三角函數的第一式（後續為伊斯蘭學者繼續發展）；以及發現圓周率。印度數學透過穆斯林傳向中東，後者將其傳布歐洲。因此代數（algebra）在歐洲仍以穆斯林之名稱呼，穆斯林本身卻以「印度式計算」稱呼，並定下我們今日依然使用的阿拉伯數字。直到十四世紀採用實為印度數字的阿拉伯數字之前，歐洲人仍持續使用笨拙的羅馬數字進行計算。

就我們所知，印度人的語言分析純然源於本土，不似天文學，語言學並未受其他古老文明的明顯影響。文法科學最重要的大師是波尼尼（Panini），西元前四世紀生活在印度河上游區域，即今日的巴基斯坦。波尼尼的著作明顯總結許多前代的分析成果，語言分析實際上也是吠陀導師最早致力的科目之一。波尼尼文法書的兩大特點是，精銳的語音分析及將單詞拆解成字根與衍生原則，這是波尼尼的專業。他的著作以隱晦經文方式書寫，形成如同電腦程式一樣優雅精確。

雖然古印度文法學高度技術化，除了專業人士外其他人不得聽聞，但對梵文及其他印度語言書寫體的字母順序，卻有重要影響。這一邏輯順序，明顯代表了先前的語音學分析成就，形成婆羅米文字。這種文字，我們首先在阿育王銘文中看到，或許更早之前就存在了。婆羅米文字是多數現代印度書寫體，包含梵文及印地語的書寫體「天城體」的先祖。透過這種文字，梵文的字母符號與發音得以一對一對應（**見圖十一**）[24]。

23 ingree（1963, 1974）。
24 婆羅米文字一覽表由 Anshuman Pandey 製作。

VOWELS
a ā i ī
u ū ṛ ḷ
e ai o au
CONSONANTS
ka kha ga gha ṅa
ca cha ja jha ña
ṭa ṭha ḍa ḍha ṇa
ta tha da dha na
pa pha ba bha ma
ya ra la va
śa ṣa sa ha
CONSONANT + VOWEL SIGN
ka kā ki kī ku
kū ke kai ko kau

圖十一　婆羅米文字

印度書寫體系隨著佛教與印度教，傳布到西藏與中亞，韓國與日本，以及許多東南亞國家，主要是緬甸與泰國；這些國家都有以印度文字為基礎發展出來的書寫體。佛教與印度教的傳布國家，也擷取印度文法為模型，發展本土語言的文法。中國語音學者為重建古代經典發音，建立音韻字典時，也參考了印度的語音學。

十八、十九世紀的歐洲學者開始熟悉印度文法學的同時，發現梵文與希臘文、拉丁文的相似性，因此導向歷史語言學的概念，對於現代語言學形成影響甚鉅。

## 醫學

印度的阿育吠陀體系與希臘的體液學說有部分相似點；希臘體系建立在三種體液或流體之上，包含風、膽汁與黏液，在此之上，印度體系又增加第四種——血液。體液不平衡是疾病主因。印度醫學在亞洲素負盛名，如同希臘醫學在地中海區的地位。它結合醫藥與飲食，但並不進行解剖研究；其生理學為哲學性而非觀察性理論，與冥想及自我實現的理論相關。

試圖總結印度文明科學發展的整體特色時（這裡的科學取其廣泛定義，意指正式系統化的知識），我們發現獨特之處不在於「空想性」或「非經驗性」，而是透過科技或儀式改善世間生活，而非發展機械性科技。因此，由美索不達米亞或地中海區融入的思想，主要關乎星座與曆書建置，以確認曆法儀式時間，並協助決定吉時與非吉時。工具器械方面的連結十分有限。科學知識的整體帶有宗教性質，與讀寫能力多半受到宗教專業人士控制有關。印度人對國際科學發展的貢獻深厚，特別在數學與語言分析方面，許多發展今日依然適用。

宗教庇護直接孕育科學發展，但也導向至其他層面。希臘化時代學者托勒密（Ptolemy）的作品正是很好的案例，他援引美索不達米亞數千年的天文觀察與占星思想，提出關於天文、占星及地理的著作。托勒密運用經緯度繪製的地圖在印度與伊斯蘭世界十分知名；文藝復興時期，歐洲地圖製作者（透過穆斯林協助）復興托勒密地理體系，及其天文學與占星術。出於占星需求及曆法建置，印度人運用他的經緯系統，確認數百個地點，建立儀式時間控制技術。然而，古印度留下的地圖很少，存留者皆非以經緯系統來製作。這類地圖雖對國家土地稅收機制有所幫助，即便存在也未流傳，或在印度地圖製作技術中留下積累。我們可以看到的地圖多是宇宙觀或朝聖路線圖，約略與中古歐洲地圖類似，擁有明顯宗教色彩。

## 古典藝術文學

後吠陀時期的梵文文學中，宮廷詩歌會納入印度教及其他虔愛宗教形式的神話與靈性啟示。長篇概述印度教神話與教義的《往世書》（顧問注：一共有十八部大往世書，主要是描述印度教神祇起源的故事），追溯起源至古代國王的英雄故事。世界最長的史詩《摩訶婆羅多》，擁有約十萬頌，同樣緣起吟遊詩人的故事，講述吠陀時代古老俱盧王國王子們相殘的故事。婆羅門作者將大量對話性宗教內容融入其中。《摩訶婆羅多》與主要的《往世書》都在笈多王朝治下第一百年間發展完成。略晚出現的是較短的史詩《羅摩衍那》，兩萬頌中傳述阿逾陀國王羅摩的故事。羅摩是賢王的典範，公認是毗濕奴的化身之一。

古典時期的梵文文學的代表性作品則呈現人文取向，雖然取材自《往世書》與史詩的宗教主題，但目的則更重美學效果，而非宗教訓示。這類文學稱為美文體（kavya）。古典時期的宮廷詩，通常選取熟悉傳說作為主題，因為這些故事已廣為人知，詩人致力於故事訴說方式的優美動人，而非新穎題材。因此美文體專注在發展精密的裝飾性語言，詩人廣泛結合直喻、隱喻、雙關語、頭韻、細密韻律、典故及其他聲韻與意義上的技巧，向高度風雅的觀眾，展現出故事人物情感的韻味（rasa）。美文體的主要體裁包含宮廷史詩、戲劇、詩選及王室讚頌；在「信使詩歌」中，愛人召喚自然力量，例如用雲朵來傳送訊息給心愛的人。

美文體發展於笈多王朝之前，早在西元一世紀就產生。這一時期，普拉克里特俗語宮廷文學大量發展，知名的普拉克里特俗語情詩選據傳由一名百乘王朝君主所作（哈拉王的《七百頌》）。泰米爾的商堪文學也於同時間發展。貴霜帝國的迦膩色迦王據傳為馬鳴（Ashvaghosha）的護持，他所寫的《佛所行讚》（*Deeds of the Buddha*）是現存最早的梵文美文體作品。石刻銘文中的美文體王室讚頌發展也早於笈多時期。古代印度人認定最偉大的美文體大師為迦梨陀娑（Kalidasa），他在旃陀羅笈多二世的朝廷大放異彩。笈多人的梵文銘文與法律文件，及王朝詩人的美文體梵文作品，受到諸侯國與鄰國仿效。由於梵文長期作為婆羅門教育語言，因此笈多統治結束時，梵文已成為主要宮廷語。

雕塑、繪畫及建築也在笈多時代發展出古典形式，透過海護王的金幣（**見一一二頁的圖七**）、鹿野苑佛像（**見一六七頁的圖九**）及伐迦陀迦王室庇護興建的阿旃陀佛教石窟（Ajanta）中保存的壁畫，可見一斑。

所有古典印度精緻藝術都有正式、書面化的理論依據；事實上，古印度的美學理論，特別是詩學獲得高度發展（梵文稱為莊嚴論〔*Alamkara Shastra*〕；泰米爾文稱為波魯爾〔Porul〕）。精緻藝術在印度以外的王國特別受到喜愛，因此大量向外傳播，並與當地文化融合。這一點，稍後將會進行討論。

奠定古典印度正式知識體系的宇宙觀，將世界置於時間之中，可能受到不同變動影響，而永恆與真實則位於時間及受制於時間的現象之外。只要思考的主角位於世界之中，就能概念化為某種過程（例如演化、衰退或循環重複）。這一趨勢的極端發展是佛教。佛教強調世界固有的非恆常性，因此輪迴本身也分解成一連串剎那狀態。另一方面，如何從世界過程中脫離，並進入世界之外、永恆的真實領域，則受到高度重視。梵文由歷史與變化中抽離，被視為永恆不變，因此梵文文法分析呈現架構性，而非歷史性特質。同樣概念也適用法（Dharma，大寫的法，有別於受到時間限制的區域、氏族及種姓之法）。古代與古典時期印度知識分析的獨特敏銳，經常來自於結構主義角度的深厚發展。

**第八章**

# 印度文明創造的世界

- 中亞
- 東亞
- 東南亞
- 中東與歐洲

我們可以形容文明在周遭投射出陰影，出現有如日蝕或月蝕的半影區。而這可以用來比喻當我們想像印度之外的廣大世界，受到印度影響留下長久印記時的樣貌。印度文明半影區的驚人之處，在於並非透過戰爭或遷徙傳布。我們將半影區分成四塊——中亞、東亞、東南亞與中東歐洲，分別進行討論。

我們可以形容文明在周遭投射出陰影，出現有如日蝕或月蝕的半影區。而這可以用來比喻當我們想像在印度之外的廣大世界，受到印度影響留下長久印記時的樣貌。在本章中，我們將逐一討論這些影響。

然而，同時我們也需謹記勿落入這譬喻無意帶來的誤導陷阱。首先亙古以前，印度文明佔據一塊明確空間，稱為印度或婆羅多（Bharata）；但界線是模糊的，並非像今日民族國家所明確劃定的國界。其次，在這空間裡，印度文明在界線內的擴散並非均一，而是濃淡不均。換句話說，印度內部也有其中心與邊界。最後，過去的印度文明與其視為固定事物，不如說是過程，包含了文化發明，以及由宗教機構、宮廷與貴族等中心向外擴散的文化形式。這些信仰與開創性的精緻實踐，吸引了鄰近人口的仿效，進而成為在印度內外發散影響力的網絡中心。因此運用半影區譬喻時，我們不應將印度文明想像成同日月蝕半影區一樣同質均一。

同時，受到印度文化影響的半影區也非三言兩語可以描述。我們必須了解，印度的影響範圍，也就是繞著印度創造出來的寬廣世界，是來自印度人與他者互動的雙向過程。他者並非印度文化的被動接收者，而是傳布過程中的主動夥伴。我們該如何看待這些過程呢？

印度文明半影區的驚人之處在於，並非透過戰爭或遷徙傳布。印度文明的主要傳布途徑，是透過貿易及外國政權採行印度的宗教與宮廷文化。然而，即便這項陳述，想要捕捉印度文明在印度本土之外的複雜度，也太過簡單化了。因為不同區域會根據當地文化與政治情勢呈現不同差異。想要適當瞭解各地情況，我們必須分別檢視印度之外的區域，個別吸納了印度文明的不同面向。為此目的，我們將半影區分成四塊——中亞、東亞、東南亞與中東歐洲，分別進行討論。

## 中亞

如第五章所見，長期以來，中亞在印度歷史上扮演著重要角色。曾有過四波軍事，每一波約間隔五百年，在印度停留並建立征服者王國。四波之中最早的一群包含塞種人、安息人及貴霜人，這些是使用伊朗語的前中亞遊牧部族。第二波則是使用突厥語的前遊牧部族胡納人或匈奴人；最後兩波則是改宗伊斯蘭的中亞人，包括德里的突厥蘇丹，與後繼的蒙兀兒人。蒙兀兒人最終建立了覆蓋印度大多數地區的長久帝國。這些入侵對印度生活的影響不一，但我們認為最為重要的是馬匹供應與騎兵戰爭技巧。

在印度文明延伸上，中亞的角色至關重要，不僅是目的地，也是往中國與遠東地區的墊腳石。因此，第一波的貴霜人扮演關鍵角色，因為其帝國一腳立足中亞，一腳則跨進印度，接觸並吸納了許多識字文明的文化，特別是印度。透過貴霜帝國的庇蔭，大乘佛教快速在中亞地區傳開。這區多半為遊牧民居住的乾旱草地，而這群馬上征服者不時騷擾中國、印度、伊朗與歐洲等定居農耕文明。然而，這個區域的小型綠洲，也有足夠灌溉得以支撐農業發展。在興起的小型農業城邦國家中，很快就有印度傳道僧建立的佛教僧院。印度佛教傳布，同時帶來印度的佛陀菩薩造像藝術、占星曆法、語言學、醫學及印度的王制文化。

## 東亞

佛教傳道僧繼續東行前往中國。根據傳統，西元一世紀在漢明帝的邀請下，印度佛僧竺法蘭（Dharmaraksha）與迦葉摩騰（Kashyapa Matanga）將佛教傳往中國，而中亞的佛教僧院這時成為反向取經僧侶的中繼站，僧侶來自中國、韓國與日本，前往印度的佛法學習中心及聖地。其中三位僧侶——法顯、玄奘及義淨的回憶錄，特別能夠說明朝聖學者的交流情況。這些朝聖僧多數追尋的，是佛教經典的正確版本，以及佛陀菩薩的不同畫像，待回國後可作為繪畫雕塑範本。印度知識與文化的其他層面，則伴隨宗教前來。當然，中國本身有其長久建立的複雜知識及文化上的半影區，因此印度文化半影區在中國的作用，不同於中亞的狀況。

佛教在中國的高峰期為唐宋之際，受到帝王禮遇，並與儒、道並稱三家。然而印度文明在中國的影響，遠不及佛教。中國文明古老複雜，有其源遠流長的王治傳統，故而不像中亞城邦國家或東南亞王國，吸納了印度的王制與宮廷文化。然而，中國達到複雜階段的科學發展，卻能得益於同樣豐富精細的印度科學。其中兩個領域為印度特別擅長：天文—占星—數學及語言學。

前者透過佛教中介，中國政府尋求印度占星曆法專家入仕，執掌天文機構。我們從中文紀錄得知其中三家的名字——瞿曇氏（Gautama）、迦葉氏（Kashyapa）與拘摩羅（Kumara）。同時也得知印度天文權威伐羅訶密希羅（Varahamihira）與婆羅門笈多（Brahmagupta）的作品透過翻譯在中國流傳。

佛教在中國的傳布，也帶動了梵文，也許還有其他印度語言的傳播，更形成印度佛教經典中譯的產業。特別是玄奘，由戒日王統治的印度返回中國後，帶領大群翻譯團隊。在蒐集、研究、中譯佛經的過程裡，中國學者不僅接觸到梵文，還有印度的書寫文字（婆羅米文字及其衍生文字）與梵文文法。梵文文法與書寫文字都建立在語言學的精確理解之上，包含特別精微的語音學。研究上古時代古典詩歌的中國學者特別運用印度的語音學分析。中文書寫系統的好處是，即使口操高度差異方言的族群都能理解書寫內容，然而卻無法傳遞字詞發音。

久而久之，隨著字詞發音改變，上古時代中文古詩則失去韻律，原始發音也隨之失傳。運用印度語音學分析，中國學者編纂了古代經典的音韻辭典，協助重建古文發音。今日這些辭典對探究遠古中文語音的學者來說仍舊適用。[25]雖然中國人並未放棄傑出的書寫文字，改採印度式拼音文字，但其他東亞語言確實透過佛教學者中介，採用了以印度為基礎的書寫體與文法。

中國知識對印度的影響，我們瞭解甚少，但其中相當程度是貿易及商品。最重要的是很早就抵達印度的中國蠶絲，在考底利耶的《政事論》中稱為「中國布」（chinapatta）。蠶絲貿易透過中亞陸路，沿著知名的絲路，一路同時傳向中東與歐洲；同時也透過海路，繞過東南亞前來。印度人最終學會搔製蠶絲的技術，如我們在中印度知名的曼陀娑爾（Mandasor）銘文中所見，在一首精心描繪絲織者行會為了紀念神廟興建的詩作中，詩人數度提及他們的絲織品。我們同時也從古代印度文獻中發現其他中國進口的商品——樟腦、茴香、朱砂、一種品質極高的皮革、梨與桃，這些商品的梵文名稱都以「中國」（china）開頭。[26]這裡再次展現對印度來說，高度精緻的中國文明為奢侈品的來源。

# 東南亞

由於運輸費用極高，多數古代長程貿易都是奢侈品貿易；僅有能在遠方市場獲取高價的昂貴商品，才能賺取利潤。印度商人自古即涉入長程貿易，我們有載運奢侈品的印度海船畫像為證，也有海洋貿易的文獻紀錄。在佛教的《本生經》（*Jataka*）中有相關描述，例如《合伽陀本生經》（*Baveru Jataka*）裡似乎指的就是巴比倫。印度商賈帶著一隻孔雀前往巴比倫，孔雀為印度原生動物，在那裡則成為炙手可熱的異國商品。東南亞則擁有一樣印度人高度喜愛的商品，也因此他們將中南半島或其部分區域命名為「蘇汪納蓬」（Suvarnabhumi），意為「黃金之地」。印度對黃金的需求之高，自古至今不變。特別在社會禮俗中土地由兒子繼承，女兒出嫁時則給予珠寶及其他嫁妝，黃金對女性的財產尤為重要。

25 Trautmann（2006）。

26 Sen（2005, Chapter 8, "China and India"）。

印度與東南亞的貿易可追溯至孔雀王朝時代。然而早從西元一世紀，來自地中海的希臘商人已學會利用季風的定期風向，藉其助力航向印度及更遠的地方；同時，中國人也建造了可以航行國際海洋進行貿易的巨大帆船。這些發展帶動奢侈品海洋貿易大幅快速成長，也連結了羅馬、希臘化中東、印度、東南亞與中國的港口。由於貿易內容主要以奢侈品而非便宜的日常生活用品為主，也帶來強大政治影響。透過這些貴族生活所需的稀有高價值商品，貴族展現的不僅是軍事團體，更是眾人效法或嫉妒的精緻典範。

位於柬埔寨南方與越南地區的湄公河三角洲（Mekong River）上的部落，積極參與此貿易路線，並從中獲得建立東南亞第一個王國所需的資金。根據中國歷史紀錄，其中一個王國稱為「扶南」（Funan），紀錄中扶南王國曾接待過中國來使，也至少接待過一次印度國王來使。建立王國的過程中，扶南受到印度與中國王制模式影響，但主要擷取的是印度模式。一如許多東南亞王國，直到現代早期仍受印度影響，許多影響今日依然可見。研究這些王國的法國學者喬治・柯岱斯（George Coedès）稱這類王國為印度教化的國家（Hinduized states）或印度化國家（Indianized satates）。[27]但我們需謹記它們並非其他形式政體，而是王國，並選擇印度式王制作為範本。由於並不存在被印度征服或殖民的證據，這些王國的印度化並非從外加諸，而是自行依其目的，尋求採行印度王制的某些面向。因此稱為採行印度文化的王國（Indianizing Kingdoms）會更適合。這些採行印度文化的王國吸納印度文明，換句話說，包含了印度王制、印度教與佛教、藝術與科學、梵文、巴利文及婆羅米文字。婆羅米文字即為東南亞語言最早書寫文獻的基礎，文獻的主題都是至今仍深受東南亞喜愛的《摩訶婆羅多》及《羅摩衍那》。

柯岱斯認為可將這類王國的形成，視為北印度高等文化延伸進入東南亞的過程，一如北印度文化向南印度與斯里蘭卡傳播的過程。通常透過諸多管道的結合，包含奢侈品貿易；興建佛教（和耆那教）僧院、婆羅門聚落與印度教神廟；採行北印度王制風格；輸入新興古典宮廷文化孕育出的藝術形式與科學知識。還可加上中亞城邦國家的印度化過程，也就是在地國王成立佛教僧院並採納印度王制文化。這圖像解釋了印度高等文化如何在缺乏大規模遷徙的情況下傳播，同時在未取代當地語言的前提下，向當地語言注入大量印度借字（特別來自梵文與巴利文）。

當然，同時間東南亞也受到中國影響；我們可以說，東南亞位於兩大文明的半影區內。雖然歐洲人稱中南半島為印度支那（Indo-China），認為有受到雙重影響的關係；東南亞看似

27 Coedès（1968）。

位於印度與中國文化的十字路口，但相較於中國，印度文化在東南亞的成功生根令人驚訝。唯一的例外是越南，中國文明透過儒家文化深刻影響了越南的國家文化，除了採用中國文字書寫南亞語系的語言，還擴及其他層面。主要是受中國軍事征服的結果。更早之前，越南曾是擁有印度國名「占婆」（Champa）、採行印度文化的王國。印度化的紀念建築物與雕像，今日仍可在大幅漢化的社會中看見。相對地，印度化並非透過印度的軍事擴張延伸而來。不過確實也有例外，主要是南印度朱羅王朝對斯里蘭卡與印尼、馬來西亞地區的室利佛逝王國（Srivijaya）等外國政權的軍事擴張。

究竟是什麼東西輸入到東南亞呢？主要是佛教與印度教。斯里蘭卡的上座部佛教在緬甸與泰國傳布，大乘佛教則在其他區域，兩者的密宗支派都在印度式建築雕塑上呈現。例如吳哥窟的蒂娃妲（Devata）女神立像，同時呈現既印度又非印度的風格（**見圖十二**）。隨著印度宗教前來的有梵文、巴利文，及以印度文字為基礎的書寫體，今日緬甸、泰國與柬埔寨仍在使用。還有印度占星術、曆算與時計、天文學、印度史詩與佛陀本生經的故事文學。這些成為提供雕塑、繪畫、印尼皮影戲（**見圖十三**）、宮廷舞蹈與詩歌豐富的創作題材。特別值得注意的是紀念建築物，包含柬埔寨的吳哥窟或印尼的婆羅浮屠（Borobudur）佛塔等壯觀建築。

雖然採行印度文化的王國盛世在十四世紀開始衰微，將近一千五百年後，受到印度影響下的藝術餘暉，仍舊是東南亞國家持續活躍的文化形式。

圖十二　蒂娃妲女神立像，柬埔寨吳哥窟，十二世紀

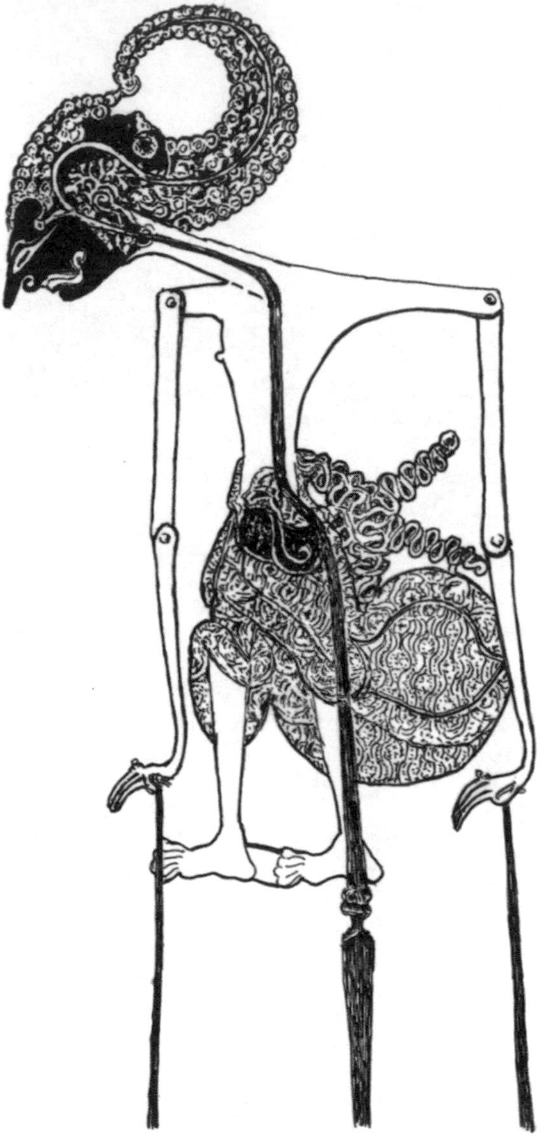

圖十三　《摩訶婆羅多》中的阿周那，爪哇皮影戲，十九世紀

## 中東與歐洲

連接印度與中東、歐洲的跨印度洋奢侈品貿易，從西元一世紀起便蓬勃發展。之前的出航多半沿岸航行，確保看得見陸地，造成印度、阿拉伯與地中海的旅程十分冗長。希臘水手發現可運用夏天東吹的季風，及冬天西吹的季風，直航於阿拉伯半島及印度之間，便鼓起勇氣離開可見陸地，航向無際大海。由於季風隨季節變化風向，因此可於一年內完成來回航行。這一發現大幅度加速印度洋貿易的節奏。影響之一是在南印度東南岸的阿利卡梅杜（Arikamedu，編注：目前位在本地治理市〔Pondicherry〕，屬泰米爾納都邦），考古學者發掘出希臘羅馬人的貿易站。在這裡，希臘水手帶來印度交易的地中海器物，包含義大利的印花紋陶（Arretine pottery）及雙耳酒瓶；並根據船隻抵達時間將印度交易商品收進貨倉中。許多羅馬錢幣在南印度與斯里蘭卡出土，進一步證明貿易範圍之廣。此外，阿拉伯與猶太商人在印度也設有交易站，印度人也一樣在該地設點。希臘時代的亞歷山卓港曾提及印度人的存在。印度與中東之間也靠陸路連接，遠從亞歷山大大帝之前就已存在。

自古以來，印度與西方國家的貿易早已存在。聖經中記載，推羅王（Tyre）希蘭（Hiram）派遣他施（Tarshish）船隊前往俄斐（Ophir）載運「猿猴、象牙與孔雀」，以裝點所羅門王的宮殿聖堂。一般認為俄斐為索波拉（Sopara），是在今日印度西岸的孟買（Mumbai）附近。這段聖經紀錄為我們彰顯了奢侈品長程貿易與高階政治、宗教與維持菁英地位之間的關係。

自西元一世紀，或許更早之前，印度與地中海之間的貿易條件已形成一種模式。印度人在地中海地區，最主要尋求的是黃金及這裡特有的紅珊瑚、酒類等其他貴重商品，今日仍用於印度的珠寶裝飾上。地中海人在印度及斯里蘭卡，則尋求寶石（綠寶石、紅寶石與稍晚的鑽石）、珍珠、象牙、鐵製劍身、銅器及包含印染棉布等各種精細織品（見圖十四）。[28]這些貿易條件維持很長一段時間，對西方人來說，印度是個充滿奢侈品與高品質工藝品的地方。直到一八一五年工業革命後，這些交易條件才改變。此後，印度成為棉花等原物料來源供應地，而歐洲特別是英國，則是美國棉（美國內戰時聯邦軍限制南方棉出口時，一度短暫由印度進口）與敘利亞棉由機器轉為便宜棉布之地。這些棉布再運回印度，以大幅低於當地手工紡織棉布的價格傾銷。古代奢侈品貿易，轉變成機器製造大量消耗品的現代貿易。這一轉向

28 Barnes（1993）。

圖十四　古賈拉特的印度木刻版印布料，埃及，十二世紀

使得印度同時成為原物料產地與歐洲便宜製造商品的市場，對經濟十分不利。

另一種古代貿易模式也應該納入思考：馬匹與大象的貿易。牠們是印度軍隊的重要元素，因此也影響整個政治體系。從印度整體來看，馬匹與大象的分布正好呈現互補狀況。大象是印度原生動物，集中在濕潤區（**見三六頁的地圖三**）的大象森林中，位於印度的東方及南方；印度河流域則十分稀少。相反地，馬匹則非印度原生，也就是印度並不存在可供捕捉馴養的野生馬群，同時牠們在乾旱區的生存狀況較好。因此，古代印度國王總是對控制大象森林及中亞西方的馬匹貿易深感興趣，願意為馬匹付出高價。例如，毗奢耶那伽羅王朝（Vijayanagara）的君主向葡萄牙商人承諾高價，透過海運購得馬匹；在這個例子中，不論馬匹抵達時存活與否，印度君主都會付款，可見他極度渴望確保做為軍隊的馬匹。稍後在英國治下，印度軍隊直接由澳洲畜牧場購買馬匹（新南威爾斯；這些馬匹在印度被稱為威勒斯〔Walers〕）。大象貿易上，印度則佔上風；承繼亞歷山大的希臘化國家偉大君主極力想取得大象，加入軍隊對抗彼此。他們似乎也輸入了印度象伕，因為印多斯（Indos，意指印度人）一字，在希臘文中也有象伕之意。透過象伕，就能取得大象技術的相關知識。中東地區的賽琉古人由孔雀王朝手上，取得大量大象，聽說至少有三大批象群，在三個不同時間點，從孔雀王朝送往賽琉古帝國。而賽琉古的對手，埃及的托勒密王朝則擒抓非洲象來訓練，也許透過印度象伕的協助。地中海戰爭中使用大象的時間，長達三個世紀之久，從亞歷山大繼承者到凱薩時期（Julius

Caesar），象軍都是主要戰爭的一員。象軍最終因為成本高昂、運輸路途遙遠，以及希臘羅馬人發明了有效的反制作戰以對付西方軍隊中有限的象群，因而逐漸淡出戰場。然而直到現代，印度軍隊仍持續使用大象；印度對於馬匹貿易的依賴仍舊不變。

印度與伊朗人、阿拉伯人、希臘人與羅馬人等西方人民之間的貿易大幅成長。貿易以奢侈品為主，但我們不應視為虛華無用之物；因為這些極度昂貴的商品對於維持社會階級與政治架構相當重要。羅馬人送出大量黃金到印度交換奢侈品，但也害怕後者可能令國家崩毀。

雖然西元一世紀開始，貿易的跳躍式發展讓印度與西方土地更緊密結合，也為印度塑造財富與奢華之地的形象，但印度宗教的西進卻未開展。佛教證實是印度對外輸出最成功的宗教，如我們已知，佛教傳布到東亞與東南亞多數地區。如同二〇〇一年巴米揚（Bamiyan）大佛立像遭毀一事提醒我們，它也曾向西傳播至阿富汗，但也僅止於此。同時間，基督教的傳布跨越地中海與中東地區，最東曾抵伊朗。希臘化的佛像與其他印度宗教塑像，是在希臘化世界的阿富汗與印度河流域發現。總體而言，成為古代印度與西方土地之間的主要溝通工具的並非宗教，而是貿易與外交。

印度與西方土地的知識交流，特別是在古印度長足發展的天文—占星—數學領域。在這領域中，印度是借用者也是借出者。始於美索不達米亞（伊拉克）蘇美人與其他民族的天文占星及相應的數學發展，在希臘羅馬和印度的古代民族間，啟動了國際思想交流。如第七章所示，因為這些交流，我們在這片廣大區域中，都可看到十二黃道星座及日月星辰為名的七天週曆日。印度的貢獻包含發明代數、三角函數基礎、數字記數法及零的位置概念等。這些不僅是許久以前發生的歷史事件，更是持續存在的知識，是今日全世界日常生活的一部分。少了它們，我們將無法運作。

另一個印度科學高度發展的領域是語言分析（語言學，特別是語音學與文法），首先用於吠陀時代的梵文，接著推廣到印度與中亞、東亞及東南亞的其他語言。此類印度貢獻似乎可完全在地萌芽。雖然大幅影響許多亞洲地區的語言研究與書寫文字，直到十八世紀才獲得歐洲語言分析概念所吸納。當時，歐洲人對梵文的研究大幅影響了現代語言學門的形成。

印度創造的世界，投射出的半影區遠超出印度文明核心地域，大量進入接鄰的歐亞國家，帶來深厚影響。令人驚訝的是，其他國家及文明的部分印度化，是透過宗教傳播、貿易與外交，而非戰爭與帝國肇建，如希臘化時代亞歷山大所建立的帝國。印度所創造的世界，並非在矛尖上成就，而是透過商品、宗教、王制風格與科學的吸引力來達成。

**第九章**

# 突厥人與蒙兀兒人

- 伊斯蘭與印度
- 突厥人
- 蒙兀兒人

伊朗與印度自古即有文化連結，而伊朗的伊斯蘭文化是在印度文化半影區中成形。但我們需謹記，突厥與蒙兀兒國家並非是穆斯林國家，是同時具有中亞、伊朗、伊斯蘭及印度元素的印度國家。

印度文明與中亞之間有一段長遠卻又斷斷續續的關係。來自中亞的亞利安人與馬拉戰車，在西元前二千年，建立了印度的吠陀宗教。西元前後的塞種人、安息人與貴霜人都是使用伊朗語言的族群；四五〇年左右的胡納人則使用突厥語。雖然來自不同語系，兩波入侵具有類似特徵：都是來自中亞的游牧部族，擅長的征戰之道都是奠基於無限供應的馬匹與馬上騎射技術。最終許多部族都被納入印度的戰士階級。一二六〇年起，中亞突厥人在德里建立政權；來自中亞的蒙兀兒人也是使用突厥語的相近族群，於一五二六年建立帝國。兩者軍隊都以騎兵為基礎，因此持續自中亞輸入馬匹。突厥人與蒙兀兒人延續了中亞入侵的古老模式：歷史上中亞至少發動五次間歇性大型侵略，並在印度形成征服者國家。然而與先前入侵者不同的是，突厥人與蒙兀兒人都是穆斯林，是廣袤的普世伊斯蘭信仰社群烏瑪（umma）的一分子。伊斯蘭宗教在塑造社群的指標效果之一，是將伊朗的學者、抄寫員、藝術家與戰士，引進突厥與蒙兀兒在建立普世性印度國家的過程中，賦予其印度—伊朗複合化性格。當然，伊朗與印度自古即有文化連結，而伊朗的伊斯蘭文化是在印度文化半影區中成形，因此這時發展可以說是過往模式再現。但我們需謹記，突厥與蒙兀兒國家並非是穆斯林國家，是同時具有中亞、伊朗、伊斯蘭及印度元素的印度國家。

另一方面，我們也不可忽視伊斯蘭宗教在印度歷史的重要性；瀏覽世界地圖時，這一影響不可言喻。直到一九四七年民族國家建立前，分裂前的印度擁有世上最多的穆斯林人口。

人數之多，甚至大幅超越伊斯蘭起源的中東國家。宗教認同在二十世紀的建國政治中產生重大影響，因此當英國殖民統治結束離開印度時，他們沿著宗教分際，將治下領土分成兩個獨立國家——巴基斯坦與印度。巴基斯坦是以穆斯林為主的國家，印度共和國則以印度教徒為主；雖然仍有許多穆斯林，連同其他宗教信徒，留在印度。巴基斯坦擁有兩塊領土，位於印度共和國的兩側：東巴基斯坦隨後於一九七一年脫離巴基斯坦獨立，並改名孟加拉；西巴基斯坦如今則稱為巴基斯坦。因此當代地圖上的三塊——孟加拉、巴基斯坦與印度，形成世界上穆斯林人口第二多、第三多與第四多的國家（最多的是印尼）。生於乾旱、人口相對稀少區域的伊斯蘭教，在印度與印尼人口稠密的土地上，獲得大量追隨者。

由於二十世紀中，宗教、民族國家形成政治與選票民主制度之間的結合，宗教認同取得前所未有的顯著地位與政治重量。導致我們可能會將眼前的顯著性投射回歷史之中，過度看重宗教認同在印度深厚過往中的角色，從而忽略了其他區域與族群因素，在突厥與蒙兀兒國家形成中的影響。

# 伊斯蘭與印度

在突厥或蒙兀兒人之前，阿拉伯人透過貿易與軍事征服，將伊斯蘭教帶進印度。印度人與阿拉伯人長期參與紅海區域貿易，定居在印度西海岸的阿拉伯商人可能是印度最早的穆斯林，他們在伊斯蘭教於阿拉伯興起後不久即成為穆斯林。同時，伊斯蘭也推動阿拉伯帝國的形成及快速擴張；東向的軍事行動在七一一年抵達信德區；同時間向西擴張到達西班牙，這時距離伊斯蘭興起不到一百年。透過貿易及軍事征服進行的擴張，讓穆斯林由阿拉伯人為主的社群成為多元民族社群。始於七世紀的穆斯林商業與帝國擴張，隨後由十五、十六世紀哥倫布（Columbus）與達伽馬（Vasco da Gama）領導的基督教歐洲商業與帝國擴張所複製。印度（事實上整個亞洲），都深受兩波擴張所影響，這也是本章與下一章將討論的主題。

伊斯蘭教壯闊的向外擴張行動，正是歷史上思想創造社群力量的傑出案例。伊斯蘭教的起源是穆罕默德在出生地麥加（Mecca）及麥地那（Medina）接受天啟；穆罕默德與追隨者遷往麥地那一事，正是穆斯林社群的起源。六二二年由麥加「遷徙」到麥地那一事稱為希吉拉（hijra）是先知生命中的核心事件，也是穆斯林紀年的開始；因此二〇〇〇年是伊斯蘭曆希吉拉後（AH）一三七八年，AH 意指「希吉拉後」（after the hijra）。由於麥加當地主要商貿家族擔心穆罕默德成長中的追隨者會對他們造成威脅，因此迫其離開麥加；這是伊斯蘭教社群凝聚力的初期展現。

穆罕默德宣稱其傳布的訊息，是真主阿拉透過大天使加百列傳達的啟示，並將自身納入聖經傳統的先知序列中，始於亞伯拉罕，中經耶穌基督傳承。加百列令穆罕默德「誦讀」（iqra，《古蘭經》〔Quran，誦讀的意思〕），穆罕默德聽令向麥加一小群逐漸成長的追隨者誦讀訊息，關於神的力量與美善，其合一與獨一性，以及最終審判日中所有亡者靈魂將受審判，而進入天堂或地獄。同時，他也傳布向神的意志「順服」的職責（伊斯蘭為順服的意思；穆斯林即為順服者），感謝神的慈悲，屢行道德言行，為孤兒窮人提供食物與捐助。

當穆罕默德遷徙到麥地那時，當地所屬十一個左右的部族正陷入戰爭狀態，每個部落在綠洲中各擁山頭。穆罕默德出徙麥地那並非偶然，而是受邀前往擔任爭鬥部族間的仲裁者。過程中，他為麥地那規範了某種憲章，定下他的追隨者與麥地那人之間的關係；麥地那穆斯林信眾與不信先知宗教者之間的關係；以及阿拉伯人與猶太人（鬥爭部落其中三者為猶太人）之間的關係，確認猶太人得繼續奉行其宗教並擁有財產。穆罕默德成為部族紛爭的仲裁者，某種超部族領袖。同時他也是自己社群的領袖，這群人追隨先知，並非因為部落血緣，而是對於先知的認同。因此在部落的概念上，又加上信仰社群烏瑪的概念；對穆斯林而言，部落連結被穆罕默德權威取代，信眾的爭議需提到先知面前進行仲裁。

出徙麥地那後，先知僅存活於世間十年；但在不長的時間裡，他為伊斯蘭第一個世紀中高度擴張的信眾社群奠定基礎。第一步是麥加的伊斯蘭化；透過一連串戰爭，在先知出徙後八年獲得最終勝利。奪下麥加後，穆罕默德由神指派成為國家領袖，制定法律、財政、軍隊並結合許多部落盟友；雖然這些盟友並非全數信奉即將席捲全阿拉伯半島的新宗教。實際創造出來的，是圍著伊斯蘭一神論的信仰社群，它對信眾要求取代部族或超越部族的更高忠誠，及普世性的道德規範。

穆罕默德之死讓整個伊斯蘭社群陷入憲政危機，因為無人能繼承先知身分。解決之道便是先知的「繼任者」或稱「哈里發」（khalifa），成為發展中國家的中央政治領袖。前四任哈里發是由先知的伴隨者及親屬中產生，因此稱為「正統哈里發」（rightly guided caliphs）：阿布巴卡（Abu Bakr）、烏瑪爾（Umar）、烏斯曼（Uthman）與阿里（Ali）。此後接續由麥加的烏邁亞家族（Umayya），及巴格達的阿巴斯家族（Abbasid）掌權：

| | |
|---|---|
| 正統哈里發 | 六三二至六六一年 |
| 烏邁亞家族 | 六六一至七五〇年 |
| 阿巴斯家族 | 七五〇至一二五八年 |

每段期間都包含伊斯蘭社群演化的重要階段。

先知去世後不久，原先支持先知的部落開始各奔東西，國家可能也完全解體。更糟的是，許多部落領袖自詡接續穆罕默德之後，為真神（阿拉）而非舊部落神祇的先知。穆斯林史學家稱為「叛教」（ridda）。因此首任哈里發的急切任務，在於壓制這波危險發展，重申穆罕默德為「先知的封印」（也就是穆罕默德之後再無先知），並透過征服行動，讓叛教部族再次順服。「鎮壓叛教者之戰」相當成功，軍隊也因吸收新盟友而擴大，造成了持續擴張的動力，直到整個阿拉伯半島及遠方國家都納入伊斯蘭勢力中。穆罕默德去世後十年內，阿拉伯已底定，伊拉克與埃及地區古老農耕文明人口密集的河谷區，也落入阿拉伯人的掌控。在初期哈里發領導下，阿拉伯帝國形成，將穆斯林社群託付於哈里發手中。

這時的穆斯林社群仍以阿拉伯人為主，但為時不久。史學家所稱的第一次阿拉伯帝國擴張進入周邊古老國家，它們擁有許多人口，以農業為主，政府由土地稅收支持，並有大批政府官僚進行稅務調查收租。在帝國之下，阿拉伯人僅需繳納少許稅金便可購買土地，然而非穆斯林卻需繳納人頭稅（jizya）與土地稅（kharaj）。只要稅金定時繳納，他們的宗教就會得到包容；他們被稱為「受包容宗教」（即猶太教與基督教）信徒或「受保護者」（dhimmis）。然而第一次阿拉伯帝國的成功帶來了非預期結果，讓非阿拉伯人皈依伊斯蘭教成為穆斯林。一開始，非穆斯林貼近新社群的唯一方法，是成為阿拉伯部落保護下的改宗穆斯林（mawali）；

比起阿拉伯穆斯林，他們必須繳納較高稅金，享有較低福利。這種社群內的雙層結構並無法長久，由於新征服國家中擁有大量非阿拉伯人，兩個族群間的緊張關係，也促使整個穆斯林社群朝向普世性，逐漸減少阿拉伯族群認同的發展。阿拉伯征服的矛盾效果在第四位哈里發治下促成，他不僅離開阿拉伯半島發動遠征，更將首都定於伊拉克的庫法（Kufa）。自此，哈里發政權再也未曾返回阿拉伯半島，通常位於大馬士革（Damascus），後期則在阿巴斯人建立的巴格達（Baghdad）。阿拉伯雖失去政治影響力，但時至今日，仍舊是穆斯林朝聖的中心。

第三位哈里發的選任——出身麥加烏邁亞家族的烏斯曼——對麥加寡頭政治來說是一大勝利，這些家族掌握了伊斯蘭教中的高階位職，幾乎導致內戰，讓第一波阿拉伯征服的成果消耗殆盡，帝國的快速擴張也嘎然而止。哈里發遭到暗殺，第四位哈里發阿里則與烏斯曼之侄，敘利亞總督穆阿維亞（Muawiya）發生衝突；後者指控阿里密謀篡位並決定要復仇。阿里死後，帝國落入穆阿維亞及後繼的烏邁亞哈里發之手。悲憤的阿里追隨者不承認後續哈里發，另行成立政治與宗教上的反對勢力——什葉派（Shia），使得伊斯蘭內部分裂因而擴大。

在烏邁亞哈里發的統治下，國家政局獲得穩定，對外征服也持續進行。第二波阿拉伯征服越過埃及，穿越北非，達到直布羅陀海峽與西班牙；圍攻拜占庭希臘人的首都君士坦丁堡；更抵達中亞烏茲別克的布卡拉（Bukhara）與撒馬爾罕（Samarkand），兩地不久後成為穆斯林學習與虔敬中心。七一一年，穆斯林的第一個世紀中，阿拉伯軍抵達信德。信德是第一個擁有穆斯林君主的印度國家。由於遠離哈里發權力，信德總督幾乎獨立統治當地。伊斯蘭教深深進入信德社會底層，而信德社會伊斯蘭化的同時，也成為印度文化與知識西傳的通道。印度的數學、天文、寓言文學與醫學被吸納進入伊斯蘭世界，部分轉入歐洲。

信德區分裂成兩個阿拉伯人統治的國家，掌控著印度河下游谷地。然而，阿拉伯帝國受到瞿折羅—普羅帝訶羅帝國大軍阻擋，無法繼續深入印度。最終，進入北印度的穆斯林統治者，並非阿拉伯人，而是不同的民族——來自中亞的突厥人與蒙兀兒人。

七五〇年，烏邁亞哈里發政權因阿巴斯家族政變告終。雖然阿巴斯家族仍是阿拉伯人，但其崛起則代表著非阿拉伯裔的改宗穆斯林的勝利。這群沉潛的帝國次等公民，實際上遠較阿拉伯裔人還要多。在波斯、伊拉克與埃及等古老文明區域中，改宗穆斯林階級包含古老貴族世系，與前伊斯蘭政府中眾多知識分子及專業團體。如今他們雖在阿拉伯軍事網絡的掌控下，然而隨著帝國領土擴張，軍事掌控力也逐漸稀薄。因此可以視為阿巴斯革命，解決了穆斯林社群內部，少數阿拉伯菁英與多數改宗穆斯林之間逐漸擴大的矛盾。到了九世紀中期，阿巴斯力量開始勢微，突厥人掌控多數的地方權力中心，開始瓜分伊斯蘭世界的東半部。

這些過程在帝國東半部促成新的波斯—伊斯蘭文化開花結果，包含這時改以阿拉伯文字變體書寫的波斯文學。這波發展對印度來說是改變前兆，正是波斯化的伊斯蘭文化及伊朗人，將乘著突厥入侵之風進入北印度。

## 突厥人

一般人常認為突厥人（Turk）來自土耳其（Turkey），實際上正好相反。土耳其一名源自突厥人。突厥語言的原鄉位於中亞，土耳其的鄂圖曼突厥人正是來自這裡，創建帝國也是中亞突厥人擴張的龐大過程之一。即便今日中國西北省分、沿著俄羅斯南緣的國家及伊朗北部，仍舊擁有大批使用突厥語言的人口，包含亞塞拜然人（Azeri）、哈薩克人（Kazakh）、吉爾吉斯人（Kyrgyz）、土庫曼人（Turkmen）與烏茲別克人（Uzbek）。他們分別成為亞塞拜然（Azerbaijan）、哈薩克（Kazakhstan）、吉爾吉斯（Kyrgyzstan）、土庫曼（Turkmenistan）與烏茲別克（Uzbekistan）等國名的由來。

伊斯蘭的突厥化，是由哈里發及其他伊斯蘭國家政治領袖雇用突厥軍事奴隸擔任菁英衛隊而產生的。這些突厥奴隸是透過貿易與戰爭取得。馬穆魯克奴隸軍（mamluk）的建制化對印度來說十分重要，印度歷史上第一個蘇丹王朝就稱為奴隸王朝（Slave Dynasty）。但要了解奴隸軍的運作，我們必須先把對奴隸一詞的印象拋諸一旁，因為突厥奴隸軍通常十分富裕，可能是軍隊將領或一省首長，可以擁有土地產業，也包含奴隸。自童年就開始受訓成為軍隊菁英，馬穆魯克奴隸軍擁有足夠能力，可透過軍事政變奪權。到了十四世紀，伊斯蘭文明從開羅到德里的許多區域，都由馬穆魯克國王統治。九世紀中突厥勢力崛起正是哈里發政權分崩離析之際，早在一二五八年蒙古人完全消滅阿巴斯哈里發國之前，這時的伊斯蘭就已經失去了政治勢力。

一千年左右，突厥人在伽色尼（Ghazana）的馬哈茂德（Mahmud）帶領下，開始征服北印度。馬哈茂德來自中亞，定居在阿富汗境內，透過西進伊朗及東進印度，創立了大型帝國。他的軍隊多次深入恆河谷地，更沿著印度河流域進入古賈拉特大肆劫掠，從北印度富裕王國及香火鼎盛的寺廟，帶回大量戰利品與贖金。馬哈茂德與繼承人取代早先穆斯林統治者所建立的伽色尼王朝（Ghaznavids），但能夠穩定控制的區域多半限於印度河谷地上游到拉合爾（Lahore）地區。而拉合爾成為印度文明區域內的波斯—伊斯蘭文化灘頭堡。

伽色尼王朝接著由另一個家族取代。直到十二世紀末，古爾人（Ghurid）持續征服北印度地區，並在這裡駐紮突厥奴隸將領的大批軍隊。古爾國王在軍隊成功出征北印度時遭到暗殺；眼見首領已死，將領們選出同僚之一的庫特卜丁·艾巴克（Qutb-ud-din Aybak），於一二〇六年即位，成為首任德里蘇丹（**見圖十五**）。

突厥蘇丹國可以想像成三個群體的結合：突厥人、伊朗人與印度人。這組合的主要部分是突厥軍事貴族，擔任王國的軍事與政治高階官職。在人口密集的農業文明中，他們是一小群權力集中者，卻又缺乏明確王位繼承原則，因此常在繼承爭鬥中內部分裂。突厥人的權力

圖十五　古達明納塔，德里，十二世紀

繼承常伴隨頻繁暴力：國王汰換率約為過去印度國王的兩倍（平均統治期約為十年，相較起來，早前時代的統治期平均都超過二十年）；相較許多早期王朝延祚達數百年，這段期間的王朝都很短命（三百二十年中有六個王朝）。政權高度異常仰賴直接使用軍隊武力，及對軍事菁英的慷慨賞賜，以確保對蘇丹的忠誠。

群體結合中的伊朗元素則為關鍵，若少了這一成分，突厥統治者勢必得如早前的中亞入侵者一般，招募印度人充任行政官職，並融入印度文化以取得被統治者的信任。然而，德里蘇丹國形成初年，蒙古人入侵東方伊斯蘭區域，摧毀阿巴斯哈里發國的最後餘韻，並造成伊朗人生活困頓。川流不息的伊朗移民遷往德里，這時的蘇丹以財富與慷慨聞名。

蒙古人的威脅創造出讓突厥人享有源源不絕、使用波斯文的伊朗知識分子，可以充任法官、地租官員、各種官僚、學者、教師、詩人與藝術家。正因如此，波斯文成為政府與外交的官方語言，直到十九世紀初仍舊如此。即便印度的伊朗人人數不如母國之眾，許多波斯文作品卻是在印度，而非在伊朗寫成。歷史環境將伊朗移民推入印度，也支撐了突厥王權的伊斯蘭性格，並賦予波斯光輝。29

最後，這一組合的最大元素，是印度人自身。即便波斯與突厥人在政府掌握特權高位，軍隊與平民政府仍舊仰賴大批印度人。在軍隊方面，突厥軍事力量雖依靠中亞馬匹與騎術，印度農民則補充了大量步兵需求，這是蘇丹極力希望控制的力量。平民政府中，雖然文字記錄主要採取波斯風格，但無疑仍需仰賴大批深諳印度當地語言的抄寫員，評估徵取土地收入，提供國家廣大財富。蘇丹國需要大量金錢，持續豪奢賞賜，以維持國家統一，因此稅收漸趨苛刻。對於古代稅收一向缺乏精確資料，然而令人驚訝地，上古時期的農民收入中，君主所得名義上為六分之一；然而在突厥蘇丹治下，有時可能高達一半。

為了增加土地稅收，租稅行政官員勢必得與地方印度官員打交道；一般來說經常由地方層級的印度教王公（raja）負責區域內的稅收納徵。因此印度教社會與傳統領導方式獲得延續，但權力金字塔頂端則由突厥人與波斯人佔據，特別在恆河與亞穆那河之間的陀坡區域。陀坡區域之外，有些印度教王公透過向德里進貢，持續統治領土。由於印度教持續為鄉村地區主流宗教，伊斯蘭教則在北印度城牆內形成社群，以都市為主。在這些城市中，宗教受到伊斯蘭教法與知識學者（稱為「烏拉瑪」〔ulama〕）的細心指導。這些學者以正統派聞名，深恐伊斯蘭教會被四周的印度教包圍而玷汙；他們同時也全力支持王權統治。蘇菲派（Sufi）組織與工藝行會則控制著都市生活。

這些並非是有利於大量印度人改宗伊斯蘭的條件，事實上即便在德里蘇丹直接統治的恆河上游谷地，也少見鄉間穆斯林。一般而言改宗會出現武力，並伴隨著破壞印度教寺廟。兩者確實曾發生，但正如理察・伊頓（Richard Eaton）所言，這主要是在征服路線上，並作為人們頑強抵抗後殺雞儆猴的舉動。然而，一旦征服領土後，情況將大為轉變。人數遠遠低於印度人的突厥軍事菁英，倘若持續透過常態性強迫改宗來挑釁當地印度人，將難以統治北印度。不僅蘇丹並無此類政策，他們早期便採取立場，視印度人為包容宗教下的「被保護者」或信徒，只要他們順服蘇丹統治並繳納稅金，就享有維持原有宗教的自由。這一立場成為印度穆斯林統治者的典範。總體來說，印度人改宗伊斯蘭教並非來自政府行動，統治者並不希望因為改宗而失去稅金收入。在突厥人與蒙兀兒人的長期統治中，大量改宗伊斯蘭教的現象，是發生在農業社會中大批農民改宗。而這並非在統治者的核心領土，反而是出現在邊緣的印度河谷地與孟加拉。根據伊頓的研究，至少在孟加拉，人們大量改宗伊斯蘭教與大筆土地賜予穆斯

29 此詮釋來自與已故的 Allen Luther 的討論。

林企業家及蘇菲派聖地，以鼓勵農業跨進森林地區的前瞻性過程有關。這舉動類似歐洲修道院莊園跨越定居生活的前線，傳布農業與基督教的過程。[30]伊斯蘭教蘇菲派的虔敬神祕形式，深獲印度人迴響。蘇菲派中的虔敬主義實踐，廣義來說與印度教的虔愛派相當類似，而蘇菲派導師們深具魅力的禁慾神祕主義，也與瑜伽修行相仿。許多蘇菲派修士以聖人形象出現在印度民間故事中，與其他印度宗教的瑜伽修士及托缽僧並無二致。

德里蘇丹國的歷史可以分成幾個階段。首先是在北印度建立與穩固王權，這涵蓋了第一個百年。接著從一三〇〇至一三五〇年，蘇丹的力量延伸到德干地區，並從半島王國及神廟上搜取大量可移動的財富，並慷慨運用這些財富，攏絡突厥軍事貴族與伊朗學者。這時確實是蘇丹國的高峰期，但也是衰微的開始。只要外在財富來源能夠滿足蘇丹國對大量金錢的需求，蘇丹國就可維持繁榮；然而當德干不勝負荷時，蘇丹國即被迫面對現實透過北印度農民繳納的土地稅來維持開銷，而其繁重稅收卻會毀壞農業生產力。一三五〇年之後，則是在開銷緊縮的同時尋找精進農業之道、而非破壞農業的時期。然而一三九八年，伊朗與中亞的蒙古國王帖木兒（Timur，西方稱為Tamerlane）入侵北印度，帶來重大災難。德里被洗劫一空，這裡的工藝匠人都被帶往撒馬爾罕（現在的塔什干〔Tashkent〕）為帖木兒建造清真寺。蘇丹國的最後階段，是帖木兒入侵後的百年衰微。這段期間許多叛離將領成立了地方蘇丹國，包含孟加拉、喀什米爾、旁遮普等地；南方則興起了毗奢耶那伽羅帝國（Vijayanagara）。在這些地方的蘇丹國中，伊斯蘭教逐漸融入印度文化，今日這些區域仍存在著大批穆斯林。

首都與國名同名的毗奢耶那伽羅帝國，建立於半島的乾旱內陸。如辛西亞·托波特（Cynthia Talbot）所示，這帝國由新的戰士階級成立，這個階級是在農業向乾旱地區擴張時創造出來的。優勢是透過總督掌控南印度領土。毗奢耶那伽羅的國王是印度教徒，但結構上則為普世，聘僱穆斯林大砲手，與葡萄牙人進行戰馬交易。因比起北方鄰居，馬匹在半島上總是短缺。一句簡單公式總結了當時三大主要勢力：德里蘇丹稱為「馬主」（Ashvapati）；奧里薩王稱為「象主」（Gajapati）；而毗奢耶那伽羅國王則為「人主」（Narapati）。他們形成的三角關係，構成了當代的國際秩序，展現出德里突厥王如何在印度常態化。菲利浦·瓦格納（Phillip Wagoner）展示當時毗奢耶那伽羅國王穿戴著突厥君主的帽飾衣袍，作為常態性的外交禮袍。[31]大大小小千百方式中，中亞與波斯—伊斯蘭實踐，已然成為印度日常的一部分。

30　廟宇與建議題：見 Eaton（2000）；改宗議題：見 Eaton（1993）。
31　Wagoner（1996）。

## 蒙兀兒人

蒙兀兒人主宰印度達兩世紀，勢微後又苟延殘喘一個半世紀，比起德里蘇丹國任何一個王朝的統治更為成功；後者國祚最長的朝代也不過九十年。蒙兀兒人的成功主要來自較為普世開放的政策，給予印度人更多的政治空間，比起德里蘇丹給予印度教徒更大的利益。來自中亞與伊朗的貴族與學者持續透過政府公職，在印度獲得財富與機會。此外，蒙兀兒皇帝透過參與印度教儀式節慶，履行身為印度國王的角色，包含參加排燈節（Diwali）；以黃金衡量帝王體重，並布施這些黃金；婆羅門供養儀式；「瞻仰聖容」（giving darshan），定期公開露面供民眾瞻仰皇帝；以及庇蔭宗教學術及文學，包含翻譯《羅摩衍那》與《摩訶婆羅多》。[32]他們在印度留下無法抹滅的印跡，包含今日仍受仰慕的建築傑作，德里的紅堡（Red Fort）及阿格拉（Agra）的泰姬瑪哈陵（Taj Mahal）；後者由白色大理石建造，位於蒙兀兒人引人矚目的中亞風格庭園裡。（**見圖十六**）

以下列出前六位蒙兀兒皇帝，代表著帝國肇建與巔峰：

巴布爾（Babur）　一五二六至一五三〇年

胡馬雍（Humayun）　一五三〇至一五五六年
阿克巴（Akbar）　一五五六至一六〇五年
賈汗季爾（Jahangir）　一六〇五至一六二八年
沙賈汗（Shah Jahan）　一六二八至一六五八年
奧朗則布（Aurangzeb）　一六五八至一七〇七年

蒙兀兒一詞的意思就是蒙古。印度的蒙兀兒人追溯先祖至兩位知名的蒙古皇帝：十三世紀的異教徒蒙古帝王成吉思汗，及十四世紀的穆斯林皇帝帖木兒。帖木兒鐵騎踏遍伊朗、中亞、俄羅斯與中東，並於一三九八年洗劫德里，但最終撤出印度。他的入侵行動削弱德里蘇丹的勢力，並將一小群蒙古軍人引入北印度。建立蒙兀兒世系基礎的巴布爾，擁有光榮家世，領土卻相對薄弱，僅有中亞的費爾干那（Ferghana）。然而時勢與氣質造就巴布爾成為一名軍

32　來自與 Azfar Moin 的討論。

圖十六　泰姬瑪哈陵，阿格拉，建於一六三二至一六四七年

事冒險家，而困頓則將他導向印度。他心中所想的是中亞王國，然而三次想要奪取先祖帖木兒的光榮王座都城撒馬爾罕卻毫無成果，因此便將注意力移向南方。他所創造的國家跨越興都庫什山兩側，直到印度河谷地西岸，一腳踏在阿富汗，另一腳伸入印度，與古代貴霜人或胡納人的帝國相似。後續的蒙兀兒皇帝在帝國持續深入印度時，則失去了中亞根據地。（見地圖七）

巴布爾之前，印度已經迎來火藥戰爭時代，然而他對大砲的掌握，絕對是一五二六年帕尼巴（Panipat）之役，擊敗德里蘇丹的致勝關鍵。他同時也擁有印度中亞入侵者共有的優勢：大量馬匹及優秀騎兵。巴布爾未能長久享受自己的勝利，蘇丹國雖遭擊敗，但突厥貴族與拉吉普戰士氏族尚未接受蒙兀兒人的統治。事實上，巴布爾死後，他的兒子胡馬雍被蘇爾（Suri）家族的舍爾沙（Sher Shah）逐出印度；舍爾沙是阿富汗貴族，一度加入巴布爾陣營。驅逐胡馬雍後，他恢復蘇丹國統治，僅僅短暫五年的卻是輝煌治世，直到意外死於火藥爆炸。舍爾沙死後的繼承混戰為胡馬雍開啟一扇機會之門；流亡十五年後，透過波斯國王的幫助，他成功復興蒙兀兒在印度的統治。

胡馬雍之子阿克巴，是蒙兀兒統治者中最偉大的帝王（見圖十七）。他是帝國的奠定者；平定北印度，征服西海岸為帝國取得出海口，同時也是普世寬容政策的擘畫者。在他治下，不論軍隊或平民的政府官員，理論上都定有曼薩卜（mansab）職級，這些官員必須為國家軍隊

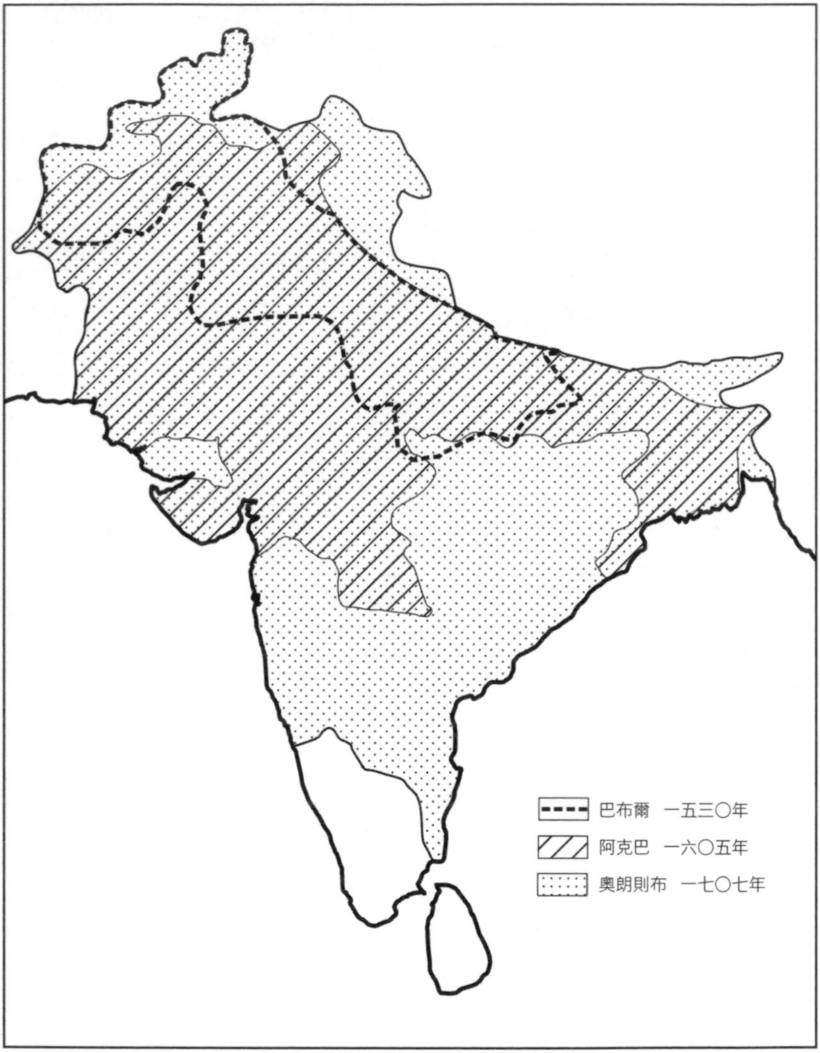


地圖七　蒙兀兒帝國各朝代領土分布圖

圖十七　阿克巴視察宮殿建築工程

提供某些數量的人力與馬匹。同時國家也賦予權利，讓他們可由派分土地收取稅金（稱為札吉爾〔jagir〕），在曼薩卜達（mansabdar）制度下，各職級人員必須以此收入維持供給國家的軍力。阿克巴將職級劃分成三十三等，由十夫長到萬夫長，最高階級則保留給皇室成員。皇室事務也為印度教徒開啟，阿克巴特別留心將拉吉普戰士氏族納入政府官僚之中，並透過迎娶拉吉普妻室，建立婚姻聯盟。因此帝國形成一體的官僚體系，重點在於能力高低。由於曼薩卜職級及其薪酬並非世襲，子嗣也必須從低階爬起。這套曼薩卜達制度是為了避免產生土地貴族（雖然僅達部分成效）；根據終身不停輪調及非世襲職位的規定，曼薩卜的稅金收租區不會與職位服務區重疊。這政策造成的效果之一，在於蒙兀兒官員知道自己的家業不會傳給子嗣，因此便將財富運用在建造精緻華美的陵寢。今日仍留存許多陵寢，紀念著當時細緻的建築風格。

如同對政府制度採取包容態度，阿克巴也探索各種子民與他們信仰的內容。他受到伊斯蘭神祕教派的強大吸引；廣義上，蘇菲派不少特點，至少在一元論形式上，與印度教有所呼應。他邀請伊斯蘭、印度教、耆那教與瑣羅亞斯德教的學者導師，甚至遠從果亞（Goa）的葡萄牙貿易站請來基督教傳教士，參與某種皇家比較宗教研討會，為他解釋不同神學體系，並接受他的詢問。最終阿克巴獲致結論，所有宗教必有其內在美善之處。而阿克巴仍舊維持祖先的伊斯蘭信仰，並組成一個皇家信仰圈「丁伊—伊拉希」（Din-i-Ilahi）或稱「神聖信仰」（Divine

Faith），擷取伊斯蘭及其他阿克巴曾詢問過之宗教的不同面向，以及國際間流傳的聖王思想，組成虔敬信仰。神聖信仰不拘一格的寬容特質，正是帝國在種族政策上實行普世寬容主義的鏡像反映。阿克巴同時廢除非穆斯林的人頭稅（jizya），進一步縮減子民間的差異。

在賈汗季爾與沙賈汗的統治下，蒙兀兒權力持續上升，雖然一六二二年阿富汗的坎達哈（Kandahar）落入波斯人手中，蒙兀兒權力僅縮限於印度境內。但當時的蒙兀兒帝國是伊斯蘭世界中領土最廣也最富裕的帝國，甚至超越波斯及鄂圖曼土耳其人的帝國。沙賈汗的泰姬瑪哈陵則是蒙兀兒帝國建築的巔峰大成。隨著歐洲貿易成長，在新世界開挖的白銀流入印度，印度人則用白銀來鑄造盧比銀幣。這是第一波全球化中整合世界經濟的成果之一；蒙兀兒時期的印度，不僅統合不同區域的伊斯蘭世界，更在即將成形的廣大世界地景中佔有一席之地。

在沙賈汗的衰弱晚年，四子為皇位繼承手足相殘，其中最主要的競爭者是達拉舒克（Dara Shukoh）與奧朗則布。兩名王子體現蒙兀兒的印度伊斯蘭宗教中，兩股對抗趨勢。達拉舒克是沙賈汗屬意的皇位繼承人，與阿克巴類似，熱愛研究各種宗教，甚至透過婆羅門協助，下令將阿闥婆吠陀與部分《奧義書》譯為波斯文。相反地，奧朗則布則高度虔敬嚴厲的伊斯蘭教遜尼派（Sunni），甚至將音樂逐出宮廷。

奧朗則布贏得鬥爭，統治長達五十八年。他是能力高超的君主及軍事領袖，他的統治可說是十分成功。在漫長的戰役中，他成功征服德干地區的小型國家，並將其納入蒙兀兒帝國疆土。然而，奧朗則布去世後，過往的貴族盟友逐漸坐大，蠶食鯨吞蒙兀兒勢力，導致帝國權力迅速萎縮。我們該如何解釋這一衰落呢？

許多學者主張，帝國衰弱主要源於奧朗則布個人對於伊斯蘭嚴厲教派的喜好，造成由前人提倡國家政策的普世寬容主義萎靡，並孤立了其他非穆斯林族群。然而這一解釋並未考慮蒙兀兒帝國官僚中，仍存在著大批印度教徒，甚至包括某些主要將領。事實上奧朗則布也持續支持印度教及其他宗教組織。錫克教徒（Sikh）確實與蒙兀兒君主之間存在著複雜關係。阿克巴曾賜予建造錫克金廟（Golden Temple，位於阿姆利澤〔Amritsar〕）的土地，但奧朗則布殺害了第九世導師（Guru）泰格．巴哈杜爾（Teg Bahadur），導致其子與繼承者古魯．戈賓德（Guru Govind）帶領錫克教徒成為堅實的反蒙兀兒武裝勢力。馬哈拉施特拉地區的馬拉塔（Maratha）農民在希瓦吉（Shivaji）的領導下，曾一度為蒙兀兒盟友，卻在奧朗則布死後，靠著蠶食蒙兀兒餘暉，成為大陸上一股主要勢力。由於奧朗則布錯失讓希瓦吉歸屬自己陣營的機會，由希瓦吉所創建的馬拉塔帝國侵吞了蒙兀兒勢力，成為繼奧朗則布之後主要的印度強權。換句話說，這似乎才是後續蒙兀兒衰弱的主要因素，而不是歸咎於奧朗則布個人的宗教傾向。

北方分頭發展的同時，蒙兀兒勢力終於征服德干，消滅該區的蘇丹國，並將各領地納入蒙兀兒行省（subah）中。然而，奧朗則布任命的總督很快宣布獨立，並形成王朝世系，稱為海德拉巴尼贊（Nizams of Hyderabad），並持續統治直到一九四〇年代。隨著征服德干後的蒙兀兒分裂，而這正是突厥蘇丹舊事重演。代價慘重且艱辛戰役讓突厥及蒙兀兒勢力成功深入印度大半地區，不過兩者皆將大量資源集中在德干地區，因而忽略了北方帝國經濟中心地帶的陀坡與恆河流域。軍隊與盟友因成功征服德干而致富掌權，進而尋求自主並形成自己的國家。從兩個案例看來，分裂的力量正是始於成功的征服行動。

奧朗則布死後，蒙兀兒勢力衰微，並限縮到德里與阿格拉附近區域，雖然在十八至十九世紀初，漫長的蒙兀兒餘暉中，帝國榮光依舊存在。如同在第十章中將看到，一八五七至五八年，一場英屬印度軍的叛變擴張成想要將英國殖民統治者驅逐入海的大型起義。特別的是，這些來自不同宗教與社群的叛變者，都圍繞著德里的蒙兀兒皇帝起事。這一行動彰顯出，他們相信蒙兀兒仍是印度的合法統治勢力，而非英國人。即便在帝國實質軍事力量趨近於零的狀態下，印度人仍舊視蒙兀兒統治者為光榮權威的化身。

透過建立社群的力量，伊斯蘭教在阿拉伯人、伊朗人與突厥人之間開創連結。那麼一千多年間伊斯蘭教與印度文明之間的關係是什麼？又有什麼連結？這段歷史最耐人尋味的特點，也許正是伊朗在形塑伊斯蘭文化上扮演的角色。

在吠陀時代伊朗是印度文化的表親；在阿巴斯王朝過去曾信奉瑣羅亞斯德教、佛教與摩尼教的伊朗菁英，仍帶著印度色彩，成為穆斯林後，賦予伊斯蘭文化全新樣貌。在伊朗與印度的伊斯蘭教信仰中，我們發現有相當於印度的輪迴、時間循環及神祇在世化身的概念。例如，伊斯瑪儀派傳教士向印度改宗者宣稱，第四任哈里發阿里正是毗濕奴神的第十個化身。33

這群伊朗菁英階級甚至接受前伊斯蘭的伊朗史上曾出現的聖王概念（Sacred Kingship），並與伊斯蘭形式中由穆罕默德終結的古代聖經先知傳統結合。在伊斯蘭中，伊朗的王權被視為第二神聖中心，與先知譜系平行。這一形式的聖王概念有兩個主要特色，因此無法直接將其簡化為伊斯蘭教法，或法律中關於王權的宗教概念。首先，如同所有王者，突厥與蒙兀兒統治者超越所有競爭宗教，為其折衝仲裁。因此持續存在保持公眾秩序的誘因，而非擴大市民紛爭及對政府不滿情緒。其次，波斯人帶到印度的聖王概念，實為普世思想，訴諸超越宗教界線的概念領域，特別是占星術、千禧年主義、時間循環及惡兆詮釋。這裡再次發現印度與伊朗之間的文化聯繫，伊朗將美索不達米亞與希臘化世界的天文占星傳入印度，印度則在不同時間予以回報。占星術特別是一種從印度到歐洲，在穆斯林、基督徒與印度教徒之間自由流動的「科學」。34

因此，若以「文明衝突」來看待伊斯蘭文明與印度文明之間的關係時，假設彼此互斥，則是誤解。阿巴斯時代的伊斯蘭文明，在印度文明半影區下，發展出獨特的波斯—伊斯蘭文化。對印度人來說，伊斯蘭文明部分的吸引力，在於某些元素的熟悉感，諸如聖王概念及蘇菲派的虔敬主義與神祕主義等，彰顯先知傳統的新型態中存在著有印度身影。

33 Asani（2003）。

34 關於穆斯林親屬關係，見 Azfar Moin（2013）。

**第十章**

# 歐洲人

- 歐洲商人
- 英國統治
- 印度與歐洲文明

伊斯蘭在亞洲擴張了八個多世紀後，歐洲國家從哥倫布時代開始，擴張勢力，橫跨亞非，也包含新世界。這是一場真正的世界性擴張，比伊斯蘭擴張更為廣大，卻是建築在穆斯林國家積累的地理知識及新的航海科技之上。透過不同手段與嶄新方式，印度文明再一次受到深刻影響。

自八世紀起，印度就深受伊斯蘭宗教與伊斯蘭國家驚人成功的擴張所影響。這一擴張創造出貿易、外交、品味與知識的普世世界，以不同角度深入印度文明，從中注入各種元素，並與之交纏。透過伊斯蘭世界，印度思想與發明得以在中古末期傳布歐洲。九世紀西洋棋解題專家巴格達的艾德利（al-Adli）稱頌印度對世界的三大貢獻：西洋棋、《五卷書》（*Panchatantra*）——一本民間故事與動物寓言集，以及「零」的發明，意即數字記數法。英文中的阿拉伯數字，實際上來自印度。

伊斯蘭在亞洲擴張了八個多世紀後，歐洲國家從哥倫布時代開始擴張勢力，橫跨亞非，也包含新世界（編注：指南、北美洲及其附近島嶼）。這是一場真正的世界性擴張，比伊斯蘭擴張更為廣大，卻是建築在穆斯林國家積累的地理知識及新的航海科技之上。透過不同手段與嶄新方式，印度文明再一次受到深刻影響。

## 歐洲商人

歐洲勢力向世界擴張前，對中古基督教歐洲來說，印度位於地球的邊陲，遙遠的地平線外，一切事物截然不同的奇異之地。對歐洲人來說，由於缺乏經驗佐證，印度的奇特性毫無限制地發展成怪異或美好的形象。例如，中古時期的野獸圖鑑經常寫道，大象的立柱狀四肢缺少膝關節，倒下後無法起身，因此必須站著或靠在樹幹上睡覺。接著又說獵人經常會將樹伐到一半，期待大象靠上去後跌倒而無法起身。這些關於印度的奇思異想，都是古希臘作者的遺產，經過無數複製代代傳遞。

中古歐洲的印度形象帶著夢幻風格，並非是憑空出現，而是有其歷史淵源。古希臘—羅馬遺產是這類形象的重要來源，中古歐洲人從中擷取最富異國情調的圖像。例如，西方活版印刷初期，大航海時代剛開展，帶領歐洲商人冒險家前往印度之際，出版於一四九三年的《紐倫堡編年史》（*Nuremberg chronicle*）[35]中，我們發現了奇妙印度種族的圖像。例如依靠氣味為生的無嘴人，腳掌向後的種族，這些都可追溯到西元前五世紀希臘史學家克特西亞斯道聽塗說的文章（見第四章）。除了令人不悅的奇異圖像外，歐洲人同時也對印度懷抱著美好的意

35　Schedel（1493/1966）。

象；這個豪奢財富之地，提供引人渴求昂貴商品，包含鑽石、絲綢、異國動物與香料。擁有財富聲名自然是古代貿易的結果，如前所述，只有最珍貴的商品才能負擔得起如此長程運輸的高額費用。從聖經的所羅門王開始，印度一直是異國昂貴商品貿易的源頭、古羅馬奢侈品的供應地，包含珍珠、象牙、絲綢與寶石。如第八章所見，印度貿易導致財富外流的程度，甚至讓當權者有所警戒。羅馬帝國崩毀後，隨著歐洲經濟逐漸回復，在中古時期緩慢成長，印度商品再次向歐洲出口。然而，這時印度是伊斯蘭擴張時開創出的龐大亞洲貿易世界的一員，穆斯林商人與國家則成為歐洲與印度的中介。立基於土耳其的鄂圖曼帝國（一二九九年）的擴張不僅恢復哈里發制度，更成為伊斯蘭世界社群之首，還進一步強化歐亞貿易中穆斯林的核心地位。不像歐洲國家，伊斯蘭國家透過貿易、探險與武力征服印度及其他國家，因此擁有對印度的直接知識，並對歐亞地理擁有更卓越合理的了解。歐洲人擷取這些地理知識，伴隨與印度及其他區域貿易增長而獲得的經驗，真正的印度形象才開始逐漸清晰起來。

威尼斯透過與東方世界的穆斯林進行奢侈品貿易而致富，其他歐洲國家的商人迅速尋求跨過穆斯林，通往印度的航行方式。哥倫布猜測持續往西行，終將到達印度；登陸新世界時，他認為自己已抵達印度。這一假設受到早期印刷的世界地圖的兩個特點影響，這些地圖是依據托勒密地理學（約一五〇年）所繪。一方面，當時並無定義經度的有效方法，基於托勒密方法的世界地圖過度估算歐亞陸塊的東西距離。由於亞洲海岸過於東移，導致觀者可能認為歐洲到亞洲另一方向的距離，意即跨越大西洋的距離，不是太長。這些地圖的另一個特點是，國家雖有名稱，卻未劃疆界；印度似乎包含整個亞洲土地，直達海岸。在托勒密地圖中（**見地圖八**），印度本土稱為「恆河內的印度」；「恆河外的印度」則指涉東南亞（恆河被認為向南流，分隔兩個印度）；在中國北部則看到「上印度」。印度基本上就代表整個亞洲。地圖九則是一五四五年的托勒密地圖，以歐洲人航海時代增進的印度知識為基礎後修正的版本。[36]

西班牙很快佔領美洲與菲律賓，然而葡萄牙人首度完成另一個方向的成功探險。從一四九八年達伽馬（**見圖十八**）航行開始，葡萄牙人採取往南航線，繞過非洲前往印度海岸。一世紀之間，葡萄牙人掌握了歐洲人的對亞洲貿易。他們創造出一個海上貿易帝國，從印度西海岸的果亞到中國南方的澳門，這個帝國包含許多與地方政權簽訂條約取得的小型陸上基地。葡萄牙人以分布極廣的武裝船艦網絡掌控海洋貿易，迫使其他國家船隻必須向葡萄牙人取得通行證（**cartaz**），某些品項只許與葡人交易。透過這個方式，葡萄牙掌握了香料及其他商品

36　托勒密地圖（Ptolemaeus，1545）是根據托勒密地理學繪製的早期地圖，地圖八及九都是以這張地圖為基礎繪製而成。地圖九修正托勒密地理學內容後，更新航海時發現的資訊而繪製的地圖。

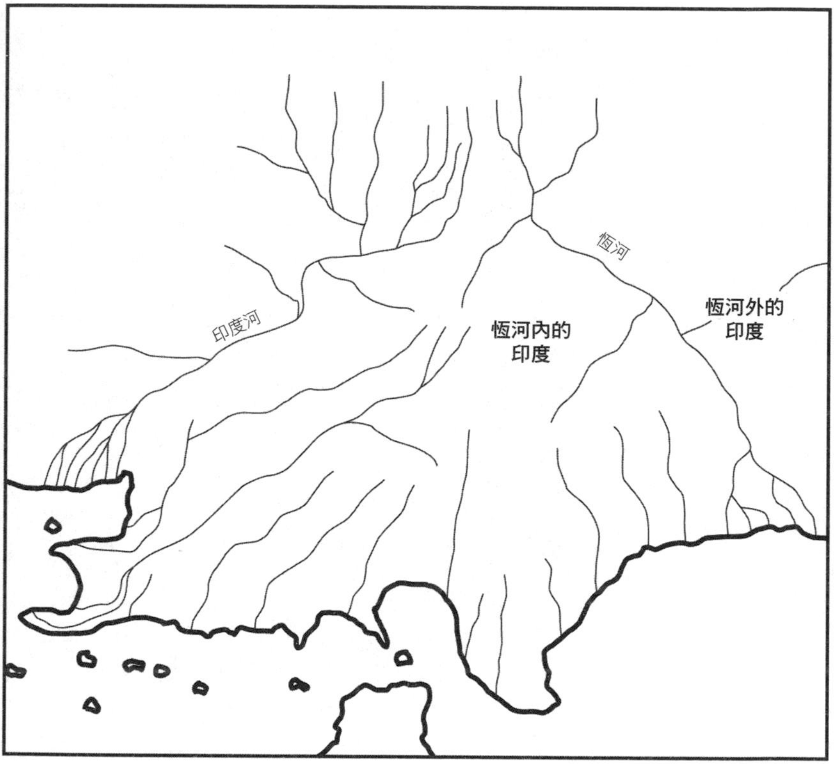


地圖八　托勒密地圖中的印度

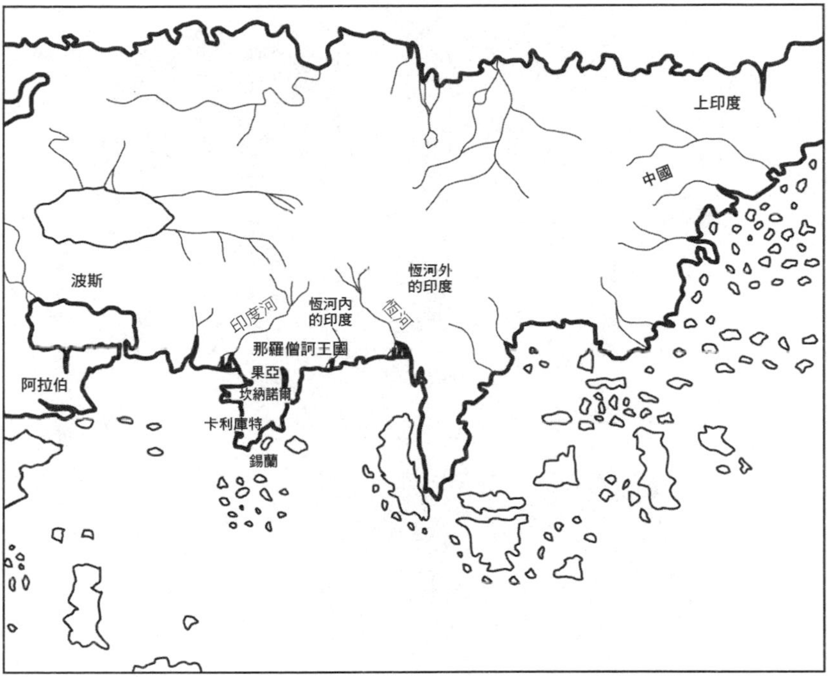


地圖九　歐洲眼光中的印度，一五四五年

圖十八　瓦斯科·達伽馬

的貿易。相對地，葡萄牙人從美洲帶到亞洲的農作物，則留下長遠影響：適應惡地或季節的馬鈴薯與玉米；新的奢華作物如菸草與鳳梨；以及番茄與辣椒，這兩種已深刻融入印度烹飪的作物，難以想像竟是近代才引進印度。[37]如第九章所見，葡萄牙人在南印的毗奢耶那伽羅王國的興起中扮演重要角色，提供南方稀少，卻又是對抗北方鄰國所需要的馬匹。

葡萄牙人也將天主教帶到印度，這些不同國家的天主教傳教士開始學習印度當地語言、尋求信徒改宗，並試圖在南印度古老的多馬派基督徒（Thomas Christian）之上，建立教宗權威。多馬派基督徒宣稱由耶穌門徒之一的多馬（Thomas）領入基督信仰。天主教的傳教活動受到不同方向拉扯，有時尋求融入印度文化，有時則想要脫離。極端案例中，耶穌會（Jesuit）試圖以印度人可接納的方式介紹基督信仰，導致義大利耶穌會士羅伯托．諾比利（Roberto Nobili）採行婆羅門隱士的穿著與言行。然而，中國與印度發生的「禮儀之爭」及稍晚教宗對耶穌會的壓迫下，這股推力遂遭羅馬禁制。另一個極端案例，則是在果亞發動審判異端的宗教法庭，

37 感謝 Sumit Guha 指出此點。

以回應基督純淨受到印度教信仰與實踐時被玷汙的恐懼，並強化天主教徒的正統信仰。葡萄牙人控制印度貿易的高峰期，作為交易媒介的葡萄牙語在印度兩側海岸廣泛使用，部分葡萄牙語也進入印度語言中。例如印地語中的「almari」（印度式英文為「almirah」，意指衣櫃或斗櫃）及「tauliya」（毛巾），顯示出這個時代的留下遺跡。

西班牙與葡萄牙的野心很快發生衝突，最後由教宗解決爭端。教宗在南美洲畫下一道直線，給予葡萄牙巴西以東區域，以西區域則歸西班牙。其他歐洲國家及公司也開始爭取利益。一六〇〇年前後歐洲政經勢力開始往世界擴張時，歐洲內部競爭證明是股強大的推力。英國人、荷蘭人、丹麥人、法國人及其他國家紛紛成立東印度公司，獨佔母國對印度的貿易權利。這些公司中經營最力者為荷屬與英屬東印度公司，它們與葡萄牙人在印度貿易競爭上，形成三足鼎立。這場競爭的最後結果是，葡萄牙人限於印度海岸上許多小型貿易站；荷蘭人將勢力集中在印尼與香料群島；英國人則壟斷了印度的貿易。

在許多層面上，直到殖民統治為止，歐洲對印度的貿易仍然延續古老的羅馬貿易型態，意即印度供應歐洲各種罕見商品，包含香料、寶石與精美製作物，特別是以布料來交換金銀。雖然貿易條件長期穩定，但歐洲擴張時期的貿易方式卻相當新穎，包含創立貿易公司獨佔該國的亞洲貿易，及運用武力自我保護並強加意志於敵手之上。這些公司並未提倡自由和平貿易，而是以武力維持獨佔權利。它們與印度強權建立政治關係，取得維持陸上的小型飛地，透過這些飛地收集具有交易價值的商品，送上回國船隻，同時也出售來自歐洲的商品。歐洲國家的東印度貿易公司必須肩負政治角色，與印度統治者協商關係，而不僅是商業投資。這些情況導致歐洲透過商人團體統治印度領土與人民，這是印度史上前所未見的新情勢。

## 英國統治

歐洲國家之間的競逐，是十七世紀以降，歐洲帝國強權向國際擴張的推力，而這些競爭也投射到全世界。英法競爭在十八世紀中產生特別重大的影響：英國消滅法國在加拿大的統治；北美十三個殖民地在法國協助下反抗英國統治；英國在印度東部（孟加拉）建立土地統治權。征服印度領土，正是發生在英屬東印度公司軍隊與其印度盟友對抗法屬東印度公司與其東印度盟友的時期。這是英屬印度帝國的開端。

正當歐洲戰爭，英法加拿大戰爭方興未艾之際，法屬與英屬東印度公司也在印度掀起戰局，並將雙方的印度盟友牽連其中。因此在印度，英法競逐並非兩國政府直接對抗，而是透過商人與印度王公組成的聯盟。這些印度王公給予商人貿易優惠，並出租海岸小塊地區作為貿易站。這些地方通稱商館（factory），商館並非商品製造地，基本上是倉儲設施，是因為負責管理的東印度公司商務代表稱為館員（factor）而得名。某些商館配備武力，由歐洲軍官帶領印度士兵守衛。貿易公司的武力，現在成為戰爭實體，也挾帶印度政府與軍隊涉入英法的商貿與國家競爭之中。長期複雜競爭的最後結果，是英屬東印度公司的軍隊在羅伯特・克萊武（Robert Clive）的帶領下，一七五七年在普拉西（Plassey），擊敗了蒙兀兒的孟加拉總督蘇拉嘉・道拉（Siraj ud-Daula）。克萊武的勝利是因為事先與兩名蘇拉嘉・道拉的將領訂下秘密協定，將以其中之一的米爾・賈法（Mir Jafar）取代蘇拉嘉・道拉，成為孟加拉總督。不到數年時間，東印度公司成為孟加拉實際上的共治者，並透過德里蒙兀兒皇帝的行政命令，獲得新的權力。蒙兀兒皇帝賜予東印度公司「行政統治權」（diwani），即國家的財政管理權（收稅權），與既有的政治軍事管理者並行。整體情勢前所未聞；一間英格蘭來的商貿公司，在印度皇帝授權下，變成孟加拉的統治者。某方面來說，東印度公司變成蒙兀兒的諸侯之一，但這不過是公司的軍事力量與外交操作表面上穿著的合法外衣。

後續年代中，英國人總愛說他們是「一時腦袋不清」，才會在印度建立帝國；然而過程並非這句話所暗示的無知與純潔。東印度公司過去確實曾想隨荷蘭前例掌控領土，卻未成功；荷蘭人在錫蘭（斯里蘭卡）統治大片土地，而錫蘭王國則撤退到內陸山區。英國統治印度的導火線，是英法的世界爭霸導致兩國的東印度公司加入戰局，最終卻得到孟加拉行政統治權，這的確是始料未及之事。

無論如何，東印度公司將經歷深刻變化。從一間僅僅掌握印度海岸畸零地、以獲利為主的貿易公司，轉變成控制廣袤且逐漸以農業為土地域的統治者。這間公司必須負責收取地域稅收，並維持社會秩序，這是「東印度公司治理」（Company Rule）的起始。從一七六五年東印度公司取得孟加拉行政統治權，到一八五八年起義叛變獲得鎮壓為止，約有一百年時間。鎮壓起義後，英國政府也結束「東印度公司治理」，改為「直轄治理」（Crown rule），意即英屬印度改由英國政府直接統治。「直轄治理」也延續約百年，由一八五八至一九四七年印度獨立為止。

英屬東印度公司在印度創造出嶄新的帝國形式。先前的外國統治者是帶著陸上軍隊的征服強權；這次卻是從商貿公司轉變成領土統治者。先前入侵者進入印度後定居，視印度為自己與後代的家園；英國人則派出十七、八歲的年輕男性擔任文職武官，但計畫在事業尾聲退休後全數回歸英國，他們認為英國仍是自己的家鄉。會留在印度的英國人，多是大批英年早逝而不得不葬在印度者。雖然類似美國、加拿大及南非的模式，以歐洲移民殖民印度的想法不時浮現，但東印度公司卻強烈抗拒。希望避免大批自視甚高的歐洲移民與更大量的印度人之間發生衝突，這類衝突將危及英國統治。出於同樣理由，東印度公司也積極避免非官職歐洲人前往印度，包含傳教士。事實上，英屬印度政府中的歐洲人數始終相當小眾——文官約有三千至四千名，軍隊則擁有較多歐洲人，負責督導一大群印度雇員。他們與家鄉的連結仰賴船隻，船隻設計與速度雖有改善，但航程通常仍需六個月。然而，相對快速的溝通方式也造就全新形式的帝國，人數不多的東印度公司職員在英國出生、受教育並歸葬英國（若活得夠久），但成年生活的泰半時光卻在印度度過，參與行政管理或東印度公司的商貿活動。這些都受到遠在倫敦的公司總部——東印度大樓（East India House）指揮管轄。基於以上原因，英屬印度治下的印度與歐洲間的政治、組織與宗教性格，都和印度與伊斯蘭世界的關係截然不同。同時，印度作為擴張中大英帝國的殖民地，其統治條件，相較於其他由歐洲移民組成的英國殖民地，如加拿大、北美十三殖民地、澳洲、紐西蘭、西印度群島，甚至稍晚的南非等迥然不同。

東印度公司在印度的軍事勝利，是由英國指揮大量印度士兵與少數英國士兵所成就。成功的關鍵並非軍事科技；比起當時已全盤進入火藥時代的蒙兀兒或其他印度勢力，在使用大砲、火繩槍與燧發槍上並未十分突出。歐洲的優勢在於運用訓練良好的軍隊緊密組陣，快速大量擊發火力。新的軍事組織技術在一開始就取得大勝利，英國指揮小型軍力擊敗大批印軍。然而這一優勢無法長存，事實上印度王公也快速學會運用歐洲軍官（特別是拿破崙敗戰後失業的軍官），訓練自己的軍官與軍隊，學習歐洲戰陣組織技巧。因此英國需要更大批軍隊與盟軍來對抗印度對手。38

英國在印度取得軍事勝利的另一項關鍵因素，在於英國與部分印度統治者結盟，對抗印度敵手。這些盟友在英屬印度期間，持續保有領土統治權，雖然也需付出代價，包含將外交事務交付英屬印度政府管轄，同時也得貢獻資源維持印度軍，有時甚至透過割讓領土以清償責任。這些「大公國」（princely states）持續存在於英屬印度之外，自行管理稅收行政及軍隊，但各國皆派有英國「駐紮官」（resident），持續交辦英國政策，並不時插手王國內部事務與王位繼承。印度王公在延伸鞏固英屬印度統治的聯盟策略上，扮演重要角色，雖然政治功能隨時間萎縮，英國開始視其軍隊為英屬印軍及世界大戰時便宜又管用的儲備軍力。英屬印度的兩個世紀中，大公國的存在讓印度政治版圖呈現拼湊狀態，英國直接統治的大片地域，不時為公國阻斷；某些公國領土比英國更大，某些則小於一個美國的郡縣（見地圖十）。整體來說，直到英屬印度結束統治為止，這些大公國涵蓋約印度陸地三分之一的面積。

一八五七年，印度兵（sepoy）在德里附近的密拉特（Meerut）發動叛變反抗英國軍官，更

38 Ness 與 Stahl（1977）。

地圖十　一九三九年的英屬印度

擴散轉變成對英國統治的全面起義行動，席捲了北印度多數區域。造成這波不滿的原因眾多，但主要導火線卻是引入恩菲爾德來福槍（Enfield rifle）。由於來福槍的彈匣須以動物油脂潤滑，一般認為這種油脂是採用牛油與豬油，同時激怒了印度教與穆斯林士兵。軍事叛變過去也曾發生並受到鎮壓，最知名的是一八〇六年南印度維洛爾（Vellore）的軍事叛變。那一次的叛變也有宗教情緒受到攻擊的成分，英軍下令強制採用新的穿著規範，包含歐式帽子並禁止蓄鬍、戴耳環及前額的宗教記號。不過，維洛爾與其他軍營叛變很快受到壓制，並未擴散；一八五七年的叛變及引發的恨意則快速成長，摻雜印度王公對於英國對待方式的不滿與持續喪失權力的苦澀。主要的原因之一是所謂的「無嗣失權」（lapse）政策，在這項政策下若公國缺乏直接繼承人，將遭解散；也就是說英屬印度政府將撤銷其公國，納入治下。這場軍事叛變很快沸騰上升，成為全面性的軍事起義，試圖重建英國統治之前的舊印度政權——蒙兀兒帝國、馬拉塔的統治者「佩什瓦」（peshwa）與印度王公，並將英國人逐出印度。起義行動佔領德里，宣布蒙兀兒皇帝巴哈杜爾沙二世（Bahadur Shah II）為印度皇帝。事實上，他一直是正統的印度皇帝，正是蒙兀兒皇帝將孟加拉的行政統治權賜予東印度公司，而開展了英屬印度的統治。起義行動在最後一任佩什瓦之子，心存抗爭的納那．薩西伯（Nana Sahib）領導下，擴散到坎普爾（Kanpur）；同時更進入路克瑙（Lucknow）及中印度部分區域。在中印度，英勇的反抗勢力由傑辛女王（Rani of Jhansi）領導。起義行動擴散北印度各地軍區，但其他軍區仍舊維持對英屬印度政府的忠誠，並鎮壓起義軍。經過一年，起義終於平息。這是一場由軍隊與舊公國菁英領導的獨立戰爭，但力量並未統一，起義行動最終失敗。印度脫離英國統治的獨立，要等到近一世紀後，才會在新的菁英領導下到來；而這些菁英對於國家有十分不同的想像。雖然一八五七年的起義勢力並未擴展全印度，卻受到印度各地注目，同時也展現出許多印度人對殖民政權的不滿。

起義失敗後，帶來的是英國人兼具壓制與和解的複雜手段。叛變者本身，至少那些被認為直接參與殺害英國人者，受到嚴厲公開懲處。有些人被綁在大砲口，轟成兩半。蒙兀兒帝國正式滅亡，巴哈杜爾沙遭流放緬甸，並在那裡度過晚年。東印度公司治理也正式結束；一八五八年十一月一日，維多利亞女王正式下詔，直接管轄印度；這表示從這時起，印度將由倫敦的國會直接管轄，而非國會授權東印度公司代管。皇家詔書中同時確保印度宗教將不受干涉，大公國的權利領土不受侵犯，並定義英國試圖改造印度社會所引起的宗教恐慌與盟友不滿為叛變主因，最後看似將放棄一八三〇年代開始形成的印度社會改革計畫。軍隊也進行重組。印度軍隊長期以來擁有不同編制；一種是英國軍官、印度非常役軍官與印度兵組成的印度軍；另一種則是英國軍官與士兵組成的英國軍。這時，印度軍中的英國軍官人數增加，提升英國軍的整體規模。也許最重要的結果是，起義者殺害英國人及後續遭致的嚴厲懲罰，引起區分英國人與印度人的苦澀情緒。之後，對抗英國統治將在新目標啟發下，透過新領袖，採取新的形式：將印度變成像歐美一樣的民族國家。

## 印度與歐洲文明

英國的殖民統治，是印度與歐洲文明親密接觸的管道，而統治的細節則形塑了印度受到歐洲影響的方式。

英國向印度推介歐洲文明的政策發展，是緩慢漸進的。英國統治初期的條件，都傾向相反的政策，也就是以最低限度涉入印度人的傳統與慣習。在印度的英國人是合股公司的員工，前來印度為英國股東謀取利潤，而非為了印度社會的歐洲化，進行某些昂貴又無利可圖的計畫。因此，英屬印度政府是個維持最低限度功能的政府，行使範圍不超出維持秩序；雖然在英國國會要求下，曾撥出可悲的十萬印度盧比，推動教育及知識復興。但這只是個便宜行事的政府，對教育、改革與提升人民生活毫無責任感。同時，東印度公司更相信，若採取冒犯行動，會激起印度人民動亂，不僅導致英國統治無法長久，更可能使公司合約提前結束。由外國人統治難免不受歡迎，以英屬印度第一任總督沃倫．黑斯廷斯（Warren Hastings）的話來說，政府的目標便是「減輕箝制本地人的枷鎖」——也就是在不影響公司利益與穩固統治的前提下，盡可能在各種事務上減輕統治的重量。如此思維帶來數種政策影響，最重要的是在宗教、家庭與土地稅收上。

天主教傳教士，特別是耶穌會士，長期在葡萄牙人協助下深耕印度，傳布基督信仰。最成功的傳教行動之一，是義大利耶穌會士康士坦丁努斯・貝斯奇（Constantius Beschi）將大量基督教文獻譯為泰米爾文，他也成為泰米爾文專家。新教徒加入的腳步較慢，首先前來印度的是丹麥人，進駐南印度（泰蘭格巴爾〔Tranquebar〕）與孟加拉（靠近加爾各答〔Calcutta〕的塞蘭普〔Serampore〕）的貿易站。來自德國哈雷市（Halle）的路德派傳教士在丹麥國王庇蔭下，與南印度建立長期連繫關係。

然而東印度公司在自己領土上卻禁止傳教活動，認為這舉動將激怒印度人，包含印度教徒與穆斯林，會危及公司業務。因此一八一二年戰後，首位離開新英格蘭前往印度傳教的美國人阿多尼蘭・喬德森（Adoniram Judson），剛抵達馬德拉斯（Madras）就被送進監獄，而轉向緬甸宣教。禁止宣教的命令固然移除印度人對英國統治產生不滿的潛在風險，但在英國本土卻飽受批評，因為這行動毫無建樹，特別是十九世紀初年英格蘭正面臨福音宗教高漲的浪潮。無論如何，這道禁令推行數十年，直到一八一三年東印度公司更新特許權時，英格蘭支持傳教的意見，終於迫使國會終結這道禁令。這時，早在英國國教會遣送傳教士進入印度前，英國浸信會傳教士凱瑞（Carey）、馬許曼（Marshman）與沃德（Ward）已透過丹麥在加爾各答附近的賽蘭普貿易站傳教，並獲得些許成果。雖然相較於印度全體人口，改宗基督教的人數極少，然而後續將看到傳教團帶來許多重要影響，特別是透過學校及批判印度教所產生的影響。

東印度公司在傳教禁令上讓步，但不干涉印度人家庭的態度，直到今日影響依舊存在。在英格蘭，家庭法律相關事務是由英國國教會宗教法庭裁決，印度殖民政府以英國模式為本，在殖民初期階段就承認，印度存在獨立的印度教法及穆罕默德法或穆斯林法，並於各自法庭管轄婚姻與繼承等相關事務。刑法與合約法則全印度皆同。在家庭事務上，殖民統治延續了印度教徒的古代梵文法典《法論》，及穆斯林的伊斯蘭教法；同時也讓這些古老經典的權威更加擴大，甚至取代地方慣習。英國政府不想要干涉這些法律，在家庭事務方面的立法十分有限。因此當歐洲已開始發展世俗婚姻時，印度仍舊十分受限，多數婚姻必須由宗教權威主持。雖然印度獨立後，國會為印度教徒及其他人制訂了新的婚姻繼承法律，但印度的穆斯林法仍舊是一塊獨立領域，基本上自殖民時代的《盎格魯—穆罕默德法》（*Anglo-Mohammedan law*）以來未曾改變。以印度教徒為主體的印度國會，將《法論》權威擱置一旁，為印度教徒制訂家庭法，卻因穆斯林少數團體的身分，考量到若干涉以宗教為主的穆斯林法，恐引起政治敏感爭議，造成印度並沒有一套適用全體印度人的婚姻繼承法（相對地，以穆斯林為主的巴基斯坦與孟加拉國會，制訂婚姻法時則毫不遲疑）。由於印度教徒的法律經改革後已與當代情境同步，而穆斯林卻持續受到宗教權威控制，且國會認為無法改變，這一現象已成為印度共和國中印度教徒與穆斯林之間持續衝突的來源。

最後，在土地稅收上，東印度公司早期也傾向最低限度干涉，採行永久固定地租包收人「查敏達」（Zamindar）的土地稅率，查敏達通常是擁有上百村莊的大地主。「永久協議」（Permanent Settlement）的政策背後，認為每年繳納永久固定的土地稅，將能誘使查敏達透過投資改善農作收成，因為每一分多出的收成都為查敏達帶來淨利，不需與政府分享。永久協議對英國統治者也有利，將納取農民稅收的責任轉嫁到查敏達身上，政府便不需維持大批低階收稅官員。

在許多層面，最低限度干涉與不改革的政策立場，在十九世紀初年逐漸受到壓力。不同的獨立力量合流，在英國形成一股依照歐洲形式改革印度的強大聲浪。改變浪潮始於土地稅收。由於絕大多數印度人都是農民，因此土地稅收是政府的主要收入。農作收成如何入稅對統治者與被統治者同樣影響重大。一七九二年，當南印度內陸區域落入英國手中，托馬斯·蒙羅（Thomas Munro）是測量新納土地制定租稅的軍官之一。他將地稅定在個別農民或萊特（ryot，印地語為 raiyat）身上，而非大地主查敏達身上。透過蒙羅的倡議，萊特瓦利（ryotwari）制度取代查敏達利（zamindari）制度，成為南印度與孟買地區未來租稅協定的標準。這套制度的目的，在於賦予個別農民明確的土地所有權，因此擁有田地的是農人而非富裕地主，而他們便成為改善農業收成的動力。這舉措同樣帶來政府組織的革命。為確保個別農民繳納應付稅款，政府需要一大群低階收稅員，歸屬在各省各區的英國租稅官之下，測量每塊田地，評估並收納稅金。由於這些收稅員薪資低，卻有大把盜用公款與敲詐的機會，因此便賦予租稅官可任意調查解雇手下的無限權力。此外，過去租稅官的行政權原本與東印度公司設立之法庭的司法權分割，現在租稅官也獲得廣大的司法權。這項權利與英國政府行政、立法、司法三權分立的原則勃然相悖。然而自這時起，已然成為印度鄉村管理的模式：一名高薪的英國租稅官，享有極大行政與司法權，管理大群低薪的印度收稅員。透過這方式，政府能夠直接觸及每位農民，而非透過中介的大地主。

土地稅收改革背後顯示出土地私有權與激勵個人收益的自由主義傾向（雖然明顯是在並不甚自由的租稅官監視下），改革轉向同時也受英格蘭的兩股自由改革力量推動：尋求政府改革的功利主義與尋求社會改革的福音運動。關於印度的兩股力量分別由功利主義領袖詹姆士・彌爾（James Mill）與擁有福音運動關聯的托瑪斯・巴賓頓・麥考萊（Thomas Babington Macaulay）及查維仁（Charles Trevelyan）推動。他們並非天生盟友；事實上麥考萊曾針對彌爾知名的政府論文發表嚴厲攻擊。環境造就結盟，特別是在印度。彌爾高度欣賞蒙羅的稅收制度；麥考萊與彌爾推廣印度人的英文教育，而非印度法律的傳統語言——梵文、波斯文及阿拉伯文。雙方都從自己的角度，透過大量引進歐洲思想，推動利益印度的改革。一八三〇年代的英國也面對許多改革，包含擴大投票權及國會改革，意圖令國會更具代表性，也更對選民負責。英格蘭偉大的自由改革時期中，在印度由上而下推動自由主義概念，然而這個政府負責的對象卻不是被統治者，而是位於遙遠英國的國會。這一矛盾可視為某種自由專制政權（liberal despotism）。新的政策立場獲得新的印度政府理論支持。早期的英屬印度統治者腦袋十分清楚，他們的工作是為了公司股東的利益，而非他者；現在改革志向的新統治者則說服自己與他人，他們是為了印度人的利益，以歐洲文明為範本，透過逐步政治社會改革政策，為他們在遙遠未來的自治做準備。

整個英國統治過程中，改革歐化的浪潮此起彼落。例如，一八五七年兵變起義後，英國人總結認為印度人反抗英國統治乃是由過度歐化改革引起，有必要採行比較保守的政策，以平息印度人對自己宗教與生活方式受到政府政策侵蝕的恐懼。因此宗教與社會慣習事務，特別是關於家庭法，將由歐化路線改革中移出。即便如此，歐洲勢力與印度流傳的歐洲思想，仍舊在印度人身上造成革命性影響。然而這些發展並非總是清晰明白，且經常相互矛盾，接下來我們將逐一討論。

在家庭與親屬關係上，維護婚姻繼承古老律法的動力，延續了區分印度教徒與穆斯林的法律體系；某種程度上，也擴大了梵文律法與伊斯蘭教法在印度社會中的影響範疇。因此家庭親屬關係事務，除了法官訴訟判決外，主要仍由宗教權威掌握，受到政府法庭支持，幾乎不受改革新法動搖。在這領域中，英國統治展現完全保守特質。另一方面，基督教傳教士對印度教與伊斯蘭的批評，特別著重在家庭與婦女地位，致力於童婚與女性隔離等議題。這些傳教士對印度教社會行為的批評，雖未能帶來大批改宗信徒，卻在印度人之間激起要求改革家庭法的運動。這些發展最終帶來重大改變，例如提高法定結婚年齡及給予子女同等繼承權。

歐洲文明影響最深刻的領域，莫過於政治，英國人雖非出自本心，卻將人民主權作為政府模型的概念，傳輸給印度人。英屬印度政府是在英國人民主權之下，而非印度人民主權；換言之，對印度而言這個政府實為專制政府，正違背人民主權理想。在新成立的殖民地高等教育機構中，印度人透過英語逐漸接觸歐式實踐與概念，無法遏止地發現人民主權的理想正席捲歐美，並自此創造出政府的國際典範。印度人知道古代的共和政府形式，然而王治（raja）已長期成為政府模型，因此到了殖民時期，人民主權的概念既古老、為人遺忘，卻又十分新穎。人民主權是大英帝國自由主義意識形態的核心，而印度自治則是英國監護的終點。然而，人民作為政府權威的唯一合法來源，與殖民關係全然衝突，因此很快啟發了要求民族自治的運動，其中最早的騷動就出現在十九世紀中葉。這波發展將導向反抗英國統治的民族主義抗爭，以及最終的獨立。

歐洲文明對印度影響的第三個層面，是關於高等知識，特別是科學與技術。在這一點上，大英帝國形成的時機帶來重大影響；取得印度領土統治權後不久，英國就經歷工業革命，且成為世上第一個工業化的國家。工業革命的影響深刻改造英國，也同樣深刻改變英國與印度的經濟關係。直到約一八〇〇年，歐洲仍付出大筆金錢，交換來自印度的昂貴商品，特別是各種織品。透過貿易產生了許多織品英文字彙，例如印花布（calico）、平紋細棉布（muslin）、擦光印花布（chintz）及頭巾（bandana）。英國人擅長在歐洲市場銷售羊毛布料，卻無法將羊毛銷往印度，另外需透過阿姆斯特丹市場取得新世界白銀，用來交換印度布料。這類貿易條件自羅馬時代以來，幾乎未曾改變；當時印度也是以製品交換錢幣。然而一八〇〇年後，當曼徹斯特的英國實業家發展出以機器生產棉布的紡織品產業，印度的貿易條件開始產生變化，而且十分劇烈。新工業製造出廉價棉布，即便加上美國或中東棉花送往曼徹斯特，及曼徹斯特棉布送往印度的運輸成本，仍擊敗印度的手織綿布。何況英國統治確保曼徹斯特棉布在印度不受關稅阻礙；若印度仍由自家人統治，則必然會有關稅壁壘。可想而知，工業化必然也對英國帶來重大社會影響，手織產業也遭破壞，許多自營織者失去生計，被迫成為賺取薪資的工廠工人。這些影響傳布全球，且無法遏止；若印度享有自治，也許可以減緩這波社會影響，或削減其威力。但整體結果是印度成為原料供應國及（機器生產的）產品進口國；恰好與過去貿易條件相反。然而，摧毀手工布料產業並非故事終結。長期來說，印度企業家也開始進口英國機器設備，也在印度發展出機器生產的紡織產業，並擊敗英國的紡織產業。在新科技傳布、自由貿易的條件下，反而是印度的企業知識與低薪獲得勝出。

紡織品的故事，是歐洲新科技大幅改變印度的主要方式之一；另一個案例則是引進鐵路，火車完全融入印度人的日常生活，對各地人民來說是不可或缺的交通工具。印度人快速吸收工程與科學知識，納為己有。印度過去在數學天文方面的成就貢獻，不僅影響歐洲人在文藝復興時期獲致高等的科學知識，這時也反過來協助印度人吸收歐洲科技新知。古印度的科學發展，在中亞、東亞及東南亞的印度化世界留下印跡；語音學與文法學的研究，這時也透過歐洲的梵文研究及印歐人的發現，形塑歐洲。概念交流從來不是平等進行，也非單向發展。

最終，歐洲知識對印度最深刻的影響，也許在於歷史的概念。歐洲人對於上古印度的研究，從《摩訶婆羅多》、《羅摩衍那》到《往世書》中的敘述，甚至連結其他國家與文明的歷史，全然推翻對於印度古老過往的認識。新的歷史，民族國家的嶄新政治理想，總結形成對於印度的新概念，以及通往未來、通往獨立的道路。

第十一章

# 民族國家

- 印度民族主義的興起
- 甘地與真納
- 印巴分治與獨立

民族—國家概念的發展深刻影響了印度，並激發印度人反抗英國統治。英國統治與歐洲文明激發的數波宗教反響，同時也吸收來自歐美的部分政治新思維，為印度民族主義的興起鋪好道路。

過去數世紀中，民族—國家概念已然成為國際政治的價值典範。然而何謂民族—國家？「民族」一詞存在已久，遠早於任何民族都應有其政治實體的信念。因此，英國統治者一開始認定印度人為一種民族，並未認為「民族性」是賦予印度人脫離外國統治的道德基礎。然而，一七七六年的美國獨立革命，接續一七八九年法國大革命，主權在民的理想開始在歐洲人之間傳布。這理想認為人民意志，而非君主意志，才是政府正當基礎及唯一合法的立法源頭，立法則由人民代表於議會中代為行使。人民主權是黏著民族與國家這兩個概念的拉力：若人民為主權來源，則每群人民或民族皆應有其政治實體。透過票箱選出代表，人民意志進而神聖化。這一概念在十九世紀成熟並開始傳布，二十世紀後則成為主流思想。因此在第一次世界大戰結束後，威爾遜（Woodrow Wilson）在和平談判中提出的民族自決原則，正是體現並建制化這一理想。國家聯盟（League of Nations）與聯合國（United Nations）都是二十世紀中，高舉著正常政治實體應為自主國家的國際機構。

民族—國家概念的發展深刻影響了印度，並激發印度人反抗英國統治的想法。英國統治與由歐洲文明激發的數波宗教反響，再加上來自歐美的部分政治新思維，即為印度民族主義的興起鋪好道路。

## 印度民族主義的興起

### 羅摩摩罕．洛伊

羅闍．羅摩摩罕．洛伊（Raja Rammohan Roy，一七七四至一八三三年）正是所屬歷史時刻下最有趣的人物之一（見圖十九）。介於蒙兀兒帝國末年與英屬印度初年，他出生於孟加拉的婆羅門家庭，父系祖上多代在蒙兀兒統治之下擔任世俗文官職務，而非祭司或宗教導師（母系祖上則從事這類工作）。因此，為了承續政府公職，他接受波斯文與阿拉伯文教育，同時也學習梵文。在這背景下，加上廣泛遊歷英屬範疇之外的印度世界，讓他兼具蒙兀兒晚期學者與啟蒙印度紳士的特色。他擁有普世思想，對於世界事務及印度教改革深感興趣。他告訴我們，他想改革印度教的想法，第一次是出現在接觸反對偶像崇拜的伊斯蘭之後。十六歲時他寫下一篇文章，倡議印度教去除偶像崇拜。

如簡短自傳中所述，羅摩摩罕．洛伊一開始對英國統治十分反感，但最後卻認為英國雖

圖十九　羅摩摩罕．洛伊

是外國統治勢力，「終究能更迅速並確實提升本地居民生活」，因此他任職於東印度公司。[39]他深諳英文，是一名雄辯滔滔的作家與演說家，並倡議許多社會政治改革。他對伊斯蘭教的興趣，更延伸到基督教；透過研究希伯來文與希臘文的聖經，以英文寫下《基督箴言：迎向和平喜樂》（*The precepts of Jesus, the guide to peace and happiness*）一書，進而翻譯成孟加拉文與梵文。這本書直接以理性道德體系陳述耶穌話語，脫除歷史神話成分，類似同時代的湯瑪士·傑佛遜（Thomas Jefferson）在遙遠美國所寫的著作。

羅摩摩罕對於提升印度生活的想像，兼具政治與宗教性；因此行動上除了遊說政府進行多項政治改革，另一方面也開創印度教改革運動，稱為「梵天聚會所」（Brahma Sabha）。政治改革方面，他提出請願，反對一八二七年的陪審團法，雄辯滔滔提出印度人反對該法的意見。這法在英國審判傳統的陪審團制度中，引入歐洲人特權與宗教考量。「任何本地人，無論印度教徒或穆罕默德信徒，」他說，「在此法之下，無論他是歐洲人或本地人，均受基督徒審判；然而包含改宗本地人在內的基督徒，則可免於受印度教徒或穆斯林陪審團裁判的羞辱，無論

39 Rammohan Roy（1995）。

印度教徒或穆斯林裁判社會地位高低。」[40] 羅摩摩罕晚年前往英國，於東印度公司特權延展的聽證會上，向國會直陳改善印度治理的必要。他最終在英國過世。

羅摩摩罕．洛伊推動的數項社會改革，是採取不干預政策的英屬印度政府不願涉入的領域。多數都與印度教社會中，低種姓與婦女所受的不平等法律待遇有關。例如，他倡議婦女可繼承家族財產，寡婦可再婚，並反對一夫多妻。其中最知名者，在於極力主張廢除薩蒂習俗（sati 或常見拼法 suttee）。這是一項雖非常見卻引人注目的習俗：印度教寡婦在去世丈夫的火化壇上自焚殉葬，被視為女性向丈夫表達永恆忠實的理想典範。這項倡議激發英國基督徒形成強大壓力，要求政府採取行動廢除薩蒂習俗，實則要求東印度公司干涉一項不願涉入的印度教習俗。羅摩摩罕．洛伊對於廢除薩蒂的倡議，讓他進一步質疑這項習俗是否確為印度教法所規範，意思這是否來自吠陀經典明定。他引述梵文經典及彌曼差派詮釋法則（見第七章），說明這舉動並非來自印度教法規範。

他對薩蒂問題的立場，與改革印度教的想法一致，因此提出對印度教與印度歷史的詮釋，以支持改革議題。羅摩摩罕．洛伊認為，他反對的許多社會及宗教議題，都是吠陀經典中未曾發現的腐化習俗，而是後世逐步滲入印度教。因此，他主張的改革，實際上是重返較純淨的吠陀或吠檀多派，去除社會陋習，儀式採最低簡化。因此，他在伊斯蘭與基督教中遇到的印度教批判，非但不是鼓舞脫離印度教，而是激發從內部資源改革印度教的動力。這股思想形成梵天聚會所，以吠陀誦讀為核心活動，並與印度教廟堂中的崇拜行為明顯區隔。比梵天聚會所本身更重要的是，他推動的改革思想與印度教的歷史性概念。

## 宗教改革

梵天聚會所是侷限於加爾各答菁英的小型運動，創辦人去世後隨即萎縮。然而卻啟發了德文丹拉・泰戈爾（Devendranath Tagore）採用類似的名稱：「梵社」（Brahma Samaj），拓展成傳道運動。梵社擁有入社儀式、有薪傳道者與傳布訊息的期刊《辨菩提評論》（*Tattvabodhini Patrika*）。透過這些方式，梵社很快在孟加拉各處傳布，開立分社；雖然未曾轉成群眾運動，卻是印度教改革中能見度極高的典範。梵社致力於推動獨一神不需偶像崇拜的概念，並致力改革印度教的社會法與慣習。一八六五年，這波運動分裂成兩大陣營，較為極端的一支在凱

40 Rammohan Roy（1995）。

沙布・錢德拉森（Keshab Chandra Sen）的帶領下，採取偏虔敬主義而非梵文——婆羅門色彩的走向，在全國社會改革中頗具影響力。這支改革力量在廢除童婚與一夫多妻制，支持寡婦再婚，並為世俗婚姻制度開一扇窗的立法過程中，都扮演著重要角色。這扇窗雖小，仍為不屬於任何宗教組織者開啟一線生機。

梵社在印度各地擁有某種知名度，甚至在馬德拉斯、孟買與旁遮普成立分社。雖然主要仍是孟加拉的改革運動，影響力卻超越孟加拉，傳布到英屬印度的大型城市，在受過歐化新思潮洗禮的專業人士群體中流傳。在凱沙布・錢德拉森支持下，孟買發展出類似運動稱為「祈禱社」（Prarthana Samaj），成為印度教內部堅實的改革運動。祈禱社雖虔信馬哈拉施特拉地區中古時代的印度教聖人，但也致力於社會改革工作。馬哈戴夫・戈賓達・拉納德（Mahadev Govinda Ranade）法官終身倡議改革運動，並成為印度國民大會黨（Indian National Congress）的創建人之一，展現了宗教與社會改革合流，最終形成民族主義政治運動的發展。

達耶難陀・薩拉斯瓦提（Dayananda Saraswati，一八二四至一八八三年）啟發下成立的「亞利安社」（Arya Samaj），則以截然不同的形式，帶領旁遮普的宗教改革運動。達耶難陀並非出身歐洲知識洗禮的都市英文菁英階級；他是一名隱士（sannyasi），不諳英文卻熟稔梵文。他帶領的運動很快傳布整個旁遮普與恆河谷地。他的改革信念一言以蔽之，就是「回到吠陀」。他認為吠陀與吠陀社會無種姓之分，不崇拜偶像，也無多重神祇、廟堂與繁雜儀式；而是基於以聖火為主的簡單崇拜儀式。他也反對《往世書》等後吠陀時期建立的大批文獻，視其為腐化象徵。他透過出版、積極傳道，主動邀請其他宗教的印度人改宗，來推行印度教改革運動。

同時間，一群稱為「羅摩克里希那教團」（Ramakrishna Mission）的僧侶，在加爾各答掀起另一波運動。教團名稱來自迦梨河階神廟（Kalighat Temple）一名神祕祭司羅摩克里希那．帕拉瑪和沙（Ramakrishna Paramahamsa，一八三六至一八八六年），他宣稱可以透過其他宗教途徑通達天聽，不論是印度教、伊斯蘭教或基督教的教徒。他給的教導不多，卻是深具個人魅力與天賦的導師，吸引了大批受過大學教育的孟加拉青年，並以他之名建立起宗教運動。其中最有名的弟子是納藍德拉納特．達塔（Narendranath Datta），法名為斯瓦米．維韋卡南達（Swami Vivekananda，或稱辨喜，一八六三至一九〇二年）。一八九三年，維韋卡南達前往芝加哥參加多國宗教領袖齊聚的世界宗教大會（Parliament of Religions），成為國際知名人物。番紅花色的袍服頭巾給美國人留下深刻印象，他的演說一路傳回印度，帶著全國甚至世界知名的形象凱旋而歸。維韋卡南達成功融合兩種背景——大學教育與羅摩克里希那導師的教誨，他認為西方在物質文明較為先進，特別是科學與技術上；而東方，主要是印度，則長於精神文化。然而，兩者都是人類所需。如此主張廣為印度人及西方信徒所接受。羅摩克里希那運動很快在印度開枝散葉，更成為向歐美傳布瑜伽及改革派印度教的先鋒。

印度對應來自歐洲不同新情勢的反應不一。在殖民統治的限制下，即便面對歐洲模式，政治觀點的直接表述仍受到箝制，但政府對於宗教事務則採取袖手旁觀的態度。因此，只要不直接衝撞印度的外國統治者，宗教反倒成為相對自由的言論空間。這種情勢讓宗教逐漸成為公共辯論與行動的重要領域。前述的改革派運動知名度高且影響力深，但絕非群眾運動。它們在形塑國家意識上，帶有一定影響；然而同時間發展的其他傳統宗教復興運動，卻更能深刻影響廣大群眾。在印度教運動中，帶著反穆斯林影響的推廣牛隻保護，及使用新溝通方式拒絕歐洲影響的虔愛運動復興，都非常受到歡迎。

印度穆斯林對於歐洲思潮的反應也是不一致。這個時代的重要象徵之一，是由賽伊德·阿赫馬汗（Sayyid Ahmad Khan，一八一七至一八九八年）在阿里格爾（Aligarh）成立的穆斯林盎格魯—東方學院（Muhammedan Anglo-Oriental College）。長期掌握統治權力及大片土地的穆斯林，在接受新的大學教育與歐洲新知的速度上，遠遠落後於印度教徒。建立阿里格爾學院是為了提升穆斯林的教育程度，在接受伊斯蘭教育同時，也可獲得英文與現代科學知識。另一種對於西方思想與現代主義力量的迴異反應，則展現在學習傳統伊斯蘭的狄歐班德學校（Deoband school）的創建。這一派認為只要當局持續維持盎格魯—穆罕默德家庭法，他們就願意接受英國統治；這類學校專心致力於伊斯蘭教育。狄歐班德成立了專門組織，以烏爾都文而非阿拉伯文印刷宗教著作，並鼓勵用烏爾都語來做宗教論述，以擴大社會基礎，吸引更多人接觸傳統取向的伊斯蘭文化。在印度與巴基斯坦有不少狄歐班蒂派（deobandi，編注：以印度德里北部的小鎮來命名）學校（madrasa）。

## 印度國民大會黨

一八五七年的叛變很快發展成復興蒙兀兒帝國與印度王公舊政權的戰爭。英國人耗費鉅資，以殘酷武力鎮壓起義，同時也導致蒙兀兒帝國政權正式滅亡，最後一任君主流亡海外。東印度公司一開始在蒙兀兒帝國授權下進行統治，雖然多少是透過武力取得，但此虛構理由逐漸被另一個說法取代：蒙兀兒帝王受到英國供養；這說法完全翻轉了兩者關係。這時符號玩弄終於畫上句點，東印度公司治理也同樣終結。印度政府直接由英國王室，也就是英國國會治理；新一波符號演示中，毫無實權的立憲君主——維多利亞女王成為印度女王。她的臉孔則出現在盧比銅板上。

起義事件後，新的政治行動者掀起新型態政治活動。這類政治家多數並非出自舊政權的菁英——德里附近或內陸城市為主的蒙兀兒貴族及大地主（查敏達）；相對地，他們多來自新的海岸城市且受過新式大學教育的領導群體。這些大型海岸城市是殖民政府的中心，特別是三大總督府所在地：加爾各答（Calcutta）、馬德拉斯（Madras）及孟買（Bombay）（現在英文則依序改為 Kolkata、Chennai〔中文改為清奈〕及 Mumbai）。在這些地方他們嫻熟歐洲思潮；

事實上許多人都是律師，而有效的政治行動，正仰賴法律專業中對殖民政府的技術性知識掌控。他們成為新印度概念的自發領袖，對於現代印度的想法則受到英國帝國主義與歐洲文明深刻影響。

雖然英屬印度統治者嚴懲推翻政府的倡議，但也承繼了蒙兀兒帝國與舊印度王國的傳統，接受子民向政府請願；因此請願一直被視為請求政府採取行動或改革的可接受管道。如前所見，自羅摩摩罕．洛伊的時代開始，總督府城市的新印度菁英就擅長運用這種政治行動。這類單一議題的倡議逐漸擴大迴響；透過報紙與其他擴大溝通的管道，某些案例更發展成全國性注目的焦點。厚實與深化的運動在現代情勢中溝通新印度的意涵，最終在一八八五年發展出印度國民大會黨。這個團體一開始僅是新領導族群的政論社團，分散在三大總督城市及其他小型城市中，然而現在則成為年度盛事，各地成員群聚，以印度人民一統之聲，向政府傳遞建言。這是新政治思潮中，印度國家的概念首度以實體呈現。

這波發展中有幾個點值得注意。首先，這時並非群眾運動，二十世紀後在聖雄甘地（Mahatma Gandhi）引領下，才轉變成群眾運動。這波發展也缺乏任何實質意義的代表性。雖然宣稱代表印度人民，但發展本身並非民主成果，而是基於菁英有權領導的想法。如同頭腦指揮身體，新領導人也視自身為印度國家的頭腦，因其受過較為進步的知識教育，所以代表廣大人民的身體發聲。其次，這波發展屬於政治溫和路線，完全透過合憲方式追求目的。如同羅摩摩罕・洛伊，他們也認為要改善印度人民生活，至少目前來說，最好的方式就是透過英屬印度政府。第三，他們視印度人民為一個國家，不分宗教信仰，因此特別追求在運動中納入穆斯林與印度教徒。這些正是十九世紀最後二十五年中，印度民族主義逐漸成形的特色。

## 甘地與真納

在這裡值得重申，英屬印度是個擁有許多不同政治與宗教運動的龐大國家。追求自治的複雜過程，並無單一總體領導或方向；若將其視為一、兩名領袖的成果，則難以真正了解過程。同時間，認識獨立運動兩位知名領袖——甘地與真納（Jinnah），以及相關政黨——印度國大黨與全印穆斯林聯盟（Muslim League），則是掌握獨立運動複雜性的第一步。

### 甘地

印度國大黨的政治行動，受到摩罕達斯・甘地（Mohandas Gandhi，一八六九至一九四八年）

的深刻影響。以「聖雄」（Mahatma）之譽廣為人知的甘地，是二十世紀印度民族主義的靈魂人物。他將國大黨從一個政論團體，轉變成行動取向的群眾運動領導者；他所採取的政治行動則以古代的非暴力（ahimsa）原則為基礎。

如同民族主義運動中的許多政治領袖，甘地也是律師出身。他的父親是西印度小公國波本達（Porbunder）的首相（diwan），甘地本人則前往英國習法。此後，他長期住在南非，一開始受雇於當地一名富裕的印度穆斯林客戶，對方擁有龐大的零售事業。甘地具有虔誠的宗教信仰，但絕非傳統取向，且在策動非暴力政治行動的新招上，具有高度原創性。他在南非領導了數次非暴力群眾運動，代表印度社群爭取平等待遇並反對歧視性法律。甘地無疑成為南非印度人的道德領袖。他動員群眾以非暴力行動反抗不公律法，群眾也願意在國際社會注目下擠爆監獄，在全世界目光中建立起抗爭的正義，正是將非暴力原則帶進現代世界的傑出作法。他稱呼這類行動為「不合作主義」（satyagraha，原意為真實的力量）。雖然甘地未曾擔任任何政治職務，但在南非時期末期，他與當時的總理協商，透過修法改善印度人的困境。這些行動獲得印度與世界媒體廣泛報導，而甘地也如先前的維韋卡南達，返回印度前已成為舉國知名的人物。當他抵達印度時，獲得英雄般待遇。這時為一九一五年；中年的甘地返回印度，展開波瀾壯闊的生涯。

這時，民族主義運動已集結許多力量，將國大黨由成立時以請願為主的保皇改革路線，轉向為更激進派路線。一九〇六年，英屬印度政府將孟加拉分成數個小省，高壓且不得民心的決策激起反對聲浪。「自產自銷運動」（Swadeshi movement，swadeshi 意指本國）抵制外國產品及英國統治下強制推動的貿易規則，改為支持印度本地生產。一次大戰爆發後，英屬印度政府將印度及印度軍隊捲入一場與印度無關的戰爭，本地人卻無法反抗，激起群眾憤怒。一九一九年旁遮普發生札連瓦拉園屠殺（Jallianwala Bagh），這時的阿姆利澤因動亂時期禁止公眾集會，戴爾將軍（General Dyer）卻下令軍隊向手無寸鐵的印度群眾開槍，殺死超過三百人，射傷超過千人。士兵們持續掃射直到子彈用盡。這次事件引起排山倒海般的抗議聲浪，並激起印度人對英國統治持續增加的敵意，這股敵意在英國民眾表達對戴爾將軍的支持後更加深化。戴爾將軍於事後遭解除軍職，英國民眾籌募三萬英鎊以為支持，並稱他為旁遮普的救星。

這些事件浪潮中，印度人發起許多反對政權的行動。甘地絕非事件主謀，但仍是民族主義運動最明顯的象徵，更是號召大批印度人為國家美好未來努力的核心人物。因此我們必須了解他的理念與方法。在這個歷史時刻，印度人掌握先機，迫使英國人必須採取回應。

首先是甘地的個人風格，他並非以印度紳士的形象出現。不像多年前抵達南非時，身穿三件式西裝，帶著懷錶與頭巾，現在則穿著普通古賈拉特農民裝扮：手織的半身多提裹裙（dhoti）、光裸上身或以大批巾包裹上身、平頭、拖鞋及長條木杖（見圖二十）。其次，為了支持杯葛外國貨物、改採印度國貨的「自產自銷運動」，他推廣棉線紡紗及手織布料（khadi）。

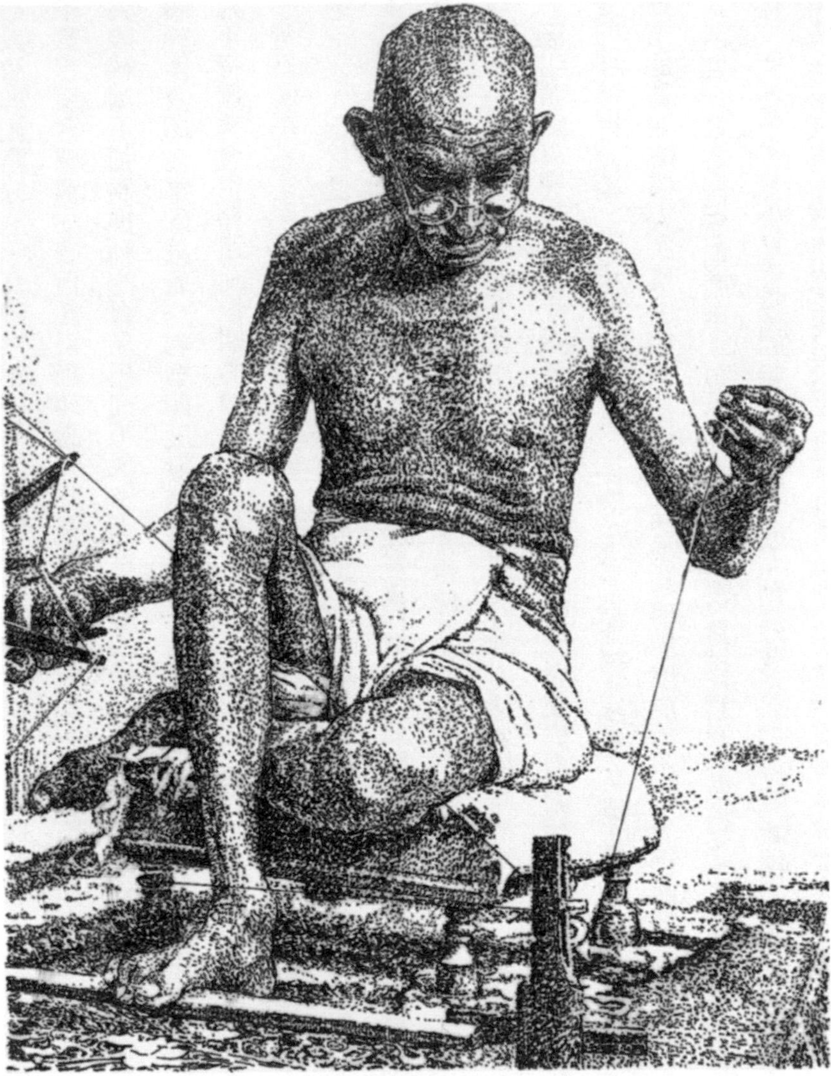

圖二十　甘地

如前所述，來自英國的便宜機紡布料摧毀了印度的手工紡織業，造成許多人失去工作及國家產業蕭條。因此抵制外國製布料，正是重新掌握國家經濟的明確象徵。第三，甘地為自己與親近僻建一處靜修之地。這個烏托邦社區做為全國典範及政治中心，雖然遠離西化城市，位於農村深處，但仍透過《青年印度》雜誌（*Young India*）的發行與全國各地保持聯繫。第四，甘地發展出高度引人注目的不合作策略，鼓動全國民心，迫使英屬印度政府不得出手防衛。

甘地採取的方法，是全面開放國大黨，將其轉為吸引各階層人民的群眾運動，而非僅是英語菁英的團體。婦女更在民族主義運動中扮演積極角色，表現亮眼。

群眾參與掀起三次主要事件，每十年一次，都由甘地扮演主要領導角色：一九二〇至二二年的不合作運動；一九三〇年的鹽隊運動（Salt March）；及一九四二年的退出印度運動（Quit India）。

一九二〇年，國大黨採行不合作運動，訴求全體印度人退出與殖民政府及相關機構的互動。此運動要求政府官員離職，大學生退學，消費者抵制外國產品。大規模退出及拒絕與政府合作的概念，也包括和平抵抗法律，並訴求大規模逮捕事件。

鹽隊運動是甘地不合作運動中最具創意的一項。自古以來，由地底採鹽或以海水製鹽，被認為是政府獨佔權利。英屬印度政府積極保護這項獨佔，並堅持對取鹽或製鹽納照收稅。例如，十九世紀中，殖民政府花費極大力氣在邊界厚植圍籬，以阻擋高稅引起猖獗的私鹽偷渡，自然效果不彰。由於鹽對窮人富家都是生活必需品，且每人消耗的鹽量差別不大，因此鹽稅具有驚人累退效果。由於此稅佔窮人收入比例較高，多數負擔都落在窮人身上。甘地的鹽隊運動正是故意以公開的方式製作海鹽，抗議政府獨佔，迫使政府必須將他及追隨者下獄。甘地與追隨者從中印度的靜修地出發，徒步前往約四百公里外古賈拉特的丹地（Dandi）海岸。每日行程以公開祈禱會告終，吸引大批地方群眾參與，和印度與國際媒體報導。隨著隊伍前進，甘地吸引愈來愈多支持者跟隨，最後英國人逮捕下獄者超過八萬人。雖然違法行為相當輕微——以海水製作一小搓鹽，運動本身的公開性質迫使殖民政府鎮壓如此明顯的違法行徑。鎮壓舉措進一步令英國政府在印度人與全世界眼中顏面盡失。

一九四二年的退出印度運動，則是甘地對二次大戰爆發的回應。二戰期間，如同一戰爆發時，殖民統治者再次未經徵詢印度人民，或得其同意，便逕自將印度捲入戰爭。「退出印度」口號，表達要英國即刻在戰爭期間退出印度的要求；並且在日本軍隊入侵前，讓印度人自己做主。戰爭時局中，殖民政府認為自己除了將運動者下獄外，別無他法。因此從甘地開始，連同幾乎所有國大黨領袖都被捕入獄。這個運動更大的背景是，一九三〇年代間，英國人已經開始與印度人分享更多權力，一九三七至三九年間，國大黨成員開始擔任地方政府官職，掌控治安與國防之外的多數事務。隨著二戰爆發，國大黨成員辭職以示抗議，但也因此將政府職位拱手讓給其他政黨，包含穆斯林聯盟。在退出印度運動期間，國大黨進一步撤出政治行動，深化它與穆斯林聯盟之間的分裂。此分裂最終將導致印巴分治。

## 真納

穆罕默德．阿里．真納（Muhammad Ali Jinnah，一八七六至一九四八年）如同甘地，也是一名律師；然而相似點僅止於此。真納傑出的法律才能，讓他在孟買的法律事業蓬勃發展，高超法律技巧吸引了最富裕的客戶。他將高明談判藝術帶進政治領域，幾乎無人能敵。真納是個時尚都會人士，身著優雅西裝，品味卓然，帶有明確的自由世俗傾向（**見圖二十一**），甚至有些藝術氣質。早期他曾想成為一名莎劇演員。在這些方面，他明顯與甘地截然不同。雖然兩人不時合作，卻從未形成任何情誼，即便在同為隊友的時期。當兩人意見相左時，真納卻是可怕敵手；即便拿到一手爛牌，他也能打出精彩的一局。

世局造就甘地與真納成為決定印度未來的敵對陣營領袖。從一開始（事實上直到今日）印度國大黨都視自己為代表印度所有宗教的大帳篷政黨（big-tent party）。它對印度歷史抱持著「一國」思維，在這個理念之下，印度國家應為歷史過程中所有人民融合的結果。然而，這並非唯一的印度史觀。例如，印度教出身的沙瓦爾卡（V. D. Savarkar，一八八三至一九六六年）則抱持真正的印度人不單視印度為先祖之地（Pitr-Bhumi），更應視其為宗教源出之地（Punya-

圖二十一　賈瓦哈拉爾．尼赫魯（左）與穆罕默德．阿里．真納（右）

Bhumi）。這表示對穆斯林、基督徒與其他宗教信徒來說，縱然以出生地及先祖論應為印度人，但若所循宗教起源地不在印度，就不能視為完整的印度人。這一論點稱為印度教國族主義（Hindu nationalist，編注：英文或可稱 Hindu nationalism）。在穆斯林中，則有不同的兩國論，認為穆斯林為另一個民族，因此理當有相應的民族國家。

雖然印度人口當中絕大多數都是印度教徒，但國大黨並不自視為印度教政黨，反而在其建國理想中，希望能凝聚所有印度社群。然而民族主義運動中最棘手的是，在未來印度穆斯林不算少數。分裂前的英屬印度擁有大批穆斯林人口，將近一億人，約為總人口的百分之二十五，讓英屬印度成為當時擁有最多穆斯林人口的單一政治實體。然而在新的人民主權理想及「一人一票」的選票民主政治下，穆斯林則成為永遠少數，在印度獨立後的國會中將居於印度教徒的多數之下。這是英國－印度版代議政治的長久問題：如何在民主選出的多數壓制下，確保少數族群的需求獲得滿足。國大黨與穆斯林聯盟之間固然有無數細節令兩者的關係敏感又困難，然而結構性因素才是所有摩擦最根本的來源。此外，如前所述，印度穆斯林族群主要由蒙兀兒時代遺留的小部分富裕地主，及大批貧困工匠與無產勞工組成，極少數受過大學教育的中產階級。類似真納這樣的現代專業人士非常少。這些因素都讓穆斯林認為印度民族國家治理下的未來困難重重。

國大黨與穆斯林聯盟之間的關係時常變化。兩者合作的高峰是一戰期間，因鄂圖曼與德國結盟時英國強迫印度，向鄂圖曼帝國宣戰。由於鄂圖曼蘇丹為穆斯林世界全體的哈里發，且這是一項國大黨與穆斯林聯盟得以合作的反英國議題，因此印度發起了基拉法特運動（Khilafat Movement）支持鄂圖曼統治者。然而戰後，當土耳其世俗派推翻鄂圖曼帝國，並終結了哈里發制度，基拉法特運動自然告終。

兩大政黨的合作告終，對於印度國家的不同概念卻逐漸成為衝突來源。二十世紀頭十年開始，英國在民族主義運動不斷施壓下，試圖找出能夠獲得所有政黨同意，與印度民選官僚分享權力的結構。其中包含為穆斯林等少數團體保留部分國會席次，這可能在贏者全拿的選舉中較為不利。一九三七至三九年稱為「雙頭政治」（Dyarchy）的權力共享時期中，印度政府由選舉產生，與英國政府分享權力，卻導致國大黨壓倒性的勝利，許多省分都由國大黨主政。這一結果正強化穆斯林聯盟的疑慮，憂心在未來的民主制度中，無法獲得足夠權力保障穆斯林利益。因此，開始浮現「巴基斯坦」的想法作為替代選項，在此概念下穆斯林與印度教徒形成兩個國家，印度穆斯林需要自己的民族國家。當二戰爆發，國大黨政府請辭抗議英國未得人民同意前就將印度加入戰局，真納與穆斯林聯盟宣布這是個舉國歡慶的日子，得以脫離國大黨。

二次戰後的英國大選中，工黨在克萊門特．艾德禮（Clement Attlee）領導下，取代了邱吉爾為首的保守黨。邱吉爾極力反對印度獨立，而艾德禮與工黨則支持獨立，並尋求盡快實施。

工黨的急迫性有其原由。艾德禮政府認為獨立必須在下一輪全國大選前底定，也就是邱吉爾可能再次當權之前，因此必須在五年內決定印度的未來。此外，英國經濟受到戰爭耗盡，無力再承擔印度的資源需求。後來，印度的紛亂狀態已近內戰邊緣。最後一份主張一統印度獨立的憲法提案，也是最後一次同時包含國大黨與穆斯林聯盟在內的未分裂印度政治架構，稱為內閣使團方案（Cabinet Mission Plan）。這份方案提出聯邦體系，包含僅有國防外交基本權利的中央政府，及享有極大自治權的地方政府，僅受中央政府有限度的管控。這份方案的特點是，地方省分可選擇合併，形成擁有自治政府與權力的中介政體。如此設計將允許穆斯林為主的省分合併成穆斯林統治的超級大省，當然印度教徒也可如法炮製。當此提案無法獲得雙方同意時，印巴分治成為唯一選項。

## 印巴分治與獨立

路易斯．蒙巴頓伯爵（Lord Louis Mountbatten）獲派擔任英屬印度最後一任總督，主持印巴分治（partition）及權力轉移。巴基斯坦與印度的權力轉移，分別在一九四七年的八月十四日及十五日發生。印巴分治一事頗顯微妙。英國派出一名法官，負責在地圖上畫下分治國界。擔任這份工作的資格是他未曾到過印度，且未與印度有過任何關聯，才能無私處理畫界一事。印度與巴基斯坦獨立共和國的界線，是經過數月秘密決議，然後在廣播中一起宣布。同時間也預備進行英屬印度政府的資產分割，依照新政府所占面積的比例，百分之十七點五的軍隊制服、火車引擎及車廂、銀行資產及鉛筆歸給巴基斯坦，百分之八十二點五則歸給印度。印巴分治更帶來大量人口移動，巴基斯坦的印度教徒與錫克教徒試著前往印度，而印度的穆斯林則想要往巴基斯坦。過程中，千百萬人永遠離開家鄉，數十萬人死於分治帶來的宗教仇恨與法治混亂中。不久之後，一九四八年，甘地與真納相繼去世；甘地魂斷暗殺者槍下，真納則死於癌症。致力於結合所有社群，特別是印度教徒與穆斯林的甘地，壯志未酬；世俗性格的真納卻成為宗教建國的領袖。

在群眾暴力與流離失所中，兩個新的民族國家誕生。對南亞與全世界來說，都是歷史性的一刻。印度與巴基斯坦的建國，為其他歐洲殖民地開啟一條道路。未來二十多年中，歐洲帝國的殖民地將成為獨立民族國家，創造出當今所處的國際秩序。

## 第十二章

# 新國家群

- 印度共和國
- 巴基斯坦與孟加拉
- 尼泊爾、斯里蘭卡、不丹與馬爾地夫
- 印度文明的未來

印巴分治後的南亞，出現新的民族國家群：印度、巴基斯坦、孟加拉、尼泊爾、斯里蘭卡、不丹與馬爾地夫，其中印度共和國無疑是最大的成員。南亞地區的新國際秩序高度受到印巴分治及後續的不穩定關係所影響。想要進一步了解今日南亞動態，我們將從印度開始，一一檢視區域內的新國家群。

印度與巴基斯坦的獨立，導致英國、法國、荷蘭與葡萄牙殖民帝國崩解。一九五〇與六〇年代的去殖民時期，沿著民族國家的界線，重新繪製了世界地圖。今日民族國家已成為國際常態。新創立的聯合國接受數十個新民族國家成為會員；他們的國旗在聯合國大樓外飄揚，他們的代表在聯合國會議中慷慨激辯，民族國家明確成為二戰後的新現實。

印巴分治後的南亞，出現新的民族國家群：印度、巴基斯坦、孟加拉、尼泊爾、斯里蘭卡、不丹與馬爾地夫，其中印度共和國無疑是最大的成員。南亞地區的新國際秩序高度受到印巴分治及後續的不穩定關係所影響。分治原是為了避免可能導致內戰的詭譎情勢，卻未能阻止暴力發生。分治後伴隨而來的大規模人口交換影響高達一千五百萬人，多數發生在旁遮普與孟加拉，更伴隨著新邊界大範圍的法治失序、暴力事件與流血衝突。最終造成兩國大量長期生活在貧困中的難民，經過數十年才重新安置定居。分治後，兩國幾乎立刻為喀什米爾開戰，這片區域的人口以穆斯林為主，卻由印度教國王統治。因此印巴兩國都宣稱擁有這片領土，至今爭議仍舊未休，兩國各自佔領部分地區。印度與巴基斯坦發生過三次戰爭，分別於一九四八、六五及七一年，並於一九九九年在卡吉爾（Kargil）發生過小規模邊界戰役。事實上，分隔獨立印度與巴基斯坦的差異不但從未消弭，更進而國際化。現今兩國都是擁有軍隊的民族國家，並於近年發展出製造發射核彈的能力。印巴分治不但未能解決問題，反倒賦予雙方戰爭武器而使局勢更加惡化。多數時刻，雙方長期處於不穩休戰與小規模邊界衝突的狀況下，戰爭帶來的明顯傷害是唯一牽制兩國的因素。印巴之間的緊張情勢是今日南亞的主要結構因素，但並非唯一。想要進一步了解今日南亞動態，我們將從印度開始，一一檢視區域內的新國家群（見地圖十一）。

## 印度共和國

印度共和國（見地圖十二）成立七十年來，變化甚鉅。簡短篇幅中雖無法完整敘述所有複雜變化，以下將分成三大部分描述其中的重要發展：民族國家、經濟與社會。

作為一個國家，從外觀來看，印度共和國最重要的特色是，一個具有選舉效度與信度的代議制民主國家。很多理由讓我們相信，這是一項驚人成就。首先，截至目前來說，印度是世界上最大的民主國家。人數多到全國性選舉的選票需要花費數週才能統計完畢。當代歐洲分成許多人口少於一億的小型民族國家，美國人口勘查超越三億，印度則擁有超過十億的人口。歐美演化出來的現代民主代議制度，背景是一群相互競爭的小族群；然而即便是分治後的印度，仍舊大得足以形成數個民族國家。世界上許多低度開發的國家都經歷軍事統治或一

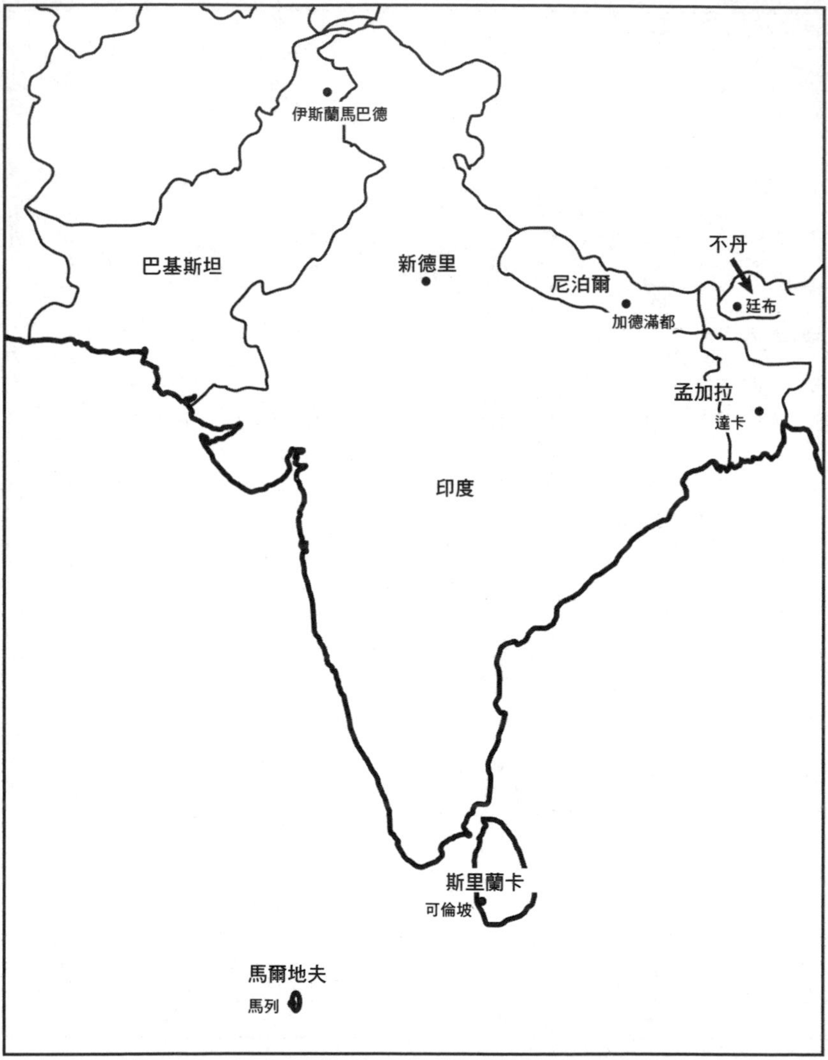


地圖十一　南亞的民族國家與其首都

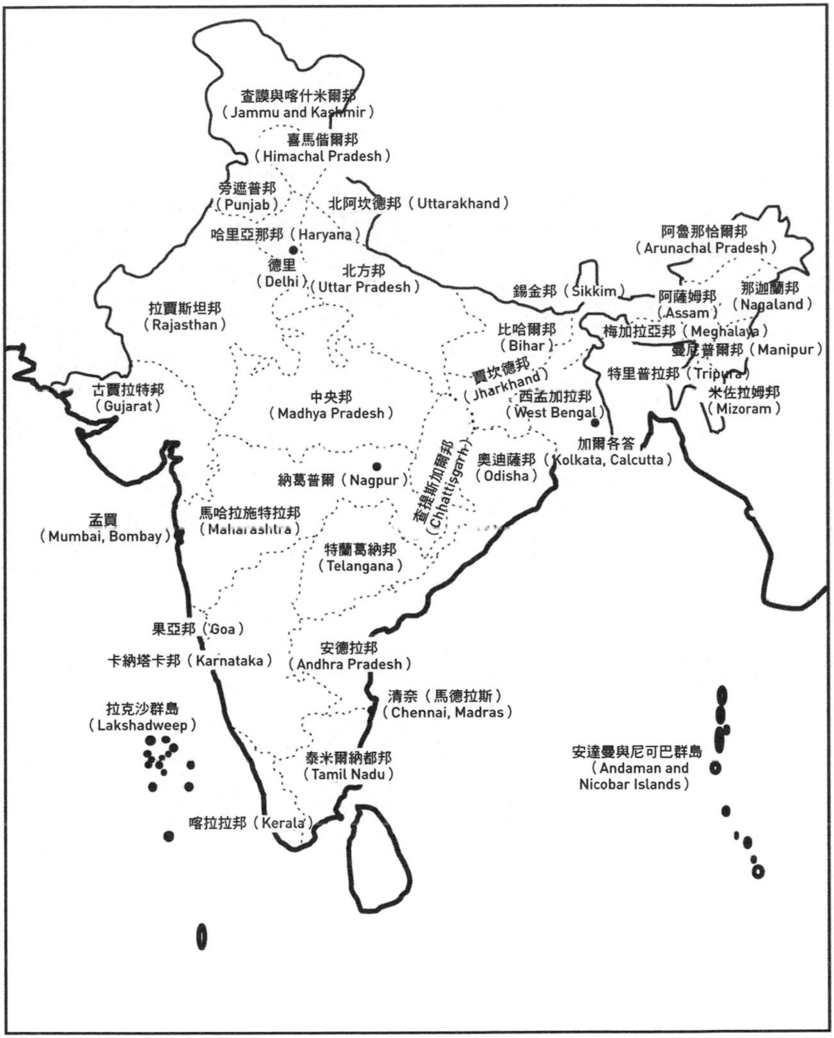
查謨與喀什米爾邦
（Jammu and Kashmir）
喜馬偕爾邦
（Himachal Pradesh）
旁遮普邦
（Punjab）
北阿坎德邦（Uttarakhand）
哈里亞那邦（Haryana）
德里
（Delhi）
北方邦
（Uttar Pradesh）
阿魯那恰爾邦
（Arunachal Pradesh）
錫金邦（Sikkim）
阿薩姆邦
（Assam）
那迦蘭邦
（Nagaland）
拉賈斯坦邦
（Rajasthan）
比哈爾邦
（Bihar）
梅加拉亞邦（Meghalaya）
曼尼普爾邦（Manipur）
賈坎德邦
（Jharkhand）
特里普拉邦（Tripura）
古賈拉特邦
（Gujarat）
中央邦
（Madhya Pradesh）
西孟加拉邦
（West Bengal）
米佐拉姆邦
（Mizoram）
加爾各答
（Kolkata, Calcutta）
查提斯加爾邦
（Chhattisgarh）
奧迪薩邦
（Odisha）
納葛普爾（Nagpur）
孟買
（Mumbai, Bombay）
馬哈拉施特拉邦
（Maharashtra）
特蘭葛納邦
（Telangana）
果亞邦（Goa）
安德拉邦
卡納塔卡邦（Karnataka）
（Andhra Pradesh）
清奈（馬德拉斯）
（Chennai, Madras）
拉克沙群島
（Lakshadweep）
安達曼與尼可巴群島
（Andaman and
Nicobar Islands）
泰米爾納都邦
（Tamil Nadu）
喀拉拉邦（Kerala）

地圖十二　印度共和國

黨專政時期，政黨競爭受到壓制；印度卻是例外。印度軍隊持續接受平民政府領導。即便曾在英迪拉・甘地（Indira Gandhi，或稱甘地夫人）擔任首相任內宣布戒嚴（一九七五至一九七七年），這段期間公民自由暫停，行政權取代國會進行有效統治，軍隊卻未奪取政權，最後國家仍成功重返選舉與國會統治。至於一黨統治，數十年中全國性選舉確實由國大黨主導，第一任首相尼赫魯（Jawaharlal Nehru，一八八九至一九六四年）的家族變成某種政治朝代，今日仍舊深具影響力。但其他政黨並未受到壓制，在全國政壇仍扮演重要角色。印度數次透過選票，在國大黨與非國大黨政府之間和平轉移政權，許多地方邦政府也由國大黨以外的政黨所組成。雖然我們常以為民主代議已是這時代的政府形式常態，但在許多超大國家或低開發國家，例如產油國中，民主代議制度並不穩定，甚至不存在。不過印度是個例外。原因之一可能曾經接觸英國議會理念與制度，然而其他前英國殖民地並沒有達到相同結果。另一部分可能是因為，印度社會由許多語言、種姓組成，因此缺乏天生的多數族群，導致印度任何層面的政治都需仰賴聯盟，而這正是適合民主代議制度成長的沃土。

首任總理尼赫魯是民族獨立運動中的國大黨青年領袖（見二九二頁的圖二十一）。他是甘地的愛將，卻將國家領向非甘地路線。如同許多脫離大英帝國全新獨立國家的第一代領導人，他也曾在英國受教育，並出生長期涉入民族運動的富裕家庭。尼赫魯想像中的新印度，需要強盛軍隊與強大工業基礎，與甘地主張的反西化烏托邦理想背道而馳。尼赫魯接觸英國社會主義政治思潮，也給了他不同於西方發展模式的想法。政治上，尼赫魯採行不結盟路線；經濟上則推動由國家來領導經濟發展，以基礎工業國有化及管控私有企業為主。

不結盟運動（Non-Aligned Movement, NAM）成立於一九五五年，由印度、南斯拉夫與埃及領導人——尼赫魯、提托（Tito）與納瑟（Nasser）共同發動。這個運動是冷戰產物；當時美國與蘇聯間的長期對峙，將世界分裂成兩大陣營。不結盟運動成為第三路線，拒絕在冷戰中選邊站的替代路線。雖然這對世界帶來些許影響，但不結盟思想本身並不足以成為運動的核心號召。事實上，部分主要成員，例如中國、古巴與南斯拉夫，也並未公認為不結盟。一九六二年印中之間的領土戰爭，更在不結盟運動兩大成員之間結下樑子。雖然今日名義仍存，但冷戰結束也讓運動失去存在的理由。

影響更大的是，面對印度工業化問題時，尼赫魯推動的類社會主義經濟制度。如前面所見，印度成為英國殖民地時，英國恰逢經歷工業革命。印度的統治者身為世上第一個工業化國家，卻正巧導致印度的去工業化；前機器生產時代的印度手工業，特別是紡織業，遭到摧毀殆盡，使印度也轉型為英國工業的原料供應國及工業產品市場。這時獨立印度必須盡一切努力促進工業化，以扭轉局勢，或者說（由於早期工業遭到摧毀）以現代化方式重新工業化。

尼赫魯採取的政策，是以國有工業負責生產多數基本產品與服務，包含電力、煤炭及鋼鐵，以及許多非消耗性民生用品；其他民生用品則由私人企業在政府嚴格把關下生產。政府透過計畫經濟引導國家發展，採行蘇聯的五年經濟計畫。目標是控制外國公司進入印度市場（即殖民時期貿易條件的翻轉），保護初生的本國產業免於外國競爭；並依循進口替代（import substitution）理念發展印度工業，也就是在汽車產業等非消耗性商品中，扶植印度產業取代進口外國產品。在這類產業中，印度政府允許私人企業，由比爾拉家族成立「興都斯坦汽車公司」（Hindustan Motors）與英國莫里斯汽車公司（Morris）透過協議取得外國科技，生產大使牌汽車（Ambassador）；另與德國賓士汽車公司（Mercedes-Benz）透過類似協議，取得生產卡車的技術。在尼赫魯時代，全國四處可見單一型號的汽車與卡車。這些車輛款式幾乎不曾改變，生產技術簡單，容易檢修，同時可從舊車輛擷取隨時可得的替換零件。

類社會主義的邏輯在於，當國家既貧窮又龐大，且僅有少數私人資金可創立新產業時，政府就是解決國家工業化需求、籌得大筆資金（透過稅收）的唯一來源（主要例外是塔塔工業〔Tata〕，這間私人企業從殖民時期就開始帶領鋼鐵生產現代化）。早年這個邏輯似乎很有說服力，但隨著時間消逝，印度國營企業逐漸以效率低落、產能低落及技術落後聞名。印度消費者必須等待數年才能買到汽機車，而這些車輛的科技更是愈顯過時。面對東亞四小龍興起，印度的工業自主發展相形遜色。最終，一九八九年柏林圍牆倒塌，九二年蘇聯解體，伴隨著印度匯兌危機，導致國大黨政府必須放棄尼赫魯模式，改採經濟自由化。透過消除關稅壁壘、政府退出部分產業及結束政府計劃經濟管控，印度開始向外國企業開放市場。轉向經濟鬆綁模式，吸引外資大幅湧入，技術落後的印度品牌遭到市場淘汰，其他經得起考驗的品牌則持續生存。這時的印度完全深入自由市場與全球化的新時代，享有高經濟成長率，企業與就業機會快速成長。

接下來，我們將轉向獨立印度的社會變化。不想涉入印度家庭的英國殖民者，將婚姻繼承事務保留給殖民政府認定的既有宗教法來決定，一如英格蘭的類似事務由英國國教會宗教法庭裁決。因此當英屬印度統治者自由形塑每個人都應遵循的世俗刑法與合約法時，家庭事務則被視為所謂的「個人法」，依所屬宗教社群而異。印度教徒需遵守梵文的《法論》；穆斯林則是伊斯蘭教法，這些法律由英屬印度政府條文化，並由英印法庭裁決。個人法認定每個人都屬於特定宗教社群，只在社群內通婚；世俗婚姻的空間很小，若有也僅限於跨出宗教向外通婚者或完全放棄宗教者。殖民者雖自認能將不同宗教社群的個人法訴諸文字，並付諸裁決，卻十分不願意為不同宗教的人民制定新法。因此殖民時期，家庭法的改革非常稀少。獨立運動期間，民族運動領袖也認為應暫緩高度爭議的社會改革，等到正式獨立之後再談。

因此獨立當時，受到壓抑的改革呼聲已擱置許久，即便傳教士也點名批判印度教家庭生活的部分面向如童婚等；同時間歐洲的家庭法快速邁向世俗化及現代化，因此新印度政府必須面對高漲的社會改革呼聲。經過一連串高度爭議的印度教法律公聽會後，印度政府通過一組家庭相關法案，主要包含《印度教婚姻法》（*Hindu Marriage Act*，一九五五年）與《印度教繼承法》（*Hindu Succession Act*，一九五六年）。這次修法終於了結梵文《法論》文獻在印度法院中的權威地位。自這時起，印度家庭法由擔任印度人民代表的國會制定，並隨時予以修訂，不再以永恆聖法為基礎。此外立法目的上，「印度教徒」（Hindu）一詞乃指穆斯林與基督徒外的所有印度人；意即法律目的上，耆那教徒、佛教徒與錫克教徒皆與印度教徒屬於同一範疇。這是殖民時期作法的延續。法律中最重要的改革包含女兒也有權繼承土地財產，這在古老的父系大家庭傳統中產生重大變化。

我們在新的法律中發現，這些改革強力脫離殖民時期的個人法，並朝向全印度統一家庭法的方向邁進。然而，特別出於對穆斯林法的尊重，國會中雖以印度教徒為主流，卻不願意在這類私密議題上為穆斯林立法；而穆斯林學者則有保持現狀、延續殖民時期穆斯林律法的強大壓力，結果則是動彈不得；目前為止建立全印度一致家庭法的理想難以向前邁進。這議題成為國會中印度國大黨與印度人民黨（Bharatiya Janata Party，簡稱 BJP，傾向印度教國族主義）及其盟友間的重大分歧，激發許多政治論爭。前者傾向尊重穆斯林領袖意願而維持現狀，後者則致力於推動一致的家庭法。

## 巴基斯坦與孟加拉

印巴分治界線將英屬印度分成兩個民族國家，也將南亞大批穆斯林人口分成三個區塊。在新的印度共和國中，以印度教徒為主的區域裡，穆斯林成為最大的少數族群；穆斯林為主的印度河流域與孟加拉地區，則成為巴基斯坦。因此建國之初，巴基斯坦是個擁有兩塊國土的異常國家；印度河區域的西巴基斯坦與孟加拉的東巴基斯坦，中間由數百英哩的印度領土隔開，僅靠飛越外國領土的飛機航班連接。某種程度上類似美國的阿拉斯加與四十八州的關係，除了巴基斯坦兩塊領土的人口數大致相等。建國之初，如同印度，巴基斯坦也需處理貧窮、發展落後、印巴分治帶來的難民安置問題，及分治後印巴間即刻爆發的喀什米爾戰爭。此外，同時還必須維繫國家的兩塊領土。

巴基斯坦獨特的地理形勢，反映出伊斯蘭教的根系並非紮根在突厥與蒙兀兒統治者所在的德里與阿格拉等恆河區域，這裡的穆斯林多半集中在都會區；相反地在距離中心極遠的兩塊區域中，伊斯蘭教反而同時受到鄉村及都市大批民眾接納。穆斯林的歷史分布，遇到英屬印度試著沿宗教界線分割兩個民族國家時，自然造就了這種特殊情況。除了相同的宗教外，巴基斯坦的兩塊領土截然不同，特別顯現在語言上。東巴基斯坦開始累積不滿情緒。中央政府位於西巴基斯坦的伊斯蘭馬巴德（Islamabad）；軍隊掌握在西巴基斯坦，特別是旁遮普人的手中。政府預算也偏向西巴基斯坦。最終，這些不滿情緒在一九七一年爆發社會動盪，遭到政府軍鎮壓，卻演變成內戰，印度更出兵支持東巴基斯坦。最終的結果是產生另一個全新國家——孟加拉，巴基斯坦也因此縮減二分之一，僅限於印度河流域。

孟加拉脫離巴基斯坦獨立，帶來不少影響。首先創造出兩個地理上較為一致的國家。戰略上則改變了南亞區域的權力平衡，這時對比印度，巴基斯坦大幅縮小，印度則獲得更大的區域控制權。同時間也造成另一波新的難民潮：穆哈吉爾（Muhajirs）或使用烏爾都語的移民，由於非孟加拉人的身分，被孟加拉人視為巴基斯坦中央政府與軍隊的同路人，迫其由新興孟加拉的恆河谷地出走。這時他們再度成為難民，逃向巴基斯坦。一九七一年的孟加拉戰爭對巴基斯坦打擊甚鉅，並提升印度在南亞區域的軍事權力。因此緊接著印度展現核武能力後，巴基斯坦也成功推動核武，展現出高度科技能力；這舉措是為了重塑兩國間的軍事平衡，特別當巴基斯坦的軍隊人數遠不及印度時。

巴基斯坦有許多政黨，最主要的是穆斯林聯盟與巴基斯坦人民黨（Pakistan Peoples Party）；這些政黨都積極參與選舉政治。部分來自與大國印度的長期敵對狀態，巴基斯坦軍隊在公領域中比印度軍隊更有影響力；冷戰期間更獲得美國軍援以對抗蘇聯。巴國軍隊擁有大批投資、房地產與工業，因此享有極高財務自主性。平民政府必須仰軍隊鼻息，軍隊也經常介入維持秩序。建國以來平民統治的政府與將軍領導的軍政府交錯不斷，包含一九五八年阿尤布・汗（Ayub Khan）、一九七七年齊亞・哈克（Zia-ul-Haq）及一九九九年帕維茲・穆夏拉夫（Pervez Musharraf）；此外尚有多起未成功的軍事政變。巴基斯坦的政治領域中，除軍隊外，宗教也扮演重要角色。巴基斯坦雖以自由國家形式建國，伊斯蘭教仍占據核心地位；然而宗教自由並未受到國家行動支持，分治後印度教徒與錫克教徒逃離巴基斯坦（當時為西巴基斯坦），導致巴國幾乎只剩下穆斯林。宗教成為統合全國上下的共同基礎，平民與軍隊領袖時常為了政治目的，訴諸宗教力量。公立學校不足，宗教學校卻遍地開花，提供貧困兒童免費教育。沙烏地阿拉伯的大筆捐款，更進一步擴大宗教在公眾生活中的影響力，並造就以宗教為基礎的政黨。近期最高法院也形成第四個權力核心，無論平民政府或軍隊都難以掌控。總體而言，巴基斯坦擁有蓬勃發展的政治生活，不同領域的想法與利益都獲得表達，但同時政府也受到部分自主的政治權力中心往不同方向拉扯。

最後，我們必須提及巴基斯坦與阿富汗的關係，後者的歷史更加崎嶇，成為蘇聯、美國及其盟友國際干預的場域。擁有將近三千萬人口的阿富汗，比一億八千萬人的巴基斯坦小得多；因此在阿富汗事務上，巴基斯坦擁有較高的影響力。然而兩國邊界經過的多數部落區域，卻不受兩國政府直接管轄。對抗蘇聯扶持的阿富汗共黨政府而起的阿富汗游擊隊內戰（一九七九至一九八九年），導致大批阿國難民湧入巴基斯坦。巴國宗教學校提供阿國難民兒童教育，也因此成為塔利班運動（Taliban Movement）的重要源頭。塔利班驅逐蘇聯在阿富汗成立宗教政府後，開始與反蘇聯游擊隊中的阿拉伯戰士結盟，形成「蓋達組織」（al-Qaeda）。蓋達組織在二〇〇一年九月十一日對美國發動攻擊，美國隨即向塔利班政府宣戰，並消滅此政權，迫使蓋達組織戰士跨過邊界，進入巴基斯坦尋求庇護，特別是巴國政府無力管控的區域。塔利班戰爭促使美國與巴基斯坦政府進一步靠攏。

我們無法預知巴基斯坦未來的發展，雖然巴國需面對許多問題，但也擁有不少優勢，包含印度河谷地盛產小麥的沃土，快速發展的經濟及受過良好教育的菁英階級。簡言之，巴國擁有迎向繁榮所需的資產。然而明顯地，軍隊與宗教仍在政府中扮演重要角色，使我們無法預知這些因素可能帶來的影響。

在孟加拉，宗教與軍隊同樣扮演重要角色。如同巴國受惠於印度河谷地，孟加拉也擁有肥沃農業區，恆河與布拉馬普特拉河帶來的豐厚沖積土，讓孟加拉更形豐美。過去數世紀中，這裡以水稻耕種為基礎，形成人口稠密區域；農業成就讓孟加拉成為世界上人口最密集也最貧困的國家之一。孟加拉多數國土僅高於海平面數公尺，易受孟加拉灣颶風造成的洪水侵襲。漏斗型國土的尖端朝向孟加拉灣，更加劇強烈颶風的洪水威脅。此外，全球暖化帶來的海平面上升威脅，令氣候影響更加嚴重。孟加拉擁有大批主要從事農業的鄉村人口，持續向海岸線推擠，佔領河流沖激表土形成的肥沃海岸地，也令孟加拉人更加暴露於洪水威脅之下，遑論還有其他人口眾多的貧困國家都會面臨的問題。

然而，除了間歇性的軍事統治外，孟加拉成功建立了國會政府，過去數十年來由兩黨輪替統治——孟加拉人民聯盟（Awami League）與孟加拉民族主義黨（Bangladesh Nationalist Party，簡稱 BNP）。此外，由於紡織工業成長中的外銷收入，及在海外工作的勞工匯款回國內，孟加拉經濟持續成長。前者雇用大批女性勞工，後者則以輸出男性勞工為主。這波發展中，明顯可見中產階級興起。孟加拉同時也成功減緩人口成長的速度，以穩固經濟成長的成果。最後，孟加拉發展出一套原創性且效果卓著的微性貸款機制，透過所謂的鄉村銀行（Grameen Bank），提供婦女小規模創業所需資金。鄉村銀行創辦人穆罕默德·尤努斯（Muhammad Yunus）也因此獲頒諾貝爾和平獎。

## 尼泊爾、斯里蘭卡、不丹與馬爾地夫

南亞其餘國家依人口數排名，分別是尼泊爾、斯里蘭卡、不丹及馬爾地夫。

二〇〇八年，尼泊爾經歷一場重大變革，由王國變成尼泊爾聯邦民主共和國（Federal

Democratic Republic of Nepal），一時間成為世界上最新的共和國。數世紀以來，尼泊爾一直由王國統治，直到最近國王被迫退位前，仍自稱為最後的印度教王國，同時正式國名上也使用古代梵文中的王國（rajya，或較長的形式 adhirajya）一詞。現在則改成共和國（ganatantra），來自梵文中指稱古代部落共和國（gana）之詞。

在英屬印度期間，尼泊爾始終維持獨立，然而多數時間英國在尼泊爾派有駐紮官，代表英國政府利益並發揮影響力。殖民時期結束後，印度則在尼泊爾事務上，取代英國角色。權力延續的案例之一，是英屬印度政府曾由尼泊爾的藏緬語（Tibeto-Burman）農民兵中招募廓爾喀軍團（Gurkha），直到現在印度與英國政府仍透過與尼泊爾政府的協定，持續招募廓爾喀軍團。由於尼泊爾與中印都存在漫長邊界，因此自一九五〇年代以來，尼泊爾的存在對於印度便具有戰略重要性。特別當中印雙方關係惡化，甚至轉變成武力衝突之後。

尼泊爾擁有世界最高的山脈喜馬拉雅山，地理環境與氣候複雜多變，這個高山國家擁有約三千萬人口，絕大多數都是農民。雖然直到最近仍是使用印歐語言之一尼泊爾語為國語的印度教王國，尼國也擁有大批藏緬語人口、大量佛教徒與地方宗教信徒。過去數十年中，民族國家的理想催化許多政黨，努力在王治之上建立憲政制衡，卻受阻於不同政黨的分歧與多樣性，及來自王室的抵抗。直到最近毛派反抗軍發動的叛變力道愈發強勁，國王賈南德拉（Gyanendra）愈加獨裁的行為也激發首都加德滿都大批民眾抗議。這波發展形成制憲國會，要求國王退位。因此尼泊爾的民族國家仍在形成中，最終形式仍然未知。

斯里蘭卡社會民主共和國（Democratic Socialist Republic of Sri Lanka）的前身為錫蘭或獅子島（Sinhaladvipa），意指僧迦羅人之島，自一八〇二年起為英國的直轄殖民地，並於一九四八年印巴獨立後沒多久迅即獨立。錫蘭最後的王國是位於中央高地的康堤（Kandy），一八一五年為英國人消滅；獨立後政府則採取共和國形式。斯里蘭卡是個大型島嶼，位於赤道以北，距離印度南端僅有三十公里，約有兩千萬人。

斯里蘭卡由使用僧迦羅語的單一族群統治，這是（與北印度語言相關的）印歐語系語言；這族群信奉上座部佛教，與泰國、緬甸的佛教徒類似。但就如同印度與尼泊爾，斯里蘭卡也擁有大批少數族群，這裡主要是泰米爾印度教徒，約佔總人口的百分之十八。較小族群包含穆斯林摩爾人（Moor）、歐亞裔基督徒伯格人（Burgher）與原住民族維達人（Vedda）。泰米爾人分為兩群：一群是先祖已定居斯里蘭卡數百年甚至千年，散布島內各處，並以北部的賈夫納（Jaffna）區域為聚居核心；及另一群高地茶園的泰米爾工人。後者是英國殖民時期，由印度前來的移工，在斯里蘭卡定居僅數代時間。獨立之後，泰米爾人對於多數族群統治的不滿受到各種因素煽動，包含政府與大學中採用僧迦羅語為主要語言，阻擋了泰米爾菁英的發展；同時政府也拒絕讓泰米爾茶工取得公民身分。最後在「泰米爾之虎」（Liberation Tigers of Tamil Eelam，簡稱 LTTE）的領導下，人民起義蔓延開來，尋求建立一個獨立的泰米爾國家。印度政府以不同方式涉入這場衝突，包含一度以武力協助斯里蘭卡政府，導致泰米爾之虎的不滿。泰米爾之虎也涉入一九九一年印度總理拉吉夫・甘地（Rajiv Gandhi，尼赫魯外孫）遭到自殺炸彈客暗殺的事件。這起事件後續為以色列、伊拉克、阿富汗、英國、美國及其他地方的自殺炸彈客所模仿。經過長期衝突，二〇〇九年泰米爾之虎終為斯里蘭卡政府軍擊敗，領導人也死於衝突中。只有時間能證明，斯里蘭卡的少數與多數族群是否能尋得共識，撫平暴力留下的苦痛傷痕。

不丹王國（Kingdom of Bhutan）位於喜馬拉雅山東麓，介於中印之間，靠近尼泊爾與孟加拉，約有七十萬人口。不多的人口幾乎全數使用藏緬語族中的宗喀語（Dzongkha），信仰藏傳佛教的一支派系。如同尼泊爾，不丹也未受英國殖民，但與其簽訂條約，英國涉入不丹事務極深。由於遠離海洋，孤立於深山之中的地理位置，在國際遷徙的世代中，不丹仍維持驚人的文化一致性。不丹統治者建立了代議機構，因此也往民族國家形式的理想邁進中。我們可以稱其為君主立憲國家，二〇〇八年舉行了第一次國會大選。由尼泊爾遷入的移工，在不丹形成主要的語言及文化少數族群。由於遭到強迫遣返尼泊爾的難民營，他們對不丹的多數族群心懷不滿。孤立的地理位置與相對單一的文化，也未能讓不丹免於民族國家的困境。不丹以推動國民幸福指數而非國民生產毛額的政策而聞名於世。

馬爾地夫共和國（Republic of Maldives）是南亞自治國家中最小的一國，人口約為四十萬人。

馬爾地夫的領土跨越赤道兩側，位於斯里蘭卡西方的印度洋上，珊瑚環礁組成上千小島，其中只有約兩百個島嶼有人居住。馬爾地夫人使用迪維西語（Dhivehi），這是一種含有大量達羅毗荼語（泰米爾語）為基礎的印歐語言。遙遠的過去中，這裡曾信奉佛教；十二世紀在蘇丹統治下，改宗伊斯蘭教。葡萄牙、荷蘭與英國等歐洲勢力都曾相繼在這裡建立殖民地。一九六五年，馬爾地夫取得獨立，三年後結束蘇丹國，改行共和體制。馬爾地夫為印度與歐洲人的觀光勝地，沙灘與熱帶陽光讓時尚攝影師與音樂影像趨之若鶩。當地人最主要的焦慮在於領土過於接近海平面，因受到全球暖化，而產生海平面上升的威脅。

## 印度文明的未來

民族國家是歷史的新產物，由美國（一七七六年）及法國（一七八九年）革命首開先鋒。在南亞，民族國家的肇建始於一九四七年的印巴分治與獨立。印巴獨立開展了去殖民化時期，逐出歐洲帝國，將先前殖民地置於民族國家的模型之中。英屬印度分治後，民族國家幾乎成為普世原則，形成世界普遍的政治形式也不過七十多年時間。這段時期中，帝國與王國失去政治上的合法性，王制幾乎消失，僅作為某些民族國家的門面，例如英國。

在南亞，民族國家明顯成為典範，強烈影響區域內的政治勢力；但也看到每個國家在達成或維持民族國家典範時所遭遇的挑戰。目前要如何詮釋這些問題仍不清晰，但可以嘗試幾個方向。我們必須謹記在維持理想上，早期民主國家曾經歷過艱困時期。美國經歷了將國家一分為二的長期內戰威脅；法國數次經歷獨裁者與王制復辟，現在則為第五共和憲法。這些歷史提醒我們，民族國家的形式及達成共識的民主方法並非魔法。事實上，民族國家形塑的並非共識，而是多數統治，少數族群必須折服在多數意志之下。當少數族群認為自己的核心利益受損時，可能採取強烈手段，或施壓多數族群讓步。即便我們認為民族國家與人民主權是當今世代的主要政治形式，但也必須承認少數族群是這種政治形式的結構性問題。這句話並不代表其他政治形式就有立即解決少數族群需求的方法，然而選舉過程似乎強化了少數族群的困境。這一議題會受到特殊情勢的淡化或強化，以南亞來說，主要關鍵在於種姓與宗教。

民族國家對於種姓議題的影響，在於解除了種姓體系，並將種姓轉為許多獨立的利益團體。這是因為主權在民即是強調人民在法律之前一律平等，因此對民族國家來說，組織種姓體系的高低位階是不被允許的。公共領域中，基於種姓的歧視不再受到國家支持，反而視為不合法。然而種姓依舊存在，只是並非古老王國中受國家支持的體系，而是成為採取政治行動、透過票箱追求自身利益的獨立團體。印度獨立初年，專家經常預言種姓將破壞民主制度，事實上卻反其道而行。由於種姓數量之多，掌權的多數族群必須透過種姓結盟，這似乎導致多數族群與少數族群的內部組成持續變動，因此並沒有永久不變的多數族群。雖然種姓在民主政治中找到一席之地，但社會經濟的不平等與歧視仍是嚴重問題，且在未來並不會消失。

雖然票箱政治與種姓之間似乎得以共生，但也加強了宗教認同作為南亞地區國會多數基礎的傾向。雖然民族國家削減種姓的影響力，卻鞏固強化宗教的重要性。這一效應更強化少數族群的不滿，多數南亞的民族國家都受此影響。

最後作為總結，我們回到一開始提出關於印度文明的問題。面對民族國家形式及宗教愈漸高漲的重要性，印度文明將走向什麼樣的未來。

民族國家概念的普世理想，在南亞地區建立了數個民族國家，各有自己或相互競爭的歷史觀。人類學者馬凌諾斯基（Bronislaw Malinowski）曾說神話是一種社會章程（social charter），意指神話正當化和神聖化組織與結合社會的一種形式。不過在民族國家時代，歷史似乎代替神話過往的角色，成為國家的組織章程。因此民族國家致力於塑造關於過往的觀點。在南亞，不同國家對印度文明的概念似乎擁有截然不同的觀點。印度共和國普遍深刻認定，整體印度文明歷史即為共和國歷史。一般廣泛同意印度文明始於印度河谷地的印度河文明，即便該文明多數位於巴基斯坦，即在印度共和國之外。相反地，對於突厥蘇丹與蒙兀兒帝國統治究竟代表伊斯蘭的在地印度化，抑或外國文明入侵，在印度人的多數族群中仍明顯存在分歧。這兩種詮釋方法的不同，轉變為政治問題，形成國大黨與印度人民黨的爭鬥。

另一方面，巴基斯坦對於歷史的觀點則迥然不同。巴基斯坦掌有大部分古老印度河文明與最早期吠陀文明所在領域。在巴基斯坦考古調查所與幾位所長如阿赫麥德・哈珊・達尼（Ahmad Hasan Dani）與拉菲克・蒙兀兒（Rafique Mughal）的領導下，首度具有科學重要性的印度河文明考古工作持續進行中。巴基斯坦獨立後不久，英國考古學者摩提莫・惠勒（英國治下最後一任印度考古調查所長）出版了一本書名極具爭議的著作《巴基斯坦五千年》（*Five thousand years of Pakistan*）。這本書將新成立民族國家的名稱，投射到歷史之中。[41]然而除了這些發展，巴基斯坦整體的歷史觀其實並未與古老過往產生強烈連結，以宗教劃分的邊界更傾向將民族國家歷史與伊斯蘭進入南亞建立聯繫，而將古老過往視為某種史前時代。南亞地區每個國家都在印度文明史上有其不同取向及相關利益；因此印度文明史實際上受到不同國家的拉扯詮釋。民族國家對於歷史的需求，確保印度文明史始終將具有政治重要性，也會持續在南亞國家間成為論辯核心。

對於印度文明過往的衝突詮釋，同時也是對未來發展的衝突視野。古老歷史中除了過往經歷外，也經常包含預言，也就是關於未來的歷史。雖然歷史學的進程中，已然放棄未來預言，專注檢視來自過往的證據；然而這並不表示就此劃下句號。雖無法預示未來，但生存於現世，對於未來渴望的想像，仍舊導引著我們的行動；事實上正是對未來的想像，讓我們開始探索

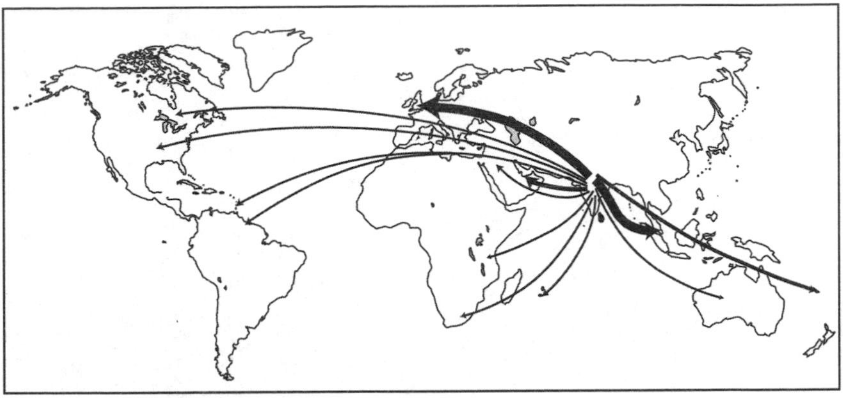

地圖十三　南亞移民路線

過往。所有編纂歷史的行動，都是為了找出自身當下所在之處，協助我們面對未來。在印度文明中，歷史告訴我們雖然民族國家的形式確實迷人，但也有這個制度獨有的問題，終將導致衝突。所以需要獲得正視與緩解。

我們無法預言世界文明將走向何方；它們形成於截然不同的遙遠過往，卻面對著大量人口持續移動混雜的今日世界。南亞地區大批人口移動，形成核心地域外的離散移民，在世界各地分布不均（見地圖十三）。現代移民路線主要前往大英帝國前殖民地（地圖上的牙買加與千里達、圭亞那、加拿大、英

41　Wheeler（1992）。

國、肯亞、南非、新加坡、馬來西亞、澳洲與斐濟）、需求勞力的波斯灣國家，及美國。然而，我們需謹記文明並非固定不變的明確物件；而是許多相互交疊、吸納外來思想事物的過程。換句話說，今日文化混雜不過是在範疇與強度上跟過去不同而已。自文明開始，混雜就持續進行中，因為混雜本身即為文明過程的一部分。我們並不清楚自己所處世代的新異將終結文明過程；實際上這些新異也常點出新方向與範疇。雖然對未來所知甚少，但相信印度歷史將持續作為歷史研究與政治辯論的對象。

# 延伸閱讀

以下提出的閱讀書目並非印度文明史學科的系統化書單，僅是對於入門者的閱讀建議，在閱讀本書時或延伸學習參考用。

古印度史方面，A. L. Basham的 *The wonder that was India*（1954），雖然成書於五十多年前，仍是珍貴且實用的指引；特別是關於宗教的長幅篇章及科學相關附錄。Upinder Singh 的 *A history of ancient and early medieval India*（2008）描述石器時代至十二世紀的印度文明，是一本傑出的通史，在運用考古資料上十分傑出。針對印度古典時期、突厥與蒙兀兒時期，Asher 與 Talbot 的 *India before Europe*（2006），則是另一本優秀著作。關於現代印度，Metcalf 與 Metcalf 二〇〇六年的著作、Bose 與 Jalal 一九九八年的著作，都是一流傑作。此外還有其他重要書籍。在討論印度人口的議題上，Sumit Guha 的 *Health and population in South Asia*（2001），是對於整段時期印度人口變化的傑出考察；*Environment and ethnicity in India*（1999）則討論一二〇〇年至今的人類生態學變化。經濟學者阿馬蒂亞・沈恩（Amartya Sen）於二〇〇五年出版的論文，引述古老歷史，採取縱深眼光討論當今與未來的問題。

關於初期歐洲學者對印度的研究，請參閱湯瑪士・特洛曼

（Thomas R. Trautmann）的 *Aryans and British India*（1997）。關於宗教研究，可參考二〇〇六年於 Lorenzen 出版的主要論文。語言方面，Deshpande 一九九三年的著作為必讀書籍。

關於印度河文明有許多傑出作品，知名者如 Gregory Possehl 二〇〇二年的著作。

關於印歐文明，有兩本書為核心閱讀書目：Mallory 一九八九年的著作清楚總結歷史語言學的發展；Renfrew 一九八七年則提出以考古證據為基礎的爭議論點，建立起印歐語言傳布與農業擴展的連結。David Anthony 二〇〇八年追溯馬匹馴養及戰車傳布，為印歐語系民族考古學的偉大著作。特洛曼主編的 *The Aryan debate*（2005），探討印度河文明與吠陀亞利安人之間的關係，呈現不同面向的討論。Fustel de Coulanges 的 *The ancient city*（1864 ／ 1980 年出版，有數種不同英文譯本）是關於希臘羅馬城市的經典著作，開頭幾章收錄比較希臘人、羅馬人及吠陀印度人的家庭結構與祖先崇拜。

Stephanie Jamison 的 *Sacrificed wife/sacrificer' s wife: women, ritual and hospitality in ancient India*（1996）一書中，提出檢視吠陀傳統性別觀的新方法。

Romila Thapar 的 *Asoka and the decline of the Mauryas*（1961），是關於孔雀王朝不可或缺的著作，其中更包含阿育王銘文翻譯。麥加斯蒂尼（Megasthenes）的印度遊記有 McCrindle 譯本（多種版本，如一九六一年版本）和 Duane Roller 的新譯本，可透過網站 Brill's new Jacoby 取得（Brill 的線上參考資料）。A. K. Narain 的 *The Indo-Greeks*（1962）為印度—希臘研究的經典之作。古代宮廷愛情詩歌（梵文、普拉克里特俗語及泰米爾文）則由 Martha Selby 輯錄、翻譯並分析，於二〇〇二年出版。泰米爾宮廷詩的傑出翻譯，收錄於 A. K. Ramanujan 的 *The interior landscape*（1967），及 George Hart 與 Hank Heifetz 的 *The four hundred songs of war and wisdom*（1999）。Daud Ali 所著的 *Courtly culture and political life in early medieval India*（2004），探索王制與精緻概念間的關聯。P. V. Pillai 的 *Perspectives on power: India and China*（1977），比較古印度與中國王制，帶來許多有用的啟發思考。中國佛教僧侶法顯與玄奘的印度遊記翻譯（1956、1969），對於笈多王朝及戒日王時期的印度提供親身見證。笈多王朝銘文請見 Fleet 一九八一年的著作，錢幣則收錄在一九六七年 Allan 編纂的大英圖書館圖錄中。

關於家庭結構、婚姻及繼承，請見特洛曼的 *Dravidian kinship*（1981），特別是第四章。性別議題方面，Susie Tharu 與 K. Lalita 的 *Women writing in India, 600 B.C. to the present: Vol. 1*（1991），是具有重大貢獻的有趣合輯。Indrani Chatterjee 主編的 *Unfamiliar relations: family and history in South Asia*（2004）收錄了許多實用文獻。至於現代時期，可參考 Mrinalini Sinha 的 *Specters of Mother India: the global restructuring of an empire*（2006），提出關於性別、帝國主義與民族主義的優秀分析。

法論方面，最佳的單書著作當屬 Robert Lingat 的 *The classical law of India*（1973），以及 P. V. Kane 的多冊全面性鉅著 *History of Dharmasastra*（1968）。David Pingree 針對印度天文學、占星術與數學出版過多部權威著作（1963、1974），內容充滿技術性知識。在

特洛曼 *Languages and nations*（2006）的第二章中，針對印度語言分析有概觀性描述。阿馬蒂亞・沈恩的《好思辨的印度人》（*The argumentative Indian*，2005）一書中，關於印度與中國的篇章非常具有啟發性。喬治・柯岱斯（George Coedès）的 *The Indianized states of Southeast Asia*（1968）含有大量資料，雖然略為過時，但仍是經典之作。*The Periplus of the Erythraean Sea* 是希臘船長古代海運貿易指南（1980 年譯本）。S. D. Goitein 一九七三年的著作中，翻譯了古典晚期在埃及與印度之間貿易的猶太商人家庭書信。

關於突厥人，除了前述 Asher 與 Talbot 的作品外，晚近我們看到不少優秀研究：包含 Sunil Kumar（2007），Gilmartin 與 Lawrence 主編的 *Beyond Turk and Hindu*（論文合集，2008）， Phillip Wagoner 一九九六年的著作討論伊斯蘭化的服飾與頭銜， Richard Eaton 二〇〇〇年的著作討論廟宇建築。蒙兀兒研究有許多傑出作品，事實上族繁不及備載；然而 Irfan Habib 關於農業體系的研究是核心讀物（1999），Jos Gommans 關於蒙兀兒戰爭的研究，提供環境影響重要啟發（2002）。Eaton 一九九三年的著作是改宗研究的先鋒之作，二〇一二年出版的摩因（Moin）專書則比較了蒙兀兒與伊朗薩法維王朝的王制。

關於當代印度的優秀歷史著作，更是不計其數；這裡只能點出其中一小部分。談到印度與歐洲的知識交流，Wilhelm Halbfass 一九八八年的著作特別傑出。羅摩摩罕・洛伊的作品也出版了較新版本（1995）。Uday Singh Mehta 討論英屬印度的自由主義帝國概念，至為關鍵（1999）。甘地自傳《我對真理的實驗》（*The story of my experiments with truth*）非常平易近人（初版於1983年，有許多版本）。Guha 的 *Gandhi before India*（2013）是一本優秀的新傳記，第二冊即將上市。關於真納傳記，則有 Wolpert（1984）與 Jalal（1985）的版本。尼赫魯所著的《印度的發現》（*Discovery of India*）一書平易近人，展現印度第一任首相對印度文明的想法。關於大公國，可參考 Barbara Ramusack 的經典著作 *The Indian princes and their states*（2004）；Nicholas Dirks 的 *The hollow crown: ethno- history of an Indian kingdom*（1993）則是針對單一大公國的經典研究。關於狄歐班的基礎研究，莫過於 Barbara Metcalf 的 *Islamic revival in British India: Deoband, 1860–1900*（2005）。現代時期的進一步（難度較高）的閱讀，可由 Ranajit Guha 代表的庶民研究學派（Subaltern Studies school）開始。

至於印度共和國本身，目前已有 Ramachandra Guha 的長篇專史（2007）。Diane Mines 與 Sarah Lamb 主編的合輯（2002），則包含多篇當代南亞日常生活的人類學微型研究論文。

# 參考文獻

Ali, Daud (2004). *Courtly culture and political life in early medieval India.* Cambridge, UK: Cambridge University Press.

Allan, John (1967). *Catalogue of the coins of the Gupta dynasties.* London: British Museum.

Anthony, David W. (2008). *The horse, the wheel, and language: how Bronze-age riders from the Eurasian steppes shaped the modern world.* Princeton, NJ: Princeton University Press.

Asani, A. (2003). *Creation tradition through devotional songs and communal script: the Khojah Isma'ilis of South Asia. In India's Islamic traditions, 711–1750*, ed. R. M. Eaton, pp. 285–310. New Delhi, Oxford University Press.

Asher, Catherine B., and Cynthia Talbot (2006). *India before Europe.* Cambridge, UK: Cambridge University Press.

Barnes, Ruth (1993). *Indian block-printed cotton fragments in the Kelsey Museum, the University of Michigan.* Ann Arbor: University of Michigan Press.

Basham, A. L. (1954). *The wonder that was India: a survey of the culture of the Indian sub-continent before the coming of the Muslims.* London: Sidgwick & Jackson.

Bose, Sugata, and Ayesha Jalal, eds. (1998). *Modern South Asia: history, culture, political economy.* New York: Routledge.

Bryson, Reid, and David A. Baerreis (1967). Possibilities of major climatic modification and their implications: Northwest India, a case for study. *Bulletin of the American Meterological Society* 48 (3): 136–142.

Bryson, R. A., and T. J. Murray (1977). *Climates of hunger: mankind and the world's changing weather. Madison:* The University of Wisconsin Press.

Chatterjee, Indrani, ed. (2004). *Unfamiliar relations: family and history in South Asia.* New Brunswick, NJ: Rutgers University Press.

Coedes, Georges (1968). *The Indianized states of Southeast Asia.* Honolulu, HI: East-West Center Press.

Dales, G. F. (1965). *Civilization and floods in the Indus Valley. Expedition 7 (2): 10–19.*

Das, P. K. (1968). *The monsoons.* New Delhi, India: National Book Trust.

Deshpande, Madhav M. (1993). *Sanskrit and Prakrit: sociolinguistic issues.* Delhi, India: Motilal Banarsidass.

Dirks, Nicholas B. (1993). *The hollow crown: ethnohistory of an Indian kingdom.* 2nd ed. Ann Arbor: University of Michigan Press.

Divyabhanusinh (2008). *The story of Asia's lions.* 2nd ed. Mumbai, India: Marg.

Dumezil, Georges (1952). *Les dieux des Indo-Europeens.* Paris: Presses Universitaires de France.

Eaton, Richard M. (1993). *Rise of Islam and the Bengal frontier, 1204–1760.* Berkeley: University of California Press.

______. (2000). Temple desecration in Indo-Muslim states. *Journal of Islamic Studies 11* (3): 283–319.

Elias, Norbert (1994). *The civilizing process.* Oxford, UK: Blackwell.

Fairservis, Walter A. (1975). *The roots of ancient India: the archaeology of early Indian civilization.* Chicago: University of Chicago Press.

Falk, Harry (1989). Soma I and II. *Bulletin of the School of Oriental and African Studies* 52 (1): 77–90.

Faxian (1956). *The travels of Fa-hsien (399–414 A.D.).* Trans. H. A. Giles. London: Routledge and Kegan Paul.

Fleet, John Faithful (1981). *Inscriptions of the early Gupta kings.* New Delhi, India: Archaeological Survey of India.

Fustel de Coulanges, N. D. (1864/1980). *The ancient city: a study on the religion, laws and institutions of ancient Greece and Rome.* Baltimore: Johns Hopkins University Press.

Gandhi, Mohandas K. (1983). *Autobiography: The story of my experiments with truth.* New York: Dover.

Gilmartin, David, and B. B. Lawrence, eds. (2008). *Beyond Turk and Hindu.* Gainesville: University Press of Florida.

Goitein, S. D. (1973). *Letters of medieval Jewish traders.* Princeton, NJ: Princeton University Press.

Gommans, Jos. L. (2002). Mughal warfare: *Indian frontiers and highroads to empire, 1500–1700.* London: Routledge.

Guha, Ramachandra (2007). *India after Gandhi: the history of the world's largest democracy.* New York: HarperCollins.

______. (2013). *Gandhi before India.* London; New York: Allen Lane.

Guha, Sumit (1999). *Environment and ethnicity in India, 1200–1991.* Cambridge, UK: Cambridge University Press.

______. (2001). *Health and population in South Asia, from earliest times to the present.* New Delhi, India: Permanent Black.

Gupta, S. P. (1996). *The Indus Saraswati civilization.* Delhi, India: Pratibha Prakashan.

Habib, Irfan (1999). *The agrarian system of Mughal India, 1556–1707.* New Delhi, India: Oxford University Press.

Halbfass, Wilhelm (1988). *India and Europe: an essay in understanding.* Albany: State University of New York Press.

Huntington, Samuel P. (1996). *The clash of civilizations and the remaking of world order.* New York: Simon & Schuster.

Jalal, Ayesha (1985). *The sole spokesman: Jinnah, the Muslim League, and the demand for Pakistan.* Cambridge, UK: Cambridge University Press.

Jamison, Stephanie W. (1996). *Sacrificed wife/sacrificer's wife: women, ritual, and hospitality in ancient India.* New York: Oxford University Press.

Kane, P. V. (1968). *History of dharmasastra.* 2nd ed. Pune, India: Bhandarkar Oriental

Research Institute.

Kumar, Sunil (2007). *The emergence of the Delhi Sultanate, 1192–1286.* New Delhi, India: Permanent Black.

Lal, B. B. (1997). *The earliest civilization of South Asia: rise, maturity and decline.* New Delhi, India: Aryan Books International.

Lattimore, Owen (1988). *Inner Asian frontiers of China.* Hong Kong: Oxford University Press.

Lingat, Robert (1973). *The classical law of India. Berkeley:* University of California Press.

Lorenzen, David N. (2006). *Who invented Hinduism? Essays on religion in history.* New Delhi, India: Yoda Press.

Mallory, J. P. (1989). *In search of the Indo-Europeans: language, archaeology and myth.* London: Thames and Hudson.

Marshall, John Hubert (1973). *Mohenjo-daro and the Indus civilization.* Delhi, India: Indological Book House.

Megasthenes (1961). *Ancient India as described by Megasthenes and Arrian.* Trans. J. W. McCrindle. Calcutta, India: Chuckervertty, Chatterjee.

Mehta, Uday Singh (1999). *Liberalism and empire: a study in nineteenth-century British liberal thought. Chicago:* University of Chicago Press.

Metcalf, Barbara D. (2005). *Islamic revival in British India: Deoband, 1860–1900.* New Delhi, India: Oxford University Press.

Metcalf, Barbara D., and Thomas R. Metcalf. (2006). *A concise history of modern India.* Cambridge, UK: Cambridge University Press.

Mines, Diane P., and Sarah Lamb, eds. (2002). *Everyday life in South Asia.* Bloomington: Indiana University Press.

Moin, A. Azfar (2012). *The millennial sovereign: sacred kingship and sainthood in Islam.* New York: Columbia University Press.

Narain, A. K. (1962). *The Indo-Greeks.* Oxford, UK: Clarendon.

Nehru, Jawaharlal (2004). *The discovery of India.* New Delhi, India: Penguin Books.

Ness, Gayle. D., and William Stahl (1977). Western imperialist armies in Asia. *Comparative studies in society and history* 19 (1): 2–29.

Periplus Maris Erythraei (1980). *The periplus of the Erythraean Sea.* London: Hakluyt Society.

Piggott, Stuart (1950). *Prehistoric India to 1000 B.C.* Harmondsworth, UK: Penguin.

Pillai, P. V. (1977). *Perspectives on power: India and China.* New Delhi, India: Manohar.

Pingree, David (1963). Astronomy and astrology in India and Iran. Isis 54: 229–246.

______. (1974). History of mathematical astronomy in India. In *Dictionary of scientific biography,* vol. 15, ed. Charles Coulston Gillispie, pp. 533–633. New York: Scribner.

Possehl, Gregory L. (2002). *The Indus civilization: a contemporary perspective.* London: Altamira Press.

Ptolemaeus, C. (1545). *Geographia universalis, vetvs et nova complectens Claudii Ptolemaei Alexandrini ennarationis libros viii.* Basel, Switzerland: H. Petrvm.

Raikes, R. L. (1964). The end of the ancient cities of the Indus. *American Anthropologist* 66 (2): 284–299.

Ramanujan, A. K. (1967). *The interior landscape: love poems from a classical Tamil anthology.* Bloomington: Indiana University Press.

Rammohan Roy, Raja (1995). *The essential writings of Raja Rammohan Ray.* Delhi, India: Oxford University Press.

Ramusack, Barbara N. (2004). *The Indian princes and their states.* Cambridge, UK: Cambridge University Press.

Renfrew, Colin (1987). *Archaeology and language: the puzzle of Indo-European origins.* London: Penguin Books.

Saran, Richard D. (c.1969). Rajput state formation. Unpublished manuscript.

Schedel, Hartmann (1493/1966). *The Nuremberg chronicle.* New York: Brussel and Brussel.

Schneider, David M., and Kathleen Gough, eds. (1961). *Matrilineal kinship.* Berkeley: University of California Press.

Selby, Martha (2002). *Grow long blessed night: love poems from classical India.* Oxford, UK: Oxford University Press.

Sen, Amartya (2005). *The argumentative Indian: writings on Indian history, culture and identity.* New York: Farrar, Straus and Giroux.

Singh, Upinder (2008). *A history of ancient and early medieval India: from the Stone Age to the 12th century.* New Delhi; Upper Saddle River, NJ: Pearson Education.

Sinha, Mrinalini (2006). *Specters of Mother India: the global restructuring of an empire.* Durham, NC: Duke University Press.

Thapar, Romila (1961). *Asoka and the decline of the Mauryas.* Oxford, UK: Oxford University Press.

Tharu, Susie, and K. Lalita, eds. (1991). *Women writing in India: 600 B.C. to the present.* 2 vols. New York: Feminist Press at the City University of New York.

Trautmann, Thomas R. (1981). *Dravidian kinship.* Cambridge, UK: Cambridge University Press.

______. (1997). *Aryans and British India.* Berkeley: University of California Press.

______, ed. (2005). *The Aryan debate.* New Delhi, India: Oxford University Press.

______. (2006). *Languages and nations: The Dravidian proof in colonial Madras.* Berkeley: University of California Press.

Wagoner, Philip B. (1996). "Sultan among Hindu kings": dress, titles, and the Islamicization of Hindu culture at Vijayanagara. *Journal of Asians studies* 55 (4): 851–880.

Wasson, R. Gordon (1968). *Soma: divine mushroom of immortality.* New York: Harcourt Brace Jovanovich.

Wheeler, R. E. M. (1960). *The Indus civilization.* Cambridge, UK: Cambridge University Press.

______. (1992). *Five thousand years of Pakistan: an archaeological outline.* Karachi, Pakistan: Royal Book.

Wolpert, Stanley A. (1984). *Jinnah of Pakistan.* New York: Oxford University Press.

Xuanzang (1969). *Si-yu-ki: Buddhist records of the western world.* Trans. S. Beal. Delhi, India: Oriental Books Reprint Corp.

印度：南亞文化的霸權 / 湯瑪士．特洛曼（Thomas R. Trautmann）著；林玉菁譯 -- 初版 .-- 台北市：時報文化，2018.05；
面； 公分 .--（歷史與現場；257）
譯自：India : brief history of a civilization, 2nd ed.
ISBN 978-957-13-7407-9（平裝）
1. 文化史 2. 印度史
737.08 107006455

Copyright © 2016, 2011 by Oxford University Press
India: Brief History of a Civilization, 2nd Edition was originally published in English in 2011. This translation is published by arrangement with Oxford University Press. China Times Publishing Company is solely responsible for this translation from the original work and Oxford University Press shall have no liability for any errors, omissions or inaccuracies or ambiguities in such translation or for any losses caused by reliance thereon.
Through Andrew Nurnberg Associates International Limited
Complex Chinese edition copyright © 2018 by China Times Publishing Company
All rights reserved.

ISBN 978-957-13-7407-9
Printed in Taiwan.

歷史與現場 257

# 印度：南亞文化的霸權

**India: Brief History of a Civilization second edition**

**作者** 湯瑪士．特洛曼 Thomas R. Trautmann｜**譯者** 林玉菁｜**顧問** 吳德朗｜**主編** 陳怡慈｜**責任編輯** 龍穎慧｜**執行企畫** 林進韋｜**美術設計** 虎稿（薛偉成）｜**插圖繪製** 詹姆士．科格威爾 James A. Cogswell, Jr.｜**地圖繪製** 伊莉莎白．拜莫 Elisabeth Paymal｜**內文排版** 徐美玲｜**董事長** 趙政岷｜**出版者** 時報文化出版企業股份有限公司 108019臺北市和平西路三段 240 號 4 樓 **發行專線—**(02)2306-6842 **讀者服務專線—**0800-231-705．(02)2304-7103 **讀者服務傳真—**(02)2304-6858 **郵撥—**19344724 時報文化出版公司 **信箱—**10899 台北華江橋郵局第 99 信箱 **時報悅讀網—**www.readingtimes.com.tw｜**電子郵件信箱—**ctliving@readingtimes.com.tw｜**人文科學線臉書—**http://www.facebook.com/jinbunkagaku｜**法律顧問** 理律法律事務所 陳長文律師、李念祖律師｜**印刷** 家佑印刷有限公司｜**初版一刷** 2018 年 5 月｜**初版三刷** 2023 年 7 月 25 日｜**定價** 新台幣 380 元｜**版權所有 翻印必究**（缺頁或破損的書，請寄回更換）

時報文化出版公司成立於一九七五年，並於一九九九年股票上櫃公開發行，
於二〇〇八年脫離中時集團非屬旺中，以「尊重智慧與創意的文化事業」為信念。